1781

Hans Noll

Rußland, Sommer, Loreley

Ein Deutscher in der Sowjetunion

Hoffmann und Campe

Technische Vorbemerkung: –sh– steht für ein stimmhaftes, weiches –sch–.

Um niemand zu gefährden, sind Namen, Orte und Daten zum Teil verändert. Der Wahrheitsgehalt des Textes wird dadurch nicht beeinträchtigt.

CIP-Kurztitelaufnahme der Deutschen Bibliothek

Noll, Hans:
Rußland, Sommer, Loreley : e. Deutscher in d.
Sowjetunion / Hans Noll. – Hamburg :
Hoffmann und Campe, 1986.
ISBN 3-455-08647-0

Umschlag: Jens Schlockermann unter Verwendung eines Fotos
von Wolfgang Brauer
Gesetzt aus der Aldus-Antiqua
Satz: Fotosatz Otto Gutfreund, Darmstadt
Druck- und Bindearbeiten: Ebner Ulm
Printed in Germany

Inhalt

I

Konturen in der Dämmerung

In Petersburg kann sich alles verändern, nur nicht sein Licht. Es ist ein nördliches Licht, blaß und zerstreut, in ihm gewinnen Gedächtnis und Auge eine ungewöhnliche Schärfe.

Jossif Brodskij

Das Obscheshitije erwachte frühmorgens zu geräuschvollem Leben. Im Zimmer über mir waren stampfende Schritte zu hören, und im Radio begann eine schrille Stimme das Lied:

Sonne erhellt
unsere Welt
täglich mit goldenen Strahlen.
Schnell bringen wir
sie aufs Papier –
Spaß macht es uns, sie zu malen!

Im Hochhaus gegenüber fiel ein Plattenspieler ein:

I'm crazy like a fool
about Daddy Cool...

Wir wuschen uns flüchtig, vier Wochen lang. Manchmal war selbst das unmöglich, weil wir eine Viertelstunde zu spät aufstanden und unten bereits Jewdokija Andrejewna wartete. Ich konnte sie, wenn ich aus dem Fenster sah, beobachten: Sie stand hochaufgerichtet neben der Betonüberdachung des Eingangs, und ihre Haltung drückte Verärgerung aus.

Gleich darauf erschien Frau Heddergott in praktischen Silastik-Hosen und Wanderschuhen, der korrekte Sonnenthal fand sich ein, Cornella, dann auch Goedecke in der Gesellschaft von Ute Puvogel. Jewdokija Andrejewnas Verdruß steigerte sich: Sie war genötigt mitanzusehen, daß Goedecke und Ute Puvogel sich auf offener Straße küßten.

Aus der zehnten Etage war das alles sehr gut zu erkennen. Über mir fuhr die schrille Stimme fort:

Garten und Beet
kunstvoll entsteht,
Bäume mit Blättern und Blüten.
Malen die Welt,
wie's uns gefällt,
woll'n sie in Frieden behüten.

Und von irgendwoher plärrte ein Tonbandgerät:

When I wake up in the morning light,
I pull on my jeans, and I feel all right.

Während ich eilig in meine Jeans fuhr, rief ich mir die Dinge ins Gedächtnis, die ich unbedingt einstecken mußte: Brieftasche, Skizzenblock, Zigaretten, Bleistifte, Schlüssel, Feuerzeug. Und auf keinen Fall durfte ich den Passierschein vergessen.

An solchen Tagen war es unmöglich, im Buffet im Erdgeschoß zu frühstücken oder wenigstens Tee zu trinken. Noch dazu, wenn der Fahrstuhl defekt war und alle Zeit, die man Jewdokija Andrejewna warten lassen konnte, mit dem Abstieg aus der zehnten Etage verging. Im Buffet saß hinter einer gläsernen Barriere eine unvorstellbar dicke Frau mit weißem Häubchen, die mit trägen Bewegungen hinter ihren Samowaren und Kesseln hantierte. In heißem Wasser schwammen blasse Würste ohne jeden Geschmack, in Vitrinen lagen harte Kringel und Käsebrötchen. Dazwischen türmten sich in Fußschalen süße Bonbons. Am ersten Morgen hatte ich um Kaffee gebeten und, nachdem ich ihn probiert hatte, für die kommenden vier Wochen darauf verzichtet.

Mit der Zeit gingen wir alle zur »Selbstversorgung« über, sogar Frau Heddergott, obwohl es verboten war, im Zimmer Wasser zu kochen und Lebensmittel aufzubewahren. In unseren Schränken lagerten kleine Vorräte an Brot, Büchsenkaffee und Konserven, und das Buffet vermieden wir, wann immer es ging. Manchmal, wenn Waschraum und Etagenküche gesperrt waren, weil der »Kammerjäger« erwartet wurde, gingen wir doch hinunter. Dann bot sich jedesmal das gleiche Bild: Die dicke Frau saß unbeweglich wie ein Götzenbild hinter ihren Vitrinen, und an den Tischen frühstückten Studenten, junge Mädchen, die an den blassen Würsten kauten, oder sportliche junge Männer, die sich für Käsebrötchen entschieden hatten. Auf den Tischen standen Behälter mit dünnen Papierservietten. Wir baten um Tee und Gebäck.

Die dicke Frau erhob sich lustlos, legte Kringel auf Teller, goß Teeabsud in Gläser und schob sie unter den Hahn des Samowars. Das Frühstück kostete Kopeken. Alles war billig in diesem Buffet, dafür war mir unbegreiflich, wie man hier satt werden sollte. Die sportlichen jungen Männer konnten sich unmöglich von den Käsebrötchen ernähren. Bewahrten auch sie heimlich Lebensmittel in ihren Zimmern auf? Oder aßen sie unterwegs auf der Straße an fahrbaren Ständen Piroggen?

Die Preise der Restaurants konnten sie jedenfalls nicht erschwingen, nicht einmal die der »Stolowajas«, zumindest nicht jeden Tag. Es hieß, die Studenten erhielten 45 Rubel Stipendium im Monat, und ein Teller Suppe, eine Bulette mit Nudeln und ein Glas Kefir kosteten selbst in der dürftigsten »Stolowaja« mehr als einen Rubel. Wovon also lebten sie?

Wenn es regnete, wie häufig in Leningrad, trafen wir uns nicht auf dem Kiesweg vor dem Eingang, sondern in der Halle, in deren Hintergrund die »Diensthabende« saß, eine ältere Frau mit Haarknoten und der Andeutung eines Schnurrbarts, die uns ihr »Sakryt na remont!« (Der Fahrstuhl ist wegen Reparatur geschlossen) fast allabendlich entgegenrief. Das Haus bot keinen Komfort, die Zimmer waren eng, die Betten wacklig und hart, dafür hatte man in der gigantischen Eingangshalle weder Platz noch Mittel gespart: Hier standen umfangreiche Sesselgruppen, in denen niemand saß, waren Fahrstuhltüren aus Edelhölzern, die sich kaum jemals öffneten, und ein meterlanges Wandbild aus gepunztem Metall, das Weltraumflieger, Kolchosbäuerinnen und Jungpioniere darstellte und an das niemand einen Blick verschwendete. Die »Diensthabende« saß hinter einem weitläufigen Möbelstück, prüfte Passierscheine und entschied, ob Besucher vorgelassen wurden oder nicht.

An Regentagen wurde die Umgebung des Obscheshitije zur Quelle ungeahnter Gefahren. Die Hochhäuser standen seit Jahren; ging man vom Zustand ihrer Inneneinrichtung aus, konnte man meinen, seit Jahrzehnten. Ihre Umgebung hatte jedoch den Charakter einer Baustelle bewahrt. Die Kieswege vor den Hochhäusern brachen unvermittelt ab und gingen in abenteuerliche Pfade über. Wir balancierten über glitschige Bretter, die mit Wasser gefüllte Gräben überbrückten, wateten durch Pfützen und schlammige Brachflächen, auf denen Unkraut wucherte.

Dabei befanden wir uns mitten in der Stadt, und während wir uns in Richtung Metro-Station »Park der Kultur und Erholung« voranarbeiteten, waren wir von modernen Hochhäusern, Kino-Palästen und Verwaltungsgebäuden umgeben.

Jewdokija Andrejewna und Frau Heddergott benutzten den Umweg über die »Chaussee der Enthusiasten« und gelangten verspätet zur Metro-Station. Unterwegs trafen sie mit Goedecke und Ute Puvogel zusammen, die sich lange auf dem Brachland aufgehalten hatten: Dort gab es Gelegenheit, einander zu stützen und zu umarmen, die schwache, anlehnungsbedürftige Frau und den starken Mann zu spielen.

Jewdokija Andrejewna billigte diese Liaison nicht, wie jede Unregelmäßigkeit: Verspätungen oder programmwidriges Verweilen an Orten, die wir wieder verlassen sollten, Abweichungen von der vorgesehenen Route und nicht eingeplante Begegnungen. Sie stand, ein Bild höflich beherrschten Ärgers, wortlos daneben, wenn Ute Puvogel sich von Zigeunerinnen aus der Hand lesen ließ oder Goedecke das Objektiv seiner Kamera in Seitenstraßen und Hinterhöfe richtete.

Ausländische Gruppen waren schwierig, sie hielten keine richtige Disziplin, es gab zu viele Einzelinteressen, Widerstände und Diskussionen. Jewdokija Andrejewna hatte uns das Programm am ersten Tag unterbreitet – woher nahmen wir jetzt das Recht, es in Frage zu stellen? Andererseits war es taktisch klüger, gelegentlich auf Sonderwünsche einzugehen. Ausländer durften nicht den Eindruck gewinnen, daß man irgend etwas vor ihnen verbarg.

»Sie wollen also«, fragte Jewdokija Andrejewna, »nicht ins Revolutions-Museum?«

»Vielleicht ein anderes Mal.«

»Was wollen Sie dann sehen?«

»Kirchen«, sagte Ute Puvogel und lächelte berückend, »zeigen Sie uns bitte eine russische Kirche.«

Dem Wagen des Metropoliten fuhr eine schwarze Limousine voran, mit vier Männern besetzt, die sofort ausstiegen und sich links und rechts von der Kirchentür postierten. Sie ähnelten Revolvermännern aus einem Film der dreißiger Jahre: groß, massig, in dunkle Anzüge gekleidet, zwei trugen Hüte mit breiten Krempen.

Der Kies vor dem rosafarbenen Portal knirschte, als Sekunden später der Wagen des Metropoliten vorfuhr, mit verhängten Fenstern und fast lautlos, vom selben Wagentyp wie die Autos der Politbüro-Mitglieder, lang und leblos wie ein schwarzer Sarg.

Mehrere Geistliche kamen aus dem Kirchenportal, mit trippelnden, eiligen Schritten. Sie beugten sich hinunter zum

Wagenschlag, daß die goldene und grüne Seide ihrer Gewänder knisterte, aus dem Auto kam ihnen eine wächserne Hand entgegen, die einer von ihnen, ein schwarzbärtiger Hüne, kraftvoll ergriff, während ein blonder Priester fast in den Wagen kroch, um den anderen Arm des Metropoliten zu fassen; dann hoben sie den schweren, aufgeschwemmten Körper aus dem Fond und richteten ihn langsam auf.

Der Metropolit mochte sechzig Jahre zählen. Sein Gesicht war fahl und todmüde. Er bewegte widerwillig den Kopf mit der hohen Mütze und wandte sich den Gläubigen zu, die stumm das Auto umringten. Er deutete mit der rechten Hand eine Bewegung an, ein Winken oder eine segnende Geste, dann sank die Hand herab und verschwand in den Falten seines steifen Gewandes. Die Gläubigen standen oder knieten: alte Frauen mit weißen Kopftüchern, jüngere Frauen in städtischer Kleidung, Männer in Zellwollanzügen, bärtige Jugendliche. Der Anblick des Metropoliten versetzte alle Betrachter der Szene in einen Zustand der Starre.

Nur die Männer mit den schwarzen Hüten wirkten unangefochten. Sie belauerten das Publikum, routiniert und kaltblütig. Einer von ihnen fuhr sich kurz mit der Zunge über die dicken Lippen, dabei blieben seine Augen im Schatten der Hutkrempe zusammengekniffen und sein Blick nüchtern und wach.

Der blonde und der schwarzbärtige Priester faßten den Körper des Metropoliten unter den Achseln und führten ihn behutsam zur Tür. Dort griffen andere Geistliche zu, und so, mehr getragen als auf eigenen Füßen, betrat der Metropolit die Kirche, aus der ihm Gesang entgegenschwebte. Er bemühte sich, seinen dicken, mit graublondem Haar bewachsenen Kopf gerade zu halten, und verschwand in der Kirchentür.

Es war Nikodim, Metropolit der russisch-orthodoxen Kirche von Leningrad und Nowgorod, an einem Junimorgen des Jahres 1978, nicht lange vor seinem Tod in Rom.

Der kleine Junge fuhr sich mit der Hand über sein kurzgeschnittenes, pechschwarzes Haar und sagte unsicher: »Matt.«

Sein Gegenüber am Schachbrett, ein Russe mit Stirnglatze, vermutlich ein wissenschaftlicher Assistent, starrte ungläubig auf die Figuren. Er sah, daß die schwarze Dame, aus dem Hinterhalt aufgetaucht, seinem König den letzten Fluchtweg abschnitt.

»Wie konnte ich«, murmelte er, »das bloß übersehen?«

»Noch eine Partie?« fragte der Junge.

»Garik!« rief der dicke Mann, der in einem der gelben, mit Plastikfolie bezogenen Sessel lag, »du stiehlst Jurij Nikiforowitsch die Zeit!«

»Keineswegs«, versicherte dieser, »keineswegs. Die Spiele mit Garik sind äußerst anregend. Er ist ein Talent.«

Dabei stellte er die Figuren auf, und seine Miene verriet, was er sich vorgenommen hatte. Schon nach drei Zügen malte sich Verwirrung darin. Garik wandte sich ab und blickte zum Fernseher hinüber.

»Die sowjetische Regierung«, konnte man dort erfahren, »hat gegen diese böswilligen Verleumdungen auf das schärfste protestiert. ›Die antisowjetische Hetzkampagne westlicher Medien‹, so hob der Genosse Suslow gestern auf der Konferenz der Moskauer Bestarbeiter hervor, ›bedeutet eine flagrante Verletzung des Völkerrechts.‹« Auf dem Bildschirm erschien Suslow, der mit brüchiger Stimme etwas von einem Blatt Papier ablas, hin und wieder durch die randlose Brille ins Publikum starrend. Seine kleinen Äuglein wirkten trübe, und der Schopf störrischer Haare, der ihm über der Stirn hing, zitterte leicht. Es folgte ein Schnitt: brennende Häuser in Südamerika. Dann ein Staatsbesuch: Männer in Operettenuniformen stiegen eine Gangway hinunter und wurden von Gromyko begrüßt, von einem greisen Marschall, der beim Lächeln Goldplomben zeigte, und schließlich von Suslow. Danach erschien, vor seinem Schreibtisch sitzend, der Schriftsteller Sawwa Dangulow.

»Das, liebe Fernsehzuschauer, war ›Wremja‹.«

Der dicke Mann stemmte sich aus dem gelben Sessel hoch, fischte aus den Tiefen seiner Jackettasche eine Schachtel »Bjelomor-Kanal« und Streichhölzer und begann zu rauchen. Sein Sohn setzte den Turm und sagte: »Ihr Läufer ist in Gefahr, Jurij Nikiforowitsch.«

»Nein, das ist beabsichtigt. Ich wollte... das Zentrum...«

Der Junge schwieg höflich. Der dicke Mann vor mir seufzte.

Auf dem Bildschirm erschien eine Frau mit hochtoupierter Frisur, riesigen Ohrclips und einer Bluse, die mit russischen Folkloremustern bestickt war. Sie lächelte reizend, öffnete den wie rotlackierten Mund und flötete:

»Liebe Fernsehzuschauer. Aus dem Pionierpalast in Jerewan übertragen wir gegen 22 Uhr das Estraden-Programm. Vorher zeigen wir Ihnen den Film ›Im Land der Zirbelkiefern‹, der Sie in ein sibirisches Dorf führen wird. Der Autor ist Prochor Kostyrjow. Anschließend sehen Sie die Sendung ›Wremja‹« –

»Schach«, sagte der Junge peinlich berührt.

Der Mann im Sessel rief: »Garik! Schummle nicht.«

»Nein, nein«, erklärte Jurij Nikiforowitsch, »er hat wirklich... Schon wieder dieser verflixte Turm... Ein Talent, lieber Gukas Tigranowitsch, ein Talent...«

»Er muß ins Bett!« sagte der Mann.

»... und dann eine Umschau über die aktuelle Entwicklung des sowjetischen Balletts von Arina Reinberg. Doch zunächst: ›Im Land der Zirbelkiefern.‹ Ich wünsche Ihnen gute Unterhaltung.«

Die Glastür des Fernsehzimmers wurde behutsam geöffnet, und eine brünette Frau flüsterte eindringlich: »Garik! Schluß für heute.«

Garik sah sie wütend an.

Der Mann im Sessel sagte halblaut: »Mach, was Mama sagt.«

Die brünette Frau wurde beiseite gedrängt, und ein großer, sportlicher junger Mann trat ins Fernsehzimmer, einen Apfel essend.

»Is was los?« fragte er den Mann im Sessel.

»Ein Film über deine Heimat.«

Der junge Mann ließ sich unweit von mir in einen Sessel fallen, der traurig ächzte. Aus dem Fernseher war zu hören:

»... werden uralte Volkssitten neu belebt. Der Leiter des Volkskundemuseums in Jakutsk hat in den letzten zehn Jahren eine einzigartige Sammlung sibirischer Volkskunst zusammengetragen...«

Der sportliche junge Mann biß in seinen Apfel. Kauend fragte er: »Was ist das für ein Film?«

Der Dicke im Sessel sagte über die Schulter: »Sibirien. Wie es wirklich ist.«

»Garik!« rief die brünette Frau.

»Nur noch drei Züge...«

»Nein«, erklärte der dicke Mann. »Jetzt ist Schluß.«

Seine Stimme gewann bei den letzten Worten einen Klang, der Garik einlenken ließ. Jurij Nikiforowitsch lächelte hoffnungsvoll. Der Junge drehte sich mürrisch um und ging zur Tür.

»Sagst du mir nicht Gute Nacht?« fragte der Dicke.

»Nee.«

Die Frau legte den Arm um die Schulter ihres Sohnes, und hinter ihnen schloß sich die Tür.

Jurij Nikiforowitsch begann die Schachfiguren einzupacken.

»Das ist«, erklärte eine geölte Männerstimme im Fernsehen, »Pelageja Polikarpowna, zweiundsiebzig Jahre alt, Rentnerin. Früher leitete sie eine Kälberzucht-Brigade. Sie ist Deputierte des Kreis-Sowjets. Seit einigen Jahren beschäftigt sie sich ehrenamtlich mit der Geschichte ihres Dorfes...«

»Geht das schon lange so?« wollte der junge Mann wissen.

»Von Anfang an«, sagte der Dicke. »Äußerst interessant. Ich war noch nie in Sibirien. Für mich ist dieser Film äußerst informativ.«

Der sportliche junge Mann beugte sich plötzlich nach vorn, haute dem Dicken seine Pranke auf die Schulter und lachte. Der Dicke wandte sich zu ihm um. In seinen schwarzen Augen glommen kleine Fünkchen.

»Bleib noch«, sagte er. »Nachher kommt eine Übertragung aus dem Süden. Da lernst du *meine* Heimat kennen.«

Der junge Mann stand auf und schob geräuschvoll seinen Sessel beiseite. Er warf einen Blick auf Jurij Nikiforowitsch, der selbstvergessen vor dem Fernseher saß. Dann erklärte er mit einem Ausdruck tiefen Bedauerns:

»Schade, daß ich keine Zeit habe.«

»Jammerschade. Wirklich. Unsere Estraden-Programme sind unvergleichlich.«

Der junge Mann ging hinaus, und kaum fiel die Tür ins Schloß, kam in Jurij Nikiforowitsch Bewegung. Er stellte das Schachbrett und den Kasten mit den Figuren seitlich in ein Regal, auf dem Topfpflanzen welkten, räusperte sich und machte einige Schritte in die Richtung des Dicken. Der wies mit der Hand auf den Sessel neben sich.

Jurij Nikiforowitsch nahm auf dem äußersten Rand der Sitzfläche Platz. Er fragte: »Finden Sie wirklich, daß Zygankow die Aspirantenstelle bekommen soll?«

Der Dicke warf ihm einen hurtigen Blick zu: »Habe ich das gesagt?«

»Sie haben im Wissenschaftlichen Rat dafür gestimmt.«

»Na schön. Habe ich. Seine Arbeit über Festkörperphysik war ganz hervorragend. Haben Sie gelesen?«

»Gewiß... Nichts dagegen zu sagen... Aber sonst?«

»Was, lieber Jurij Nikiforowitsch, meinen Sie mit ›sonst‹?«

»Sie wissen schon... Seine ganze Haltung.«

Der Dicke rauchte schweigend.

»Im übrigen... Nichts für ungut. Wirklich, Zygankow ist ein Talent. Ganz entschieden.«

Ich stand leise auf und ging zur Tür. Jurij Nikiforowitsch beugte sich langsam über die Armlehne seines Sessels und sagte: »Denissow ist dagegen... Auch der Komsomol. Die Galkina... Es wird Ihnen schwerfallen, ihn durchzubekommen.«

Ich trat in den Korridor des Obscheshitije, ging an mit Ölfarbe gestrichenen Türen vorbei, begegnete zwei Studentinnen, die mit Teekesseln zur Etagenküche eilten, und schloß meine Zimmertür auf. Durchs offene Fenster sah ich das Hochhaus gegenüber erleuchtet, Musikfetzen wehten herüber, Gelächter und Rufe.

Auf dem betonierten Platz vor der Eingangshalle spielten zwei Schatten Federball. Die Stimme des sportlichen jungen Mannes sprach: »Mist. Es wird dunkel. Im Fernsehen nur Stuß. Wolodja, sag mir, was machen wir jetzt?«

Vor zehn Jahren war die Villa Hase in Jena, auf einem abschüssigen Grundstück zwischen dem Philosophen- und dem Von-Hase-Weg um 1870 erbaut, noch bewohnbar. Später versäumte man die notwendigen Reparaturen, worauf das große, im Stil des Klassizismus gehaltene Haus verfiel und baupolizeilich gesperrt werden mußte. Der Kustos der Universität, der dort seine Büroräume eingerichtet hatte, wandte sich in Bittschriften und Eingaben an den Rat der Stadt, schilderte eindrucksvoll den beginnenden Verfall und den drohenden kulturgeschichtlichen Verlust, holte Gutachten ein und verfaßte Memoranden. Doch der Rat der Stadt war nicht interessiert. Um als Paradeobjekt sozialistischer Kulturpolitik herzuhalten, schien die Villa nicht geeignet – schon deshalb nicht, weil der Name der Familie von Hase als nicht mehr lupenrein galt, nachdem die letzte Dame dieses Namens in den

Westen gegangen war. Einer ihrer Söhne war westdeutscher Diplomat.

Es genügte, daß vor dem alten Universitätsgebäude eine Büste des Professors Karl von Hase errichtet und der Von-Hase-Weg wieder rückbenannt war; er hatte vorübergehend Von-Kortzfleisch-Weg geheißen, weil der General Paul von Hase in das Attentat des Grafen Stauffenberg auf Hitler verwickelt und vom »Volksgerichtshof« zum Tode verurteilt worden war. Ein General von Kortzfleisch hatte sich bei der Verhaftung von Hases und anderer Herren hervorgetan, und nach ihm benannte die nationalsozialistische Stadtverwaltung den gewundenen und gepflasterten Weg, den man vom Garten aus durch eine efeubewachsene Tür betrat und der zu einem privaten Lebensmittelladen führte, in dem ich meine Einkäufe machte.

Der Kustos der Universität berief sich vergebens auf die antifaschistische Einstellung der Familie und auf das Martyrium des Generals. Der Bonner Diplomat und die mit westdeutschen Grafen verheirateten Töchter des Hauses wogen offenbar schwerer. »Eine Million!« rief der Kustos in seiner dunklen thüringischen Mundart verzweifelt, »eine Million soll es kosten! Das ist doch keine Summe für so ein Haus!«

In diesem Haus hatten Schumann und Clara Wieck, Franz Liszt und die Nachkommen Schillers verkehrt. Die riesigen Hallen im Erdgeschoß lagen verödet, Risse zogen sich durch die kaum noch kenntlichen Wandbilder, die denen von Pompeji nachempfunden waren, der Flügel, auf dem Liszt gespielt hatte, war verschwunden, und neben der verzogenen Holztür zum Portikus standen verloren zwei Plastiken: Adolph von Hildebrandts »Trinkender Knabe« und ein kleiner Apoll.

Die letzte Haushälterin derer von Hase, eine fast achtzigjährige Frau, wohnte im Dachgeschoß und vermietete Zimmer. Vorn, gleich an der Treppe, lag das schönste und größte, in dem eine Berliner Professorentochter und ein thüringischer Pfarrerssohn zusammen lebten, beide Studenten der Universität und Mitglieder der Evangelischen Studentengemeinde. Dann führte seitlich eine Tür in die Küche der alten Frau, auf deren Vorkriegs-Gasherd jeden Vormittag drei Töpfchen aufgestellt wurden, einer mit drei oder vier Kartoffeln, einer mit einem Stück Fleisch, der dritte mit einer winzigen Portion Gemüse. Bei der Zubereitung des Essens konnte die Haushälterin, wenn sie sich umwandte, bequem den Eingang des Hauses überblicken, und so wußte sie, wer wann gekommen und gegangen war, und konnte Besuchern durch das Küchenfenster Auskünfte erteilen: »Dr Duktr (das war der Kustos) is heide nach Weimar rübrgemachd.«

An die Küche schlossen sich noch vier kleine Zimmer an. Das erste war für eine Nichte der Frau von Hase reserviert, die als Chemikerin in Apolda lebte und hier abstieg, wenn sie in Jena war. Das danebenliegende mietete ich, und in den beiden anderen lebte die alte Frau in ihrem Spitzweg-Milieu. Einmal im Monat fanden der Pfarrerssohn, die Professorentochter und ich uns dort ein, um die Miete zu begleichen und mit der Wirtin aus blaugepunkteten Steinguttassen Kaffee zu trinken. Draußen wiegten sich hundertjährige Bäume im Wind, wirbelte Laub über die Gartenwege, vor dem Fenster standen Geraniumtöpfe, und die alte Frau saß über den Tisch gebeugt und hakte mit einem Bleistift die Posten ab, die in altertümlicher Schrift in ein Schulheft notiert waren.

Seit dem Weggang der Frau von Hase schien von der Villa ein Sog in Richtung Westen auszugehen: Zuerst flohen die Professorentochter und der Pfarrerssohn über Ungarn nach Österreich, danach die Chemikerin aus Apolda, die man leichtsinnigerweise zu einem Kongreß nach München hatte fahren lassen. Die alte Vermieterin wurde in ein Altersheim gebracht, und dann verließ auch der Kustos mit seinen Büro-Damen die Villa und nahm seine Schätze mit: Archive aus verblaßten Papieren und gesiegelte Urkunden, verdunkelte Ölporträts verstorbener Rektoren und die mottensicher verpackten Talare der Spektabilitäten, die seit der Hochschulreform nicht mehr getragen wurden. Der Kustos bewahrte sie in der Hoffnung auf, spätere Generationen würden sie wieder in Ehren halten. Nach seinem Weggang zerfiel das Haus.

In meinem Zimmer im Dachgeschoß löste ich Integrale, schrieb Briefe und las. Die Welt lag draußen hinter der Mauer, die den Garten umschloß. Meine Freunde besuchten mich, wenn sie sich von den Strapazen des Lebens im Studentenwohnheim erholen und die Atmosphäre des 19. Jahrhunderts verspüren wollten. Wir kochten uns in der Küche der Vermieterin Tee, gossen thüringischen Kräuterlikör hinein und vergaßen Zeit und Ort.

Einer meiner Freunde hatte, bevor er nach Jena kam, schon ein Jahr in der Sowjetunion studiert. Beim Teetrinken kamen wir darauf zu sprechen.

»Warum bist du eigentlich zurückgekommen?« fragte ich ihn.

Er zögerte, ehe er sagte: »Sie haben mich ausgewiesen.«

Ich schwieg verblüfft. Er beobachtete mich und lächelte verlegen.

»Was hast du denn gemacht?«

»Ja, wie soll ich dir das erklären? Du kennst die Verhältnisse nicht. Eigentlich gar nichts weiter.«

»Aber sie müssen doch für deine Ausweisung einen Grund angegeben haben.«

»Unsozialistisches Verhalten.«

»War also doch was los?«

»Ich habe mich über das Essen beschwert. Es war ungenießbar. Und dann: ein ganzes Jahr kein Obst.«

Ich zuckte die Schultern.

»Na schön«, sagte er, »aber das war nicht alles. Es waren überhaupt unvorstellbare Zustände. Die Unterbringung, die Verpflegung... Nachts liefen die Schaben durchs Zimmer... Es war nicht auszuhalten. Und wenn man es ihnen sagte, taten sie noch beleidigt.«

»Vielleicht, weil du Deutscher bist? Sie lieben es nicht, wenn ein Deutscher ihnen Hinweise gibt...«

»Sie haben reagiert, wie ich es niemals erwartet hätte. Ich habe in einer Komsomol-Versammlung gesprochen. Sie hatten uns dazu aufgefordert, wollten wissen, was uns gefällt und was nicht. Ob wir zufrieden sind. Am nächsten Tag hatte ich schon meine Fahrkarte.«

»Das kam ja prompt.«

»Ich konnte noch froh sein, so ungeschoren davonzukommen. Eigentlich wollten sie mich gleich aus der FDJ ausschließen. Ich hatte noch Glück. Sie haben mich zurückgeschickt, und ich mußte mich zwei Jahre ›in einem volkseigenen Betrieb bewähren‹.«

»Als was?«

»Als Hilfsarbeiter.«

»Hat sich nicht gelohnt«, sagte ich, »daß du sie kritisiert hast.«

»Kann man wohl sagen. Ich hatte keine Ahnung, welche Folgen das nach sich ziehen würde. Heute sage ich lieber gar nichts mehr.«

Durch die Blätterdächer der Bäume fiel das Licht der Nachmittagssonne und zeichnete zitternde Muster aufs Fensterbrett. Ein roter Eichkater, den unsere Wirtin fütterte, saß abwartend auf einem vorgeschobenen Ast. Zwei Mädchen liefen über den Philosophenweg und steckten die Köpfe zusammen. Wir waren Studenten im ersten Semester. Alles war weit weg.

Die Leningrader Schnapsläden besaßen einen besonderen Reiz: Hinter Theken wurde gläserweise Kognak und Sekt ausgeschenkt, manchmal auch beides in einem, dieses Gemisch hieß »Bombe« und wirkte, wenn man es irrtümlich für ein Erfrischungsgetränk hielt, fulminant. Ich probierte »Bombe«

schon am ersten Abend. Vor mir in der Schlange stand ein untersetzter Major mit schütterem, am Kopf klebendem Haar. Er litt unter der Hitze und wirkte verdrossen und schlaff. Kaum hatte er sein Quantum »Bombe« zu sich genommen, strafften sich seine Schultern, er packte mit energischem Griff seine Aktentasche und eilte zur Tür. Als er draußen am Fenster vorbeilief, war er ein anderer Mensch.

»Bombe« war auf jeden Fall ein Sorgenbrecher und Stimmungsmacher. Schlich ich zuvor, von der Hitze des Julitages ausgedörrt, über die weiträumigen Bürgersteige und Kreuzungen der »Chaussee der Enthusiasten«, wurde mein Schritt nach dem Genuß von »Bombe« beschwingt, mein Tatendurst unermeßlich. Auch Maria probierte »Bombe«, auch ihre Augen leuchteten begeistert, und wir lachten über den mürrischen Sonnenthal, über Jewdokija Andrejewna, die wir noch nicht kannten und deren Schrullen wir für harmlos hielten, und über Frau Heddergott, die töricht lächelte, ohne ihre Erschöpfung verbergen zu können.

Ihre Augen verrieten Entsetzen darüber, daß stundenlange Fußmärsche auf dieser Reise womöglich alltäglich wurden. Ihre Hoffnungen auf ein gemächlicheres Tempo waren verflogen, denn obwohl Jewdokija Andrejewna weißhaarig war und sich gelegentlich kokett als »Großmutter« bezeichnete, zeigte sie die Kondition einer vorbildlichen Komsomolzin.

Frau Heddergott kannten wir kaum besser als Jewdokija Andrejewna. Sie unterrichtete in der Abteilung Textilgestaltung unserer Hochschule, und von uns nahm nur Cornella an ihrem Unterricht teil. Aber Cornella hatte bereits am ersten Abend ihren ständigen Begleiter und Kavalier gefunden: den schwarzlockigen Sascha.

So irrte Frau Heddergott verloren und traurig zwischen und hinter uns her. Die Frage lag nahe, warum sich die Endfünfzigerin, korpulent und vom Rauchen kurzatmig, diese Reise zugemutet hatte. Wir fragten uns, warum sie unbedingt mit uns reisen mußte, die wir Anfang Zwanzig waren und nicht nur schneller als sie, sondern noch dazu ungerührt, was ihre Behinderungen betraf. Außerdem: Warum nahm sie es auf sich, im Obscheshitije zu wohnen, einer für uns vielleicht noch erträglichen, für sie aber unwürdigen Unterkunft?

Wenigstens besaß sie Humor. Das Deplacierte ihrer Anwesenheit war ihr bewußt, sie lachte über sich und verübelte auch uns nicht, wenn wir über sie lachten. Etwa wenn sie, wie immer als letzte, gerade noch den vollgestopften Trolleybus erreichte und fast in der zuschnappenden Tür eingeklemmt wurde oder wenn sie entkräftet und atemlos die zehnte Etage des Obscheshitije erklomm, zu entkräftet und zu atemlos, um noch ein Wort der Klage über den ewig defekten Fahrstuhl verlieren zu können.

Eines Tages eröffnete sie uns seufzend, daß sie nicht freiwillig an dieser Reise teilnahm. Die Hochschulleitung habe sie dazu beordert.

»Warum denn das?« fragte Sonnenthal.

Frau Heddergott lachte. »Denken Sie, man läßt Sie allein ins Ausland fahren?«

»Eigentlich«, sagte Sonnenthal, »sind wir ja volljährig, oder?«

Frau Heddergott zuckte vielsagend die Schultern. Dann verriet sie uns: »Ich muß einen Bericht schreiben.«

»Was für einen Bericht?«

»Darüber, wie Sie sich verhalten, was Sie so sagen...«

»Ist das Ihr Ernst?«

»Sagen Sie bloß, das wußten Sie nicht. Jeder Reisebegleiter muß einen Bericht schreiben.«

Wir schwiegen.

»Machen Sie sich keine Gedanken«, sagte Frau Heddergott, »ich schreibe nur, was sich wirklich nicht vermeiden läßt.«

Abends fand sich in der Neubauwohnung von Witalij Petrowitsch eine große Gesellschaft ein: der Gastgeber, seine Frau, der Komsomol-Sekretär, neben ihm, in einem buntbedruckten Popeline-Komplet, Jewdokija Andrejewna, dann noch irgendwelche Männer in Sommeranzügen und weiter unten, am Tafelende, Studenten des Muchina-Instituts: der stämmige Kolja, der schwarzlockige Sascha und ein blondes Mädchen mit rosigem Teint, die Lieblingsstudentin Witalij Petrowitschs, Anja.

Jewdokija Andrejewna setzte uns erneut in Erstaunen. Sie hatte den ganzen Tag mit uns verbracht, war stundenlang durch die glühendheiße Stadt gelaufen, und doch waren ihre weißen Haare genauso tipptopp frisiert wie heute morgen, saß ihr Popeline-Kostüm tadellos. Wir begriffen, daß sie unverwüstlich war.

Gegenüber Anja verhielt sie sich kalt, im Unterschied zu Nina Nikanorowna und dem Komsomol-Sekretär, deren Gesichter einen süßlichen Ausdruck annahmen, wenn sie mit ihr sprachen. Die Studenten waren im Umgang mit Anja verlegen: Einerseits gehörte sie zu ihnen, andererseits auch wieder nicht. Etwas Unausgesprochenes umgab sie, von dem alle zu wissen schienen.

Auf dem Tisch standen Vorspeisen: sanft schimmernder Lachs und fetter Stör, glänzendroter und samtschwarzer Kaviar, eingelegte Pilze und Gurken mit Smetana. Zwischen den Tellern und Platten ragten wie Schildwachen die »Stolitschnaja«-Flaschen empor. Der Komsomol-Sekretär gab das Zeichen, sie zu öffnen, indem er sein Glas vollgoß und sich erhob.

Er sprach über die Freundschaft zwischen unseren Ländern und unseren Jugendverbänden, über den Kampf gegen den Imperialismus, der uns ebenfalls verband, und über die Abende, an denen man im Kreis guter Freunde Kraft und Erholung findet. Er erhob sein Glas auf uns, die Gäste aus dem Bruderland, und auf unsere unverbrüchliche Freundschaft.

»Sa wasche sdorowje!«

Wir tranken den eiskalten, öligen Wodka, und sofort spürte ich Erleichterung: Sowohl meine Erschöpfung als auch die

Peinlichkeit, die ich angesichts Witalij Petrowitschs dubioser Privatverhältnisse empfand, waren wie weggewischt.

Mein Tischnachbar Sascha lächelte plötzlich und schob mir eine Platte mit geräuchertem Lachs herüber:

»Du mußt nachessen, wenn du trinkst!«

Die Haut über seinen Wangenknochen hatte sich gerötet, seine schwarzen Augen begannen zu blitzen, und er machte Anstalten, noch etwas zu sagen, als am anderen Tischende Witalij Petrowitsch aufstand und allgemein Schweigen geboten wurde. Witalij Petrowitsch wartete unser Schweigen ab und begann zu sprechen. Er erinnerte an seine Jugend, als er hier, wenige Kilometer vor Leningrad, den Deutschen gegenübergestanden hatte, er gedachte der Schrecken des Krieges und der Leiden des russischen Volkes, und er sprach die Hoffnung aus, daß Deutsche und Russen fürderhin in Freundschaft leben möchten. Seine Rede hielt sich in geläufigen Wendungen, und er balancierte das übervolle Wodkaglas gekonnt zwischen Daumen und Zeigefinger.

Seine Frau und Jewdokija Andrejewna saßen mit undurchdringlichen Gesichtern. Dagegen zeigte Nina Nikanorowna ein bewegtes Mienenspiel: Sie lächelte, wo es ihr passend erschien, wiegte an anderer Stelle bekümmert den Kopf und blickte zwischendurch, gespannte Aufmerksamkeit demonstrierend, auf Witalij Petrowitsch, ihren Abteilungsleiter. Das Arbeitskollektiv, dem sie angehörte und dem er vorstand, war erst kürzlich ausgezeichnet worden, für das Design des allradgetriebenen Geländewagens Lada Niva, der sogar in den Westen exportiert wurde.

Das obere Tafelende verharrte dennoch in einer hölzernen, unfrohen Atmosphäre. Frau Heddergott, auf einem steilen Stuhl sitzend, litt augenscheinlich darunter, daß die Trinksprüche andauerten, niemand rauchte und daß auch sie, nach der langen Fahrt im Bus, noch immer nicht rauchen durfte. Ihre Nachbarinnen, die Hausfrau und Jewdokija Andrejewna, tranken nicht einmal Wodka, nippten nur symbolisch an Portweingläsern und wehrten, als der leutselige Komsomol-Sekretär nachgießen wollte, entschieden ab. Die Hausfrau entschuldigte sich damit, daß in ihren Händen die Bewirtung der Gäste liege, und Jewdokija Andrejewna verkörperte durch ihre ganze Haltung eine solche Abneigung gegen Alkohol und lockere Sitten, daß der Komsomol-Sekretär nicht weiter beharrte.

Die Hausfrau ging hinaus, um die Piroggen zu holen, und ausgerechnet Anja half ihr dabei. Es war verblüffend, wie sehr sich beide Frauen ähnelten. Witalij Petrowitschs Frau mußte Anja aufs Haar geglichen haben, ehe sie vom Schlangestehen und Wäschewaschen, bei der Beschaffung von Lebensmitteln und in Parteiversammlungen gealtert war.

Als sie ihren Mann kennenlernte, trug er eine ausgebliche-ne Rotarmistenbluse, deren Leutnants-Schulterstücke abgetrennt waren. Der Krieg war vorbei, und er hatte ihn überlebt. Auch die Stadt, in die er zurückkehrte, lebte noch, auf dem Newskij-Prospekt waren Einschläge deutscher Ferngeschosse zu sehen; um das blau-weiße Schloß von Zarskoje lagen Trümmerhaufen; und im Nordosten wurden Friedhöfe für die Opfer der Blockade angelegt. Doch die Linden auf den Boulevards blühten wie toll, in den Teichen von Peterhof schnatterten Enten, die Türme der Peter-Pauls-Festung schimmerten golden, und Witalij Petrowitsch wanderte engumschlungen mit einem Mädchen an den Kanälen entlang, in denen sich die Paläste spiegelten wie eh und je. Das Mädchen war sanft, zerbrechlich und blond, und Witalij Petrowitsch spürte, wie sich unter ihren Zärtlichkeiten seine Kräfte verdoppelten: Er würde das Leben meistern.

Heute sehnte er sich in diese Zeit zurück. Er wanderte wieder mit einem Mädchen die Uferstraßen entlang; wieder war das Mädchen zierlich und blond, doch er selbst war grauhaarig und enttäuscht und trug einen ausländischen Anzug. Dieses Mädchen nannte ihn Witalij und nicht Witja, wie das Mädchen von einst, und der Glanz war aus seinen Augen gewichen, für immer.

Und zu Hause saß eine alternde Frau zwischen Importmöbeln und anderen Sinnbildern sowjetischen Wohlstands. Um den Preis für diese Bequemlichkeiten wußten nur sie und er: Sie hatten ihn in kleinen, kaum spürbaren Raten bezahlt, zuerst waren es Zugeständnisse, die nicht wesentlich schienen, dann wurden es Verstrickungen, die nicht mehr zu lösen, und Geheimnisse, die kaum noch zu ertragen waren. Witalij Petrowitsch versuchte, in seine Jugend zurückzutauchen, indem er sein Herz an Anja hängte.

Der Abend endete chaotisch, die Stimmung kippte um. In der Küche tranken wir Selbstgebrannten aus Wassergläsern, der Komsomol-Sekretär begann Lieder zu singen, und man hinderte Jewdokija Andrejewna fast gewaltsam daran, nach Hause zu gehen. Statt dessen goß man ihr Sekt ein, und als sie sich zierte und nicht trinken wollte, riß Witalij Petrowitsch plötzlich die Schublade auf, zog eine Pistole hervor und richtete sie auf Jewdokija Andrejewna.

Wir waren viel zu betrunken, um uns zu fragen, weshalb Witalij Petrowitsch eine Pistole besaß. Außerdem begann Nina Nikanorowna kleine gellende Schreie auszustoßen, jemand warf Flaschen um, so daß Sekt auf Jewdokija Andrejewnas Popeline-Komplet floß, der Kopf des Komsomol-Sekretärs schaute zur Tür herein und sprach abgerissene Sätze, und später lag dieser Kopf und mit ihm der ganze Komsomol-Sekretär im Korridor, und Frau Heddergott erzählte die folgenden Tage immer wieder: »Nein, dieser Kopf! Wie er da im Korridor lag! Das schrecklichste war dieser Kopf!«

Mich führten zwei Männer ins Badezimmer und schalteten die Dusche ein. Das kalte Wasser brachte mich halbwegs zur Besinnung; ich war imstande, die Treppen hinunterzusteigen, und unterwegs entdeckte ich, daß ich ein mir unbekanntes Hemd trug, ein farbenfrohes Hawaii-Hemd, auf dem Palmen abgebildet waren. Unten war die Glasscheibe der Haustür eingetreten, denn Goedecke war hindurchgelaufen, weil er glaubte, sie sei offen.

Am nächsten Morgen nahm ich einen großen Schluck aus meinem Flachmann. Am Eingang des Obscheshitije verkündete Jewdokija Andrejewna das Programm: »Heute besuchen wir Zarskoje Selo.« Ein Bus stand bereit. Wir fuhren hinaus und betraten einen symmetrischen Park, in dessen Front ein blau-weißes Schloß mit korinthischen Säulen und vergoldeten Kapitellen stand. Auf den Wegen drängten sich Gruppen aus der Provinz, und Jewdokija Andrejewna betrachtete sie sehnsuchtsvoll: Sie hielten Disziplin, murrten und diskutierten nicht und ließen sich von Reiseleiterinnen zum blau-weißen Schloß führen, wo sie der Obhut der Museumsführerin übergeben wurden.

Jewdokija Andrejewna sagte zu uns: »Wir können, wenn es Ihnen recht ist, das Schloß der Zarin Jelisaweta Petrowna besichtigen.«

Uns war alles recht. An einem Kiosk tranken wir Bier. Der Tag begann.

Jelisaweta Petrowna, Zarin von Rußland, war eine beleibte und herrschsüchtige Dame, Tochter Peters des Großen und des Stubenmädchens Katharina, das Peters Intimus, Fürst Menschikow, im Jahre 1702 als Kriegsbeute heimgebracht, als Mätresse gehalten und an Peter abgetreten hatte, als dieser danach verlangte. Die nicht ganz makellose Herkunft erklärt möglicherweise die sagenhafte Renommiersucht der Kaiserin: Sie soll mehrere tausend Kleider besessen haben.

Der russische Maler Jewgenij Lanceray, Vertreter einer ironischen Historienmalerei um die Zeit der bürgerlichen Reformbewegung von 1905, hat Jelisaweta Petrowna verewigt. Sie verläßt eben in der Gesellschaft von Hofdamen und Heiducken ihr blau-weißes Schloß. Als ich das Bild zum ersten Mal sah, war ich frappiert: Ich selbst hatte dort gestanden, auf dem geharkten Kiesweg vor der Prunkfassade, und alles war so, wie ich es in Erinnerung hatte, die gestutzten Bäume im Park, die korinthischen Säulen und die verschnörkelten Balkongitter. Dort, wo in meiner Erinnerung eingeschüchterte Kolchosbauern auf den Beginn der Führung warteten, zeigte Lancerays Bild im Hofknicks erstarrte Damen, und wo die Reiseleiterin ihre Anweisungen gab, schritt die Kaiserin selbst, in mehrere Dutzend Meter Seide gekleidet, den feisten Kopf mit der gepuderten Frisur hoch erhoben, den beschränkten Blick starr geradeaus.

Die bürgerliche Aufklärung begann in Europa mit der satirischen Darstellung der Despoten des Rokoko. In England zeichnete Thomas Rowlandson den Herzog von Cumberland, einen jüngeren Bruder des Prinzen von Wales, beim Betreten eines Bordells. Der junge Herr blickt durch ein Opernglas auf die Damen des Hauses; sein Gesichtsausdruck ist anmaßend und vulgär. Einhundert Jahre später wandten sich russische Maler diesem Thema zu, vor allem die Künstler der Gruppe »Welt der Kunst«, der auch Jewgenij Lanceray und sein Onkel Alexander Benois angehörten.

Benois begann mit dem Bild »Die letzte Spazierfahrt Ludwigs XIV.«. Der Sonnenkönig sitzt zusammengesunken in einem Rollstuhl und blickt verloren in das spiegelnde Wasser eines künstlichen Teichs. Hinter ihm warten Höflinge mit Allongeperücken und ein gleichgültiger schwarzgekleideter Beichtvater im Schatten beschnittener Bäume, die den Himmel verdecken. In der abgeschirmten, unnatürlichen Welt, die er schuf, sitzt der König in hilfloser Schwäche – ein Gefangener seines eigenen Systems.

Auch die Maler Konstantin Somow und Mstislaw Dobushinskij beschäftigten sich um 1905 mit Sujets des Rokoko, dem Glanz und Elend des absolutistischen Zeitalters. Die Künstler knüpften an die Gesinnung Voltaires und Molières an: Endlich, mit mehr als hundertjähriger Verspätung, sollte auch über Rußland das Licht der bürgerlichen Aufklärung scheinen.

Doch wozu französische Könige malen? Gab es in Rußlands Geschichte nicht Despoten genug? War nicht Rußland die reinste Verkörperung des Absolutismus, der Zentralstaat schlechthin, mit stehendem Heer, korrupten Beamten und bettelarmen, geschundenen Bauern? War es nicht an der Zeit, darauf hinzuweisen und sich selbst und Europa zu zeigen, welchen Anachronismus und welche Gefahr das tyrannisch regierte Reich bedeutete?

Der Maler Alexander Benois fand im Zaren Pawel Petrowitsch, in Europa Paul I. genannt, eine Figur, die Rußlands jahrhundertealte Misere anschaulich demonstriert. Seine Paraden und Protokolle waren von unmenschlicher und zugleich lächerlicher Strenge, sein Mißtrauen abnorm, sein Innenleben alptraumhaft. Bis heute steht er in Rußland für einen Herrschertyp, der sich so lange verhärtet, bis er zerbricht. Seine Höflinge, ein Graf von der Pahlen und die Brüder Subow, erdrosselten ihn in seinem Schlafzimmer, als sein Regime schlechterdings nicht mehr zu ertragen war.

Benois hat 1907 eine von Pawels Paraden gemalt. Zeigt Lancerays Darstellung der Zarin Jelisaweta Petrowna die menschenverachtende Hohlheit der Kaiserin und ihrer Umgebung, so führt uns Benois die Folgen solcher Herrschaft vor Augen. Die paradierenden Untertanen gleichen Marionetten, deren Beine in genau bemessenem Winkel emporschnellen, deren dreieckige Hüte sich vom Schnee des Petersburger Wintertages mit grotesker Schärfe abheben. Das war dieser Herrscher Welt: der Verdauungsspaziergang im neuen Seidenkleid und die Parade im luftleeren Raum. Vieles von dem, was die Künstler des 20. Jahrhunderts beschäftigen sollte, scheint vorweggenommen: die Liebe zur Geometrie und Kafkas Romane, Orwells Visionen und Solshenyzins »Archipel GULag«. Pawel und Jelisaweta verkörperten etwas, das zur Katastrophe des menschlichen Lebens führen mußte, wenn es die Oberhand gewann.

Der Maler Jewgenij Lanceray durchschaute die menschenverachtende Hohlheit einer putzsüchtigen Zarin und stellte daraufhin seine Kräfte den russischen Berufsrevolutionären zur Verfügung. Stürzte man die Zaren, mußten bessere, menschlichere Zeiten anbrechen. Der absurde Charakter des Zarenstaates war offenbar; man brauchte sich nur Pawels Gardisten und Jelisawetas Höflinge anzusehen. Diesem Spuk ein Ende zu bereiten, mußte ein Segen sein, und die Kräfte zu fördern, die sich dazu anboten, schien eine Sache der Vernunft.

Lanceray gehörte zu den Mitarbeitern der Zeitschrift »Shupel«, die den Zarismus mit den Mitteln der Satire bekämpfte. Bereits an dieser Stelle trennen sich seine Wege von denen seines Onkels Benois, der sich den Werbungen der »Shupel«-Leute entzog. Die mißglückte Revolution von 1905 und der darauf folgende zaristische Terror suggerierten indessen den Künstlern verstärkte Gefühle der Solidarität mit den Berufsrevolutionären: Nicht nur Lanceray, auch Bilibin und Kustodijew, eventuell auch Pasternak und Anna Ostroumowa-Lebedewa stellten ihre Kunst in den Dienst der Revolution. Das Wort »eventuell« kennzeichnet meine Ratlosigkeit angesichts sowjetischer Quellen, die den Tatbestand bis heute verschleiern. So Grigorij J. Sternin in seinem 1976 in Moskau erschienenen Buch »Das Kunstleben Rußlands«: »Neben Dobushinskij, Lanceray, Kustodijew, Serow, Bilibin und Anisfeld *wurden oder sollten* auch einige andere angesehene Meister gewonnen werden, zum Beispiel Grabar, die Ostroumowa-Lebedewa und Pasternak.« Wurden oder sollten – diese Formulierung gestattet dem Autor, eine Reihe berühmter Namen aufzuführen, ohne sich festlegen zu müssen: Arbeiteten sie nun für revolutionäre Zeitschriften, oder wurden sie zwar von den Revolutionären umworben, lehnten aber die Mitarbeit ab?

Wie die sowjetische Kunstwissenschaft mit Vorliebe Namen verschwinden läßt, so zaubert sie auch Namen hervor, wenn sie als schmückende Bestandteile der prorevolutionären Namensgirlande geeignet erscheinen. Seit fast siebzig Jahren bemüht sich die sowjetische Kunstwissenschaft, den Eindruck der monolithischen Einheit der russischen Kunst zu erwekken: Seht, alle bedeutenden russischen Künstler dieses Jahrhunderts bekannten sich zur Revolution und zum »Fortschritt«, von ein paar Emigranten abgesehen, deren Namen ohnehin fast vergessen sind.

Dabei ist Grigorij J. Sternin noch gewissenhafter als seine Kollegen. Er gesteht immerhin, daß Benois sich nicht an den revolutionären Zeitschriften beteiligte. Es wäre auch unglaubwürdig: Der Historienmaler Benois liebte Tradition und Kultur viel zu sehr, um sich Kräften anzuschließen, deren Kulturfeindlichkeit sich auch damals schon erahnen ließ. Eine Zeitlang bemühte er sich noch als Direktor der Leningrader Eremitage, dann verließ er die Wirkungsstätte der Bolschewiki.

Sein Neffe Lanceray gehörte dagegen nicht nur zu den Mitarbeitern von »Shupel«, er gab sogar eine eigene Zeitschrift mit dem Namen »Höllenpost« heraus. Darin erschienen seine Karikaturen auf zaristische Offiziere, die gestopften, gefräßigen Puppen glichen. Die Karikaturen waren gut gezeichnet, allerdings nicht mehr ganz so gut wie das Porträt der Zarin Jelisaweta Petrowna. Sie richteten sich auch an ein anderes Publikum, bemühten sich darum, populär zu sein, notfalls um den Preis einer gewissen Grobschlächtigkeit. Noch war das alles nicht weiter gefährlich und hielt sich in Grenzen. Man huldigte dem Grobschlächtigen, mußte sich ihm aber noch nicht unterwerfen: Es kämpfte noch um den Thron, tolerierte noch jeden, der ihm dabei behilflich war; sein Gesicht war noch naiv und blauäugig, noch war es der »Knabe«, von dem Majakowskij sprach. Gelegentliche Anfälle von Brutalität und Intelligenzfeindlichkeit wurden durch jungenhaften Charme wettgemacht. Die bürgerlichen Intellektuellen ließen sich schnell versöhnen, der Tatendrang des »Knaben« war zu mitreißend, um Skepsis aufkommen zu lassen. Wie es schien, wuchs er geradewegs zum Recken heran, zum starken, gutmütigen Recken. Ein Jahrhundertereignis stand bevor. Man wollte dabei sein.

Lanceray gestaltete das Juniblatt des »Kalenders der russischen Revolution«. Der junge Künstler zeigte, was er konnte. Er war ein Meister der Satire, und zwar einer künstlerisch hochwertigen Satire, geschult an Rowlandson, Daumier und Hogarth, ausgebildet von seinem Onkel Benois, den Zeichnern des Münchner »Simplicissimus« mindestens ebenbürtig. Lanceray war dreißig, als ihm diese Meisterwerke gelangen, vor ihm lagen Jahrzehnte künstlerischer Arbeit. Er mußte, wenn es so weiterging, dazu beitragen, daß die russische Kunst erblühte, wie nie zuvor.

Doch von einem bestimmten Punkt ist seine Biographie in Dunkel gehüllt, und nicht nur seine, sondern auch die vieler anderer Künstler. Noch heute ist es schwer, dieses Dunkel ein wenig zu erhellen, zu dicht ist das Schweigen der sowjetischen Kunstwissenschaft, zu tief vergraben sind die Mappen und Bilder, zu verworren die spärlichen Angaben in diesem und jenem vergessenen Buch. Die »Große Sowjet-Enzyklopädie« von 1951 gibt an, Lanceray sei 1946 in Moskau gestorben, und erwähnt »Fresken im Kasaner Bahnhof«; der Katalog der Ost-Berliner Sammlung Bolz verrät, er habe »Wandbilder für Moskauer Metro-Stationen« gemalt.

Wer diese Wandbilder kennt, ahnt die Tragödie des Malers Jewgenij Lanceray. Aus welchen Gründen auch immer – er war genötigt, sein Talent in den Dienst jener Glattmalerei zu stellen, die sich seither als »sozialistischer Realismus« versteht. Das war das Ende des Weges, der in einer traditionsreichen Künstlerfamilie mit vielversprechenden Frühwerken begann.

Noch immer ruft der Wunsch, Zeichnungen von Lanceray, Kustodijew oder Pasternak zu sehen, bei den Angestellten der Moskauer und Leningrader Kupferstich-Kabinette Verwunderung hervor. Diese Künstler wurden aus der Kunstgeschichte unseres Jahrhunderts herauskatapultiert. In ihrer Heimat wurden sie zu lange als »Westler« und »Kosmopoliten« verurteilt oder in die Lage gebracht, ihr Talent zu verfälschen und ihre Gedanken zu verbergen. Der Westen aber ist so vollständig der »Moderne« verfallen, daß er realistische Künstler grundsätzlich ignoriert. Es wird lange dauern, bis man die russischen Meister der Jahrhundertwende würdigt, die allgemeine Verwirrung ist einfach zu groß. Ein Blackout ist entstanden, der nachfolgende Generationen verwundern muß: Wie konnten Lanceray und Pasternak in Vergessenheit geraten, wo doch Scharen von Scharlatanen in aller Munde sind?

Diesem Umstand verdankt der ehemalige DDR-Außenminister Dr. Lothar Bolz seine einzigartige Sammlung russischer Kunst. Er besuchte die vergessenen Künstler in ihren Ateliers, und diese, beglückt darüber, daß sich überhaupt noch jemand ihrer erinnerte, machten ihm ihre Arbeiten nicht selten zum Geschenk. Meist lebten sie in bedrückender Armut, arbeiteten, wie Mitrochin, am Küchentisch oder waren, wie Kaplan, von den Entbehrungen krank und zermürbt. So bitter konnte kein Emigrantenschicksal sein wie dieses Leben, in dem es weder Reisen noch offenherzige Gespräche gab, wie dieses Vergessensein im eigenen Land, wie dieses verstohlene Dasein am Rand, in irgendeiner Kommunalwohnung oder halbzerfallenen Datscha, zwischen zänkischen Nachbarn oder verschneiten Kohlbeeten. Ein paar Erinnerungsstücke blieben einem, ein paar vergilbte Hefte der Zeitschriften »Shupel« und »Höllenpost«, und es blieb sehr viel Zeit, um über all das nachzudenken. Vor allem über die Frage: Wie war aus dem »Knaben« das Monster geworden, das alle verschlang?

Benois zog 1926 das Leben im Ausland diesem Dahindämmern vor. Dazumal begann sich die Lage zu klären, der »Knabe« zeigte endlich sein wahres Gesicht: Ein Schnurrbart sproß ihm, er trug eine Litewka und kaukasische Stiefel. Benois wußte, daß die Zeit der unschuldigen Träumereien vorüber war, gleichfalls die kurze Zeit der Hoffnungen auf ein demokratisches Rußland. Er gehörte in diese Übergangszeit, in der es danach aussah, als würde Rußland wirklich neue Wege gehen. Jetzt war diese Zeit zu Ende, und Rußland wurde wieder, was es war: ein Militärstaat, beherrscht von Männern, die zugleich wirre Phantasten und skrupellose Pragmatiker sind.

Es ist in jedem Falle besser, das Scheitern hochfliegender Träume einzusehen, als krampfhaft an ihnen festzuhalten. Ganze Generationen müssen unter diesem Festhalten leiden, Generationen, die nichts dafür können, daß ihre Väter sich Träumen von der »klassenlosen Gesellschaft« hingaben, von der spektakulären Beglückung, dem Rausch des Jahrhunderts.

Auch in der Kunst wurden die Nüchternen gern übersehen, um so mehr Beachtung fanden die Berauschten. Es war die Sucht nach Höhepunkten, nach Sensationen und fatalem Amüsement. Künstler, die dieser Sucht verfallen waren oder zumindest so taten, wurden von einem Publikum emporgehoben, das es immer gab und geben wird, das aber erst in diesem Jahrhundert zum Zuge kam: vom Millionenpublikum der Pseudo-Intellektuellen. Schon Lukian hat dieses Publikum dargestellt; es begleitete auch in seiner Epoche den Aufstieg falscher Propheten. Molière hat ihm in den »Lächerlichen Pretiösen« ein Denkmal gesetzt; hier erliegen bessere Töchter den Gaukeleien eines Kammerdieners. Echte Gefühle werden durch intellektuell garnierte Pseudogefühle ersetzt, Gedankenarmut verbirgt sich hinter einer affektierten Modesprache. Stets waren diese Menschen darauf aus, sich als Putzerfische an »Große Geister« zu hängen; zeitweilig bildeten sie einen seichten, aber angriffslustigen Untergrund, wie in Gottfried Kellers Erzählung »Die vertauschten Liebesbriefe«, zu allen Zeiten jedoch ein begeistertes Publikum spektakulärer Moden und halbseidener Kunst.

Ein russischer Schriftsteller hat dieses Publikum 1921 in der Gestalt seiner Romanfigur Jelisaweta Kijewna charakterisiert: »Kam ein neuer Mensch ins Haus, so lud sie ihn zu sich ein und begann ein schwindelerregendes Gespräch, ganz aufgebaut auf Spitzen und Abgründen, wobei sie bemüht war zu erforschen, ob der Betreffende nicht einen Hang zum Verbrechen in sich verspürte, ob er fähig sei, einen Mord zu begehen, ob er nicht eine ›Selbstprovozierung‹ empfinde – diese Eigenschaft hielt sie für ein Kennzeichen jedes hervorragenden Menschen... Im großen und ganzen war sie ein unbefriedigtes Mädchen, das immer auf irgendwelche ›Umstürze‹ und gräßlichen ›Ereignisse‹ wartete, die das Dasein spannend machen würden, damit man in vollen Zügen leben könnte und nicht am regengrauen Fenster dahinzudösen brauchte...«

Muß noch erwähnt werden, daß Jelisaweta Kijewna mit Gesinnungsfreunden eine Vereinigung gründete, die sich »Zentralstelle zur Bekämpfung des Alltags« nannte? Muß erwähnt werden, daß diese »Zentralstelle« nichts zu bieten hatte, nichts aufbauen wollte, daß sich ihre Ziele darin erschöpften, die bürgerliche Gesellschaft und ihren als fade empfundenen Alltag zu demolieren?

Wem das gefällt, der mag sich daran beteiligen, in die Falle gehen und zu spät erkennen: Die intellektuell drapierten Greenhorns werden machtbesessene Greise; man erkennt sie nicht wieder, sobald das Zerstörungswerk beendet ist und sie im Sattel sitzen. Wie weit man sich überhaupt mit ihnen einläßt, war stets eine Frage der inneren Würde, besonders für produktive, schöpferische Menschen: Was kann sie an Bestrebungen interessieren, die Alltag und Besinnung zerstören?

Der Maler Alexander Benois jedenfalls sah sich auf die Dauer gestört und belästigt; er liebte seine Arbeit zu sehr und den Frieden seines Ateliers. Nach einem arbeitsreichen Leben starb er mit fast neunzig Jahren in Paris; er überlebte seine Schüler und seinen Neffen Lanceray, die dort geblieben waren, wo »die Feuer brennen«. Neben einem umfangreichen malerischen Werk hinterließ er mehrere Bücher, darunter seine das Jahrhundert umspannende Autobiographie.

Lanceray war dagegen zum Schweigen verurteilt, sein Talent nicht mehr gefragt. Die neuen Zaren und Höflinge ließen keinen Zweifel daran, daß eine kritische, ironische Darstellung ihrer Personen außerhalb des Vorstellbaren lag. Dabei mußten auch Lenin und Stalin, auch ihre Paraden und Verdauungsspaziergänge einen Künstler wie Lanceray anregen. Auch die Gardisten vor dem Lenin-Mausoleum ließen die Beine emporschnellen, auch die Gesichter Trotzkijs und Bucharins waren von Menschenverachtung geprägt, auch die sowjetischen Marschälle glichen gestopften Puppen. Es gibt keinen Künstler, der das dargestellt hat. Wer es versucht hätte, lebte nicht mehr; wer noch lebt, hat nicht gewagt, es zu Papier zu bringen.

Doch die Gleichschaltung sollte noch weiter gehen: Neben der Heiligsprechung der lebenden Zaren begann die der toten. Iwan der Schreckliche und Peter I. verkörperten Rußlands Streben nach Expansion, die auch Stalin und seinen Nachfolgern am Herzen lag, sogar mit dem bisher größten Erfolg: Ihr Reich umfaßt nicht nur Rußland und die angrenzenden östlichen und südlichen Nachbarn, es umfaßt nicht nur Georgien, Armenien und Aserbaidshan, Turkmenien, Kirgisien und das Land der Tadshiken, es erstreckt sich bis an die Elbe, die Donau, die Moldau. Zu diesem Reich gehören ein Teil der deutschen Hauptstadt Berlin, die alte Kaiserstadt Prag und das mondäne Budapest; selbst das ferne Havanna gehört dazu; um andere Länder und Städte wird heldenhaft gerungen, um Kabul oder Addis Abeba. Die stolzesten Träume des Zaren Peter sind erfüllt und weit überboten. Mit wem können sich die heutigen Super-Imperatoren vergleichen, wen ihre Vorbilder nennen? Wer war schon Napoleon, verglichen mit ihnen? Am ehesten reichen noch russische Zaren an ihre Allmacht heran, je grausamer, um so eher.

Wenn sich russische Künstler mit ihnen beschäftigen dürfen, dann selbstverständlich mit ihrer Verherrlichung. Nein, solche Bilder sind unmöglich geworden wie die von Lanceray und Benois. Und das Schloß der Zarin Jelisaweta Petrowna, von Lanceray als überladene Kulisse einer putzsüchtigen Herrscherin empfunden, wurde zum nationalen Ehrenmal, zum Wallfahrtsort. Ihre Putzsucht steht für ihren Reichtum, die zusammengerafften Schätze für ihr Ansehen, darüber hinaus für das Ansehen Rußlands. Die marionettenhaften Gardisten verkörpern militärische Stärke, die feisten Höflinge eine erfolgreiche Regierung: Erfolg und Stärke der aufstrebenden Supermacht. Es dauerte Jahrhunderte, bis diese Stärke zum Tragen kam, bis sich ihr Vollender fand. Ihn und seine Nachfolger zu verehren oder wenigstens freundlich zu tolerieren ist seit 1917 das Bedürfnis aller »fortschrittlichen Menschen«.

Also war es auch unser Bedürfnis. Und die Verehrung begann dort, wo die Vorgänger dieser Imperatoren ihre Spuren hinterlassen haben: in den Schlössern der Zaren.

Der Spaziergang führte uns durch ein Viertel, erbaut im Stil der sogenannten »Zuckerbäcker-Architektur«. Obwohl wir diesen Stil aus der Ost-Berliner Stalin-Allee kannten, verblüffte uns das sowjetische Original: Es war noch bombastischer, riesenhafter und weiträumiger. Die Ausstrahlung dieser Architektur beschrieb der sowjetische Schriftsteller Jurij Kasakow so: »Die Stadt war weitläufig. Weitläufig waren ihre Plätze, ihre Straßen und Boulevards. Dadurch wirkten sie menschenleer.«

In Wahrheit waren viele Menschen unterwegs, aber sie verloren sich. Wir hatten den Eindruck, als liefen wir stundenlang über heißen Asphalt, ohne jemanden zu treffen, immer an den gleichen Wohnblöcken entlang, deren Eintönigkeit nur selten durch einen Brotladen, einen Frisiersalon oder eine »Annahmestelle für Dienstleistungen« unterbrochen wurde. Schließlich gelangten wir auf einen großen, parkartigen Platz.

Hier traten die Wohnblöcke zurück, es gab sauber geharkte Kieswege, Blumenrabatten und weißgestrichene Bänke, und an dieser Stelle befand sich das Spirituosengeschäft, in dem ich die erste Bekanntschaft mit »Bombe« machte.

Drinnen war es sonnig und warm, an hohen Tischen lehnten rauchende und trinkende Männer, und dazwischen spazierte ein Milizionär. Von Zeit zu Zeit gab er eine kurze Mitteilung durch sein Funksprechgerät.

Zwei Männer verließen torkelnd den Schnapsladen, stolperten über den Kiesweg zu einer der Bänke und ließen sich nieder. Aus dem Hintergrund des Platzes näherte sich ein gelbliches Lastauto mit der Aufschrift »Spezielle Medizinische Hilfe«. Bei seinem Anblick machten die Betrunkenen verzweifelte Versuche, gerade zu sitzen und wie biedere Familienväter auszusehen.

Das Auto hielt. So sanft und beschaulich es sich genähert hatte, so schnell und präzise geschah alles weitere: Zwei Milizionäre stiegen aus, packten die Männer, öffneten die hintere Tür und stießen sie hinein. Im Wagenkasten waren andere Männer zu sehen, die dort im Dunkel saßen und lagen. Die Tür klappte zu, das Auto fuhr an, genauso sanft wie es gekommen war, und an der Scheibe der Hintertür erschien ein bleiches, verdutztes Gesicht, darunter eine verknitterte Hemdbrust und eine verrutschte Krawatte. Dann kippte das Gesicht zur Seite, und eine unsichere Hand wischte langsam die Scheibe entlang.

In den sechziger Jahren erschienen plötzlich westliche Besucher in unserer Wohnung, Verlagsleute, Studenten und Journalisten. Ein Photograph der Illustrierten »stern« machte Aufnahmen, die mich beim Spiel mit meinen Indianern zeigten; neben mir kauerte mein gutgekleideter Vater, und im Hintergrund war die Nußholztäfelung seines Arbeitszimmers zu sehen. In diesem Arbeitszimmer begann er seinen Part als Vertreter einer sozialistischen Vorzeige-Intelligenz zu spielen.

Die DDR unternahm damals erste Schritte auf internationalem Parkett. Die Berufs-FDJler verwandelten sich in Politbüro-Mitglieder, und eine Pionierleiterin, deren herziges Lächeln und weiße Rollsöckchen sie einst zum Sonnenschein der Massenaufmärsche gemacht hatten, markierte die Metamorphose zur salonfähigen Ministerin.

»Persönlichkeiten« wurden gesucht und gefunden, die sich Reste bürgerlicher Kultur und Umgangsformen bewahrt hatten. Sie entwickelten einen besonderen Stil, attraktiv gemischt aus Weltoffenheit und Treue zum Sozialismus, der bei den westlichen Besuchern zunächst Verblüffung, dann nachhaltige Verunsicherung hervorrufen sollte.

Denn es zeigte sich: Die Ost-Menschen sind gar nicht so. Sie lesen den »Spiegel« und kennen Marcuse; der neueste Roman von Günter Grass geht von Hand zu Hand; auch über Soziologie haben sie schon nachgedacht; fast könnte man sagen, sie sind progressiv.

Und Ulrike Meinhof trank Tee mit meinem Schwiegervater, und der Verleger Schünemann trank Kaffee mit meinem Vater, dabei wurde beiden Seiten ganz merkwürdig ums Herz. Die westdeutschen Besucher verabschiedeten sich abends beeindruckt, um in ihre in Kudamm-Nähe gelegenen Hotels zu fahren, und unsere Väter saßen noch lange rauchend in ihren Arbeitszimmern und hingen ihren Gedanken nach.

Phantastische Geschichten wurden erzählt: Der sowjetische Dichter Jewgenij Jewtuschenko sei im Westen »umgefallen«. Ich versuchte, es mir bildlich vorzustellen, doch das Wort »umfallen« war nur in übertragenem Sinne gemeint; er hatte irgendwelche Interviews gewährt und darin eherne Grundsätze preisgegeben. Unsere Väter beschäftigte diese Geschichte, weil sie sich ebenfalls von der Gefahr des »Umfallens« angefochten fühlten. Denn sie kehrten irritiert von ihren ersten

West-Reisen zurück, brachten uns Matchbox-Autos, Haribo-Gummibärchen und Dralon-Pullover mit und erzählten, sie hätten, um Devisen für Geschenke zu sparen, ganze Tage nur Bananen gegessen. Schon allein das war märchenhaft. Und in ihren Schilderungen war der Westen ein abenteuerliches Reich, voll süßer Früchte zwar, aber auch voller Gefahren.

Diese Jahre werde ich niemals vergessen. Eine zaghafte Hoffnung lag in der Luft und bewegte die Gemüter: Sollte es nicht möglich sein, in Frieden miteinander zu leben, ganz gleich, welcher »Weltanschauung« man anhing?

Beide Seiten nahmen aneinander das Phänomen *Entwicklung* wahr. Weder waren die Menschen hinter dem Eisernen Vorhang so andersartig, wie die jungen Intellektuellen des Westens offenbar geglaubt, noch waren die Kapitalisten allesamt Beutelschneider und übergewichtige Raffer, wie man uns in der Schule gelehrt hatte. Enttäuscht beobachtete ich, wie der Verleger Schünemann, eindeutig ein Kapitalist, bei uns in einem VW-Käfer vorfuhr – ich hatte einen Mercedes, vielleicht sogar mit Chauffeur erwartet –, und verwirrt betrachtete ich sein Äußeres. Er trug keinen Nadelstreifenanzug und kein weißes Hemd, sondern verbeulte Cordhosen und ein Wolljackett, und er war nicht dick, sondern dünn.

Nach langen Jahren, in denen stets vom »Imperialismus« und seiner »Unmenschlichkeit« die Rede war, hörten wir plötzlich andere Töne. Unsere Lehrer erklärten uns, daß die unterschwellige Annäherung, die sich auf beiden Seiten vollzog, ganz im Sinne der »Lehre Lenins« sei.

In seiner genialen Voraussicht habe Lenin eine Periode der »friedlichen Koexistenz« zwischen den beiden Blöcken verkündet. Erneut war bewiesen, daß es nichts auf dieser Erde gab, das sich nicht in Lenins Weltbild einordnen ließ. In den Kathedralen und Klosterschulen des Marxismus-Leninismus, in all den »Forschungsinstituten« und »Zentralen Archiven« begann eine fieberhafte Tätigkeit, um Lenins Unfehlbarkeit mit Auszügen aus seinen Schriften zu belegen. Neue Lenin-

Ausgaben erschienen, dazu dickleibige Kommentare, von ganzen »Autoren-Kollektiven« verfaßt, und Zitaten-Potpourris für Studenten und Schüler.

Unsere Väter und ihre westdeutschen Teestundenfreunde übersahen damals, als sie aneinander das Phänomen Entwicklung bemerkten, nur eins: daß sich zwar Menschen, Gruppen von Menschen und möglicherweise ganze Nationen entwikkeln konnten, nicht aber »Lenins Lehre« und ihre Gralshüter, die Tausende Kilometer entfernt in gelben Palästen hinter einer roten Ziegelmauer residierten. Hinter dieser Mauer, im Schatten uralter Tannen, war alles bekannt. Hier trafen die unterirdischen Kanäle zusammen, die das ganze riesige Reich durchziehen, und hier wurden die nötigen Entschlüsse gefaßt. Denn die Unterirdischen und ihre Repräsentanten waren dazu ausersehen, die schwachen, irrenden Menschen vor Gefahren zu behüten. Und die schlimmste Gefahr war und blieb: der Kapitalismus.

Also schlug das Pendel zurück. Wir erfuhren, daß »Lenins Theorie von der friedlichen Koexistenz« zwar in Wirtschaft und Politik praktiziert werden durfte, niemals aber auf dem Gebiet der Ideologie. In ihrer Ratlosigkeit, vom Phänomen Entwicklung in die Enge getrieben, verlagerten die Hüter der »Lehre Lenins« das Hauptgewicht auf diese sicherste, uneinnehmbare Bastion. In unseren Vätern entstand der tiefe Zwiespalt, der ihr weiteres Leben bestimmen sollte: Sie konnten wahrgenommen haben, was sie wollten, Schlüsse ziehen durften sie daraus nicht. Die Hüter der »Lehre Lenins« waren nicht willens, auf das Phänomen Entwicklung zu reagieren; sie gaben keine einzige ihrer Positionen preis und dachten nicht daran, sich durch Annäherung beeindrucken zu lassen. Sie blieben unerschütterlich wie die Mauer in Berlin und unberührt von dem, was neue Generationen dachten und fühlten.

Der Kommunismus ist lange genug an der Macht, um viele Jahrgänge von Menschen auf seine emotionalen Grundwerte getrimmt zu haben. Wir wurden dazu angehalten, den »amerikanischen Imperialismus« zu hassen, die Sowjetunion dagegen zu lieben, obwohl wir weder das eine noch das andere kannten. Diese Grundwerte wurden durch nervtötende Wiederholung eingeprägt, bis sie, außerhalb der Vernunft und des Denkens, als verfestigte Strukturen jeder Belehrung trotzten. Außerdem bestätigte der »amerikanische Imperialismus« unsere Vorurteile: Die USA verstrickten sich in den unseligen Vietnam-Krieg.

Im Unterschied zu den Eroberungskriegen, die das »Vaterland aller Werktätigen« in jeder Phase seiner Geschichte geführt hat – gegen Polen, Finnland und die Mongolei –, lag der Vietnam-Krieg völlig bloß. Es gab keine Geheimnisse: Amerikanische Journalisten berichteten vom Ort des Geschehens, alles kam ans Licht, und die Opfer erschienen auf den Fernseh-Bildschirmen der ganzen Welt.

Die Gespräche zwischen unseren Vätern und ihren westlichen Besuchern wurden hitzig. Ein Teil der Gäste blieb fern, während andere immer häufiger kamen und atemberaubende Neuigkeiten mitbrachten: In West-Berlin sei der amerikanische Vizepräsident Humphrey mit Tomaten und faulen Eiern beworfen worden, es sei zu Krawallen auf dem Kurfürstendamm gekommen, und die Polizei habe sich als brutal erwiesen. Im Fernsehen waren Wasserwerfer und Demonstrationen, Polizeisperren und Haufen übereinandergeschobener Autos zu sehen, die Barrikaden ähnelten. Ein junger Mann, aus Halle an der Saale gebürtig, mit asketischem, willensstarkem Gesicht, rief durch Megaphone zum »Kampf gegen den Imperialismus« auf. Als er dem Attentat eines Hitler-Verehrers zum Opfer fiel, wurden die Sympathien für ihn allgemein.

Auch in Paris demonstrierten Studenten, gelegentlich sogar Fabrikarbeiter, auch dort ging die Polizei mit Schlagstöcken vor, und es sah danach aus, als würde sich die Lage weiter zuspitzen. Was dann geschah, wußten wir aus dem Schulunterricht. Der kapitalistische Staat würde zerschlagen und der Sozialismus errichtet werden. Wir glaubten, die von Karl Marx vorausgesagte »Weltrevolution« stände bevor, der »Brand, der die Erde erfassen wird«, unser und aller fortschrittlichen Menschen ersehnter Triumph.

Doch es kam nicht dazu. Als die Demonstrationen verebbten und die studentische Protestbewegung in sich zusammensackte, erklärten uns unsere Lehrer, die Menschen des Westens seien für die letzte Beglückung noch nicht reif. Sie wollten den großen Verzicht nicht erbringen, der ihnen persönlich vielleicht das Leben verdarb, der aber unumgänglich war, wenn die »gerechte Sache« siegen sollte.

Wir kehrten geläutert zu unseren Lehrbüchern zurück, zu den Bänden der »Autoren-Kollektive« und den Zitaten-Potpourris aus »Lenins Lehre«. Auch die westlichen Besucher kamen nicht mehr. Sie gingen wieder ihren Angelegenheiten nach: Der »stern«-Photograph war am Skandal um Nacktphotos einer Prinzessin beteiligt, der Verleger Schünemann betrieb seine Geschäfte, und Ulrike Meinhof begann mit Gesinnungsfreunden einen städtischen Guerillakrieg, in dessen Verlauf die »Vertreter des Kapitals« einzeln liquidiert werden sollten.

Der Westen rückte wieder in die Ferne und wurde undeutlich. Doch unsere emotionalen Grundwerte hatten einen winzigen Riß bekommen: aus Enttäuschung und aus dem heraufdämmernden Bewußtsein, daß sich die Dinge anders entwikkelten, als man uns lehrte. Der Riß vertiefte sich durch neue Enttäuschungen und neue Trübungen, denn von nun an blieb alles unklar und getrübt, selbst »der Sieg des vietnamesischen Volkes über den amerikanischen Imperialismus«. Wir erfuhren von den Boat-people, und wenn wir auch nicht verstanden, weshalb diese Menschen die Flucht in gebrechlichen Booten dem Leben im Kommunismus vorzogen, war die Tatsache dieser Flucht doch nicht aus der Welt zu schaffen.

Wieder, als sei alles beim alten, fand die Ost-Berliner Maiparade statt. Ich trug meinem Marschblock die Fahne der FDJ voran und marschierte an der Tribüne vorbei, auf der die Mitglieder des Politbüros mit letzter Kraft mit den Köpfen nickten. Aus den Lautsprechern dröhnte das Lied:

Alle auf die Straße – rot ist der Mai!
Alle auf die Straße – Vietnam ist frei!

Aber in meinem Herzen regte sich ein neues Gefühl. Ich fand mich mit meiner Fahne und meinen Siegesgefühlen ein wenig fragwürdig, ja lächerlich. Irgend etwas hatte sich verändert, war gerissen, stimmte nicht mehr.

Als schmaler Spalt
klafft schwarz die Seitenstraße...

Links hinter der Brücke führt die Uferpromenade zur Auferstehungskirche, in der Zar Alexander II. am 1. März 1881 einem Bombenattentat der Terror-Organisation »Narodnaja Wolja« zum Opfer fiel.

Wie überall reihen sich klassizistische Fassaden die Uferstraße entlang, europäischen Vorbildern nachempfunden, aber durch übersteigerte Dimensionen verfremdet: Hunderte von Fenstern mit Stuckornamenten in kühlen Häuserfronten, schnurgerade und parallel zu den Granit-Einfriedungen der Kanäle. Die Stimmung in der schmalen Gasse zwischen Fassade und Gewässer ist unwirklich; nichts bewegt sich außer dem leichten Gekräusel des Wassers, nur selten durch ein vorüberfahrendes Motorboot in Unruhe versetzt; dann rühren sich auch die Spiegelbilder der Paläste, einige Minuten lang, und finden wieder in ihre alte Lage zurück. Das Knattern des Bootsmotors ist schon nicht mehr zu hören, die Abgaswolke des schlechten Benzins hat sich, über dem Wasser schwebend, verflüchtigt.

Wieder herrscht Stille. Nur fünfzig Schritte entfernt rumort der abendliche Newskij-Prospekt, mit Trolleybussen, Eisverkäufern und Liebespaaren. Leningrads junge Leute verbringen hier die Dämmerstunden und Weißen Nächte, umgeben von historischen Konturen und dem Hauch der alten, einst glänzenden Stadt St. Petersburg. Aus Büchern und ausländischen Filmen wissen sie, daß es anderswo Boulevards und Magistralen gibt, in denen Straßencafés unter rot-weißen Markisen zum Verweilen einladen, wo auf runden Tischen Longdrink-Gläser und silbrige Eisbecher blinken und wo man sitzen und plaudern, flüstern und sich küssen darf.

Leningrads Liebespaare müssen sich damit bescheiden, auf Parkbänken zu kampieren oder vom Newskij abzubiegen: in eine der halbdunklen Uferstraßen und dort im Schatten der Paläste auf und abzugehen. Sie lutscht eine in nasses Papier gewickelte Eiswaffel, er raucht eine Papyrossa Marke »Bjelomor-Kanal«. Später fahren sie im Mitternachts-Trolleybus in ihre Wohngegend zurück, in Satellitenstädte mit Hochhäusern oder den blechgedeckten Kästen der »Zuckerbäcker-Architektur«, wo ein niemals endender Zugwind um die Häuserecken pfeift; dort ist längst jedes sichtbare Leben erstorben, und wenn man noch einen Menschen trifft, ist er höchstwahrscheinlich betrunken.

Im abendlichen Halbdunkel, wenn die Polit-Plakate nicht mehr zu erkennen sind und die Lenin-Denkmäler denen von Lomonossow und Puschkin ähneln, wenn nur noch da und dort eine giftgrüne Schrift das Unvermeidliche in den Himmel schreibt: »Unser Ziel – der Kommunismus« oder »Ewiger Ruhm dir, Partei!«, verwandelt sich Leningrad in eine zeitlose Stadt. Die Spaziergänger passen ihr Tempo dem treibenden Wasser der Kanäle an, und in Seitenstraßen und verborgenen Plätzen, auf denen, von alten Bäumen umringt, ein rotbraunes Kirchlein steht, regt sich die Vergangenheit. Das Palais der Fürsten Jussupow, in dem Rasputin ermordet wurde, tritt gebieterisch hervor, die Peter-Pauls-Festung, über ihren Ker-

kern und Kasematten, und am Newa-Kai spielen nördliche Lichter auf der Bronzehaut des »Ehernen Reiters« – dem Wahrzeichen Petersburgs als Rußlands Tor zur Welt.

Hier drängten sich an einem Dezembertag des Jahres 1825 die rebellischen Regimenter der Dekabristen, als Zar Nikolaj das Kartätschenfeuer eröffnen ließ. Zu Peters Füßen stolperten die Fliehenden die Treppen der Kaimauer hinunter und liefen über die vereiste Newa zum Palais Menschikow, damals Kadettenanstalt, wo sie, von den mitleidigen Kadetten versteckt, eine kurze Atempause hatten, ehe man sie holte, verhörte und in Sibirien verschwinden ließ.

In der anderen Richtung, ebenfalls über das Eis, fuhr Eugen Onegin zu Bällen und Whistpartien –

> ...
> vom Schnee bereift im starken Winde
> sein Biberkragen silberweiß...
> Vor finstern Häusern, nachtumdunkelt,
> entlang der stillen Straßen funkelt
> in friedlich heller Doppelspur
> der Kutschlaternen Lichterschnur.
> Buntfarbnen Scheins, den Schnee bestrahlend,
> besät mit Lampen, flammt die Pracht...

Nach ihm geistert der Schatten des unglückseligen Kollegien-Registrators Akakij Akakjewitsch durchs Schneegestöber, auf der Suche nach seinem verlorenen Mantel. Dann taucht ein anderer Beamter auf: Gehilfe des Petersburger Rechtsanwalts Wolkenstein, Sohn einer Exzellenz, unternehmungslustig, in warmen Galoschen und flacher Pelzmütze. Der Stadtkommandant erstattet Meldung:

Der unter geheimer Polizeiaufsicht Stehende
Name: Uljanow
Vorname: Wladimir

Vatersname: Iljitsch
Rang: Sohn eines wirklichen Staatsrates
kam am 31. August 1893 in Petersburg an und wohnt im Haus Nr. 58 in der Sergijewskij-Straße, Numero Vier...

Ich sah die Auferstehungskirche von weitem; sie erhob sich düster und schweigend direkt am Wasser. Dahinter stand die Paradefront eines klassizistischen Hauses wie ein schirmender Wall. Doch ich erreichte die Kirche nicht: Irgendeine Seitenstraße erweckte mein Interesse; sie war menschenleer und geheimnisvoll, und ich bog ein. Ich betrat einen Torweg, dahinter lag ein Hof. Ich überquerte den Hof und durchschritt einen weiteren Torweg. Wieder trat ich in einen Hof, in dem völlige Stille herrschte. Er war von niedrigen Häusern gesäumt, und in seiner Mitte spielten Kinder mit einer Katze.

»Ihr dürft sie nicht am Schwanz ziehen!« sagte ich. Ehe sie antworten konnten, erschien eine Frau in Pantoffeln.

»Wer sind Sie, und was wollen Sie von den Kindern?«

»Ich fürchte, sie ärgern die Katze.«

»Unsinn. Sie spielen nur mit ihr. Kinder brauchen eine Katze.«

Die Frau betrachtete mich.

»Wollen Sie zu irgendwem?«

»Nein.«

»Was wollen Sie dann?«

»Ich suche den Newskij-Prospekt.«

»Verlaufen?« Die Frau ließ ihren Blick über meine Schuhe und Jeans gleiten, dann über meine Lederjacke.

»Sollten Sie bleiben lassen, als Ausländer hier allein rumzustreunen. Der Newskij ist lang. Wo müssen Sie hin?«

»Zur Metro.«

»Welche Linie?«

»In Richtung ›Park der Kultur und Erholung‹.«

»Weiß der Himmel, wo das ist. Gehen Sie erst mal zum ›Gostinyj Dwor‹ zurück.«

Die Frau nannte Straßennamen, die ich nicht kannte und die mir nicht halfen. Je länger sie sprach, um so klarer stellte sich heraus: Ich hatte mich in der Viertelstunde, seit ich von der Uferstraße abgebogen war, hoffnungslos verirrt. Es wurde immer dunkler, und ich hatte keine Ahnung, wo ich war.

Zunächst versuchte ich den Angaben der Frau zu folgen, ihrem »Und dann gehen Sie nach rechts«, »Dann überqueren Sie den Platz mit der kleinen Kirche«, »Wenn Sie am Kanal sind, biegen Sie links ab«. Ich lief über eine endlose betonierte Fläche. Wohin ich auch sah, ragten Mauern empor; am Ende der Fläche war ein eisernes Tor, das sich öffnen ließ; wieder kam ein dunkler Hof, in dem ein Auto stand, es war mit einer Plane bedeckt und glich einem schlafenden Tier; der Himmel war ein Geviert, in das Antennen vorstießen; die Häuser atmeten; Regenrinnen traten wie Adern hervor; von oben wehte Musik, und Scheiben schimmerten fahl. Im Parterre war ein Fenster geöffnet, ich spähte hinein: ein elender Schrank, an dem ein Kleidungsstück hing, eine gebuckelte Couch, daneben eine offene Tür. Und in der Tür bewegte sich etwas: ein Mensch, nach dem Hände griffen ... »Nein!« sagte eine Frauenstimme, »laß!«

In diesem Hof verstand ich alles. Das Leben war bestürzend. Es gab Dinge, die man nicht erklären konnte, eine verborgene Welt, das »zweite Gesicht«.

Der alte Mann mit den Reithosen tastete sich mit seinem weißen Blindenstock zur Tür des Militärbedarfsladens »Wojennyj Mir«. In der anderen Hand hielt er ein Einkaufsnetz, in dem sanft ein Kohlkopf schaukelte. Seine Uniformjacke zeigte auf den Schultern große, verblaßte Rechtecke, die Hose verschossene, breite Streifen. Auf seinem Kopf saß eine Generalsmütze ohne goldene Paspel. Er trug Chromlederstiefel.

Die Passanten beachteten ihn nicht und hasteten mit Paketen und Taschen an ihm vorüber. Aber als er ins Innere des Ladens trat, erregte er Aufmerksamkeit. Ein jüngerer Oberst, der mit seiner dicken Frau vor einem Regal mit Pelzmützen stand, rief gebieterisch und zugleich beflissen zur Verkäuferin hinüber: »Djewotschka!«

Die Verkäuferin zwängte sich hinter ihrer Theke hervor und eilte herbei. Doch der Alte ging weiter und betrat die ersten Stufen der Treppe, die hinauf in die Schuhabteilung führte.

»Hauptmann!« rief der Oberst einem hochgewachsenen Offizier zu, der unweit von ihm Mützen aufprobierte. Der Hauptmann ließ seine Frau stehen und lief mit weitausholenden Schritten zur Treppe.

Dort, seinerseits im Befehlston, zu einem knabenhaften Leutnant, der eben die Treppe herunterkam: »Leutnant!«

Sie führten den Alten die Treppe hinauf. Der Leutnant, vor Aufregung errötet, sagte freundlich: »Noch drei Stufen, Genosse General!«

Der Alte antwortete nicht. Sein Gesicht hatte die Farbe von Pergament, seine erblindeten Augen waren geschlossen. Er schien die Örtlichkeit zu kennen und keiner Führung zu bedürfen. Die Offiziere begleiteten ihn in die Schuhabteilung. Ein dicker Major sprang auf und räumte seinen Stuhl, in den der Alte hineingesetzt wurde. Der Leutnant bückte sich und begann ihm den rechten Stiefel auszuziehen. Zum Vorschein kam ein kräftiger Fuß, in blendendweiße Fußlappen gewickelt. Die Verkäuferin schleppte große Kartons herbei und zog Chromlederstiefel aus raschelndem Seidenpapier.

Der Alte ließ sich neue Stiefel anziehen und hob die Hand mit dem Netz, in dem der Kohlkopf lag. Der Major nahm es ihm augenblicklich ab und legte es auf einen Stuhl. Dann, an den Hauptmann gewandt: »Danke. Sie können gehen.«

Der Hauptmann schlug die Absätze zusammen und lief in großen Sprüngen die Treppe hinunter.

»Drücken sie?« fragte der kniende Leutnant den Alten.

Der Alte legte eine seiner blaugeäderten Hände auf die Schulter des Leutnants und erhob sich langsam. Der Major wollte ihm unter den Arm greifen, aber der Alte schüttelte die Hand ab.

»Leutnant«, sagte der Alte, »wie sehen sie aus?«

»Schneidig, Genosse General!«

»Ich nehme sie.«

Der Major nickte zur Verkäuferin hinüber, die eben mit neuen Kartons erschien.

»Er nimmt sie.«

»Wie alt bist du?« fragte der Alte den Leutnant.

»Zweiundzwanzig, Genosse General.«

»Zweiundzwanzig...«, wiederholte der Alte.

Dann sagte er: »Bring mich nach unten.«

Der Leutnant nahm das Netz mit dem Kohlkopf und den großen weißen Schuhkarton und half dem Alten zur Treppe. Dort verschwanden sie hinter einem marmornen Pfeiler. Der Major sah ihnen nach. Die Verkäuferin trug die Kartons zurück ins Regal.

In der Lenin-Gedenkstätte Rasliw, wo Gruppen ausländischer Besucher um einen Baumstumpf standen, an dem Lenin sein bahnbrechendes Werk »Staat und Revolution« geschrieben hat, und vor einem Heuhaufen, der in diesem Zusammenhang ebenfalls eine Rolle spielt, von Führerinnen über die Bedeutung des Ortes für Rußlands Geschichte belehrt, wo sich Zeigestöcke ruckartig vor dem strahlendblauen Himmel bewegten und sirrende Stimmen das Vogelgezwitscher übertönten, kam es zu einem Skandal. In den Anblick zerschlissener Hemden vertieft, die Lenin bei der Arbeit an »Staat und Revolution« getragen haben soll und die man in Glasvitrinen für die Nachwelt aufbewahrt, hörte ich hinter mir:

»Die Führung ist beendet! Gehen Sie hinaus!«

»Wer?« fragte Ute Puvogel. »Ich?«

»Da fragen Sie noch?« fauchte Jewdokija Andrejewna. »Natürlich Sie! Aber die anderen können gleich mitkommen. Die Führung ist beendet!«

Jewdokija Andrejewna rauschte hinaus, und ich wandte mich an Frau Heddergott:

»Was hat sie denn nun wieder?«

Frau Heddergott verdrehte die Augen.

»Es war nicht richtig von Ute, hier drin Keks zu essen. Das ist eine Lenin-Gedenkstätte, und sie hätte wissen müssen, daß so etwas nicht geht.«

Am nächsten Morgen erschien außer Jewdokija Andrejewna vor dem Obscheshitije auch die muntere Nina Nikanorowna. Interne Absprachen mußten hinter unserem Rücken stattgefunden haben, denn Jewdokija Andrejewna vermied Begegnungen mit Ute Puvogel und dem räsonierenden Sonnenthal. Dafür ging Nina Nikanorowna mit Ute untergehakt, in Gespräche über Mode vertieft; sie hatte ein Ohr für Sonnenthals Klagen über zu fettes, ihm unbekömmliches Essen und drohte mir schelmisch mit dem Finger, wenn ich meinen Flachmann aus der Jackentasche zog.

»Lassen Sie sehen. Was ist es für eine Sorte?«

»Grusinischer Kognak.«

Ich fand es interessant, einen Flachmann mitzuführen. Ein junger Künstler, noch dazu ein revolutionärer und avantgardistischer, mußte aus der Banalität des Daseins in gehobene Stimmungen fliehen. So hatten es Jessenin und Majakowskij und tausend andere moderne Künstler getan. Darin zeigten sich Genie und Verachtung gegenüber dem spießigen Gleichmaß des Alltags. Darin zeigte sich, daß man das Leben als eine Kette von Sensationen empfand, voller Intuitionen und Höhenflüge und frei von der Erdschwere derer, die rafften und Nester bauten.

Angesichts großer Ideen waren die Dinge des Alltags verächtlich. Majakowskij stellte bürgerlichen Besitz als das letzte dar, das einen Menschen leiten durfte:

Und Köchinnen flüstern:
Ich weiß, was ich gut weiß,
Bald gibts wieder
Graupen, Feinmehl, Raffinade...

Der »Knabe« Revolution fegte die kleinbürgerlichen Köchinnen hinweg, mitsamt Feinmehl und Raffinade. Majakowskij feierte diese Entwicklung in seinen Poemen. Verwirrend war nur, daß er selbst ein französisches Auto fuhr, amerikanische Anzüge, goldene Füllhalter und blankpolierte Schuhe liebte und immer wieder gern nach Paris reiste. Der Schriftsteller Valentin Katajew war dabei, als er in den zwanziger Jahren von dort zurückkehrte:

»...im Pariser Pullover, den schmalen Uhrriemen am Revers, letzter Pariser Schick... Seine neuen Boxkalf-Schuhe traten auf bunte Gummischwämme, Flakons mit Atkinsons Lavendelwasser und grüngestreifte Dosen mit Palmolive-Rasiercreme...« Offiziell waren diese Dinge bis heute nicht erwünscht, und in den Straßenunterführungen standen junge Männer, die uns abgetragene Jeans für hundert Rubel abkaufen wollten.

Manchmal sahen wir sie im Gespräch mit jungen Schweden und Westdeutschen, dann wechselten Kugelschreiber und Zigarettenpäckchen den Besitzer, und die Ausländer gingen weiter, angeregt, um ein neues Erlebnis bereichert, das die interessante Reise noch farbiger machte. Sie ahnten nicht im Traum, welche Bedeutung Jeans und Kaugummis in einem Land erlangen, in dem man sie von Staats wegen zu etwas Feindlichem erklärt. Denn wie sieht es schon aus, wenn man kaugummikauend zur Komsomol-Versammlung erscheint? Oder in knapp sitzenden Jeans, die die Blicke des anderen Geschlechts von den Fahnen, Symbolen und Lenin-Bildern ablenken? Dieser Konkurrenz ist »Lenins Lehre« nicht gewachsen.

Ihre Hüter verdammten die Kaugummis, verboten die Jeans, indessen war alles vergebens. Wenn die Sowjetunion vom Westen überall abzuschirmen war, hier bestand eine undichte Stelle: die »gefährdete Jugend« mit ihrem von der »Unreife« getrübten Bewußtsein. Feindbilder, mühsam errichtet und durch Hitlers Überfall bestätigt, lösten sich auf. Laue Frühlingswinde haben Erfolg, wo eisige Stürme versagen.

Katajew, Elsa Triolet und Soschtschenko haben über Majakowskijs Waschneurose geschrieben: Er trank den Kaffee in sowjetischen Speisegaststätten durch einen Strohhalm, wischte die Gabel vorsorglich an seinem blütenweißen Taschentuch ab und führte in der Hosentasche stets ein Stück Seife mit sich. Einerseits propagierte er die Abschaffung des bürgerlichen Lebens, andererseits konnte er es nicht entbehren. Er war ein starker, energischer Mann. Sein tragisches Ende deutete darauf hin, daß der Zwiespalt nicht zu überbrücken war.

Nina Nikanorowna, für ihren Teil, hatte ihn vorläufig verdrängt. Ihr Verhältnis zur Sowjetmacht war innig, dennoch zeigte sie westlichen Schick. Wenn sie sprach, gestikulierte sie temperamentvoll und ließ goldene Armreifen klimpern. Ihr Make-up war tadellos, ihr Auftreten charmant. Ihr Mann war höherer Funktionär.

Ute Puvogel sah sich und ihre aufwendige Garderobe gewürdigt. Sie wollte Mode-Designerin werden. Daher trug sie turbanförmig um den Kopf geschlungene Tücher, gewickelte Röcke und am Bauch verknotete Blusen. Und Nina Nikanorowna, als sie mit Ute Arm in Arm vor mir ging, fragte vertraulich: »Sagen Sie, Ute, was trägt man jetzt bei Ihnen?«

Petrosawodsk, die Hauptstadt Kareliens, liegt nördlicher als Oslo und Helsinki. Daher überraschte es uns, als Nina Nikanorowna die Reise dorthin einen »kleinen Ausflug« nannte.

Die Russen haben traditionell ein abgeklärtes Verhältnis zu Entfernungen. Eine Erzählung Wassilij Axjonows spielt im Flugzeug zwischen Moskau und Chabarowsk; der in die Stewardeß verliebte Held legt die Strecke mehrmals zurück, und erst ein Blick in den Atlas belehrte mich, worum es sich bei diesem Inlandflug handelt: um eine kleine Weltreise.

Von Chabarowsk, am Zusammenfluß von Amur und Ussuri, erscheint ein Flug nach Tokio als Katzensprung; auch Bangkok und Kuala Lumpur sind schnell zu erreichen, jedenfalls schneller als Moskau. Wenn sich die Moskauer Zentrale darauf beschränken könnte, die inländischen Obliegenheiten wahrzunehmen, hätte sie schon mehr als genug zu tun. Es drängt sie aber, ihr Gebiet noch ständig zu vergrößern. Wie groß soll es eigentlich noch werden? Und wie will man dieses Riesenreich von Moskau aus verwalten?

Bis zum Ural reicht die Infrastruktur mit Eisenbahnlinien und großen Städten. Dann aber beginnt die riesige Westsibirische Ebene, noch einmal so groß wie das europäische Rußland, und bereits hier wird die Struktur spärlich; verhältnismäßig kleine Städte liegen weit voneinander entfernt, Tjumen und Tobolsk, Tara und Tomsk. Dabei ist erst die Mitte des Reichs überschritten, nun schließt sich das Mittelsibirische Bergland an, und wieder rücken die Städte auseinander und werden kleiner; sie beginnen sich auf der Landkarte zu verlieren, Bratsk und Norilsk, Chatanga und Jakutsk. Die Stadt Chabarowsk, in der Axjonows Held ins Flugzeug stieg, haben wir aber noch lange nicht erreicht, erst kommt noch das wiederum riesige Ostsibirische Gebirgsland, und hier gibt es kaum noch Eisenbahnen und Städte, zumindest keine größeren mehr, wenn man von Petropawlowsk auf der Halbinsel Kamtschatka absieht und von Magadan, der Hauptstadt des Geheimreiches GULag.

Unterhalb Sibiriens wölbt sich der Bogen der Kasachischen Schwelle; darunter liegt das Tiefland von Turan mit den Wüsten Karakum und Kysylkum; dann folgt das Gebirge Karatau, das in das Hochgebirge von Tienschan mündet; der Pamir erscheint als Anhängsel, auch die Gebirgsketten Ost- und Westsajan fallen kaum ins Gewicht; an sie schließt sich ein viel gewaltigeres Gebirge an, das Jablonowy-Gebirge hinter dem Baikal-See; dann beginnt das Stanowoi-Gebirge; und nun sind wir schon fast in Chabarowsk, wir müssen lediglich noch eine Entfernung überwinden, die halb so groß wie Europa ist.

Verglichen mit diesen Weiten wirken die westlichen Nachbarn der Sowjetunion, Finnland und Polen, winzig und unbeträchtlich, von Bulgarien und Rumänien nicht zu reden, schon gar nicht von der kleinen DDR; und unterhalb des Kaukasus verlieren sich drei Miniatur-Areale, keines davon auch nur so groß wie die Wüste Karakum, doch im Unterschied zu ihr von stolzen, widerspenstigen Völkern bewohnt: Georgien, Armenien und Aserbaidshan.

Kaiser Hadrian brauchte Jahre, um das im Zenit stehende Römische Reich zu bereisen. Die Herrscher in St. Petersburg und Moskau hatten und haben solche Intentionen nicht. Iwan der Schreckliche war mit der Organisation seiner Sicherheitspolizei beschäftigt. Peter der Große verbrachte seine Jahre damit, Städte und Kanonenfabriken aus Sümpfen hervorzaubern zu lassen. Und Katharina II., im Duodez-Fürstentum Anhalt-Zerbst geboren, konnte sich ihr Riesenreich wahrscheinlich nicht einmal vorstellen. Dem Fürsten Potjomkin war es ein leichtes, seiner Herrin die Fassaden künstlicher Dörfer aufzubauen, kannte sie das Land, das sie regierte, doch nur vom Hörensagen. Auch Lenin, der einen großen Teil seines Lebens im Ausland verbrachte, in der behaglichen Schweiz und im freundlichen Frankreich, war das Reich kaum vertraut, schon gar nicht Stalin, der überhaupt ungern reiste.

Auch seine Untertanen zauberten Städte aus Sümpfen hervor, wurden schlecht ernährt und verkamen zu Hunderttausenden; die Orte zu besuchen, an denen sich das abspielte, konnte nicht sehr reizvoll sein. Und auch in seinem Reich regierte eine gutorganisierte Sicherheitspolizei, deren Apparat sich zu verselbständigen drohte, sobald der Herrscher für längere Zeit abwesend war. Viel lieber bestellte er jeden, den er brauchte, zu sich in den Kreml: Menschen vom anderen Ende der Welt, aus Irkutsk und Alma-Ata, aus Jerewan und Wladiwostok; sie stellten dem Diktator anheim, über sich, ihre Länder und Völker zu entscheiden, und Stalin entschied. Er entwarf gigantische Umsiedlungspläne, etwa den aller Juden nach Birobidshan, am östlichsten Zipfel der chinesischen Grenze, wo auch Chabarowsk liegt, die Stadt, in der Wassilij Axjonows Erzählung begann.

Beim Anblick der sowjetischen Landkarte befällt einen Unverständnis: Warum ist die Moskauer Zentrale in alle Händel dieser Erde verstrickt, wo doch Flächen von der Größe Europas, das Mittelsibirische Bergland oder das Super-Areal zwischen Ob und Jenissej, so gut wie nicht erschlossen sind? Doch zu allen Zeiten waren russische Regierungen zu angelegentlich mit europäischen, skandinavischen und mittelasiatischen Fragen beschäftigt, als daß sie dem ostrussischen Kontinent ihre Aufmerksamkeit zuwenden konnten. Hierher schob man trunksüchtige Petersburger Beamte ab und ließ sie als Gouverneure Flächen verwalten, die größer waren als anderswo Staaten; hierher verfrachtete man unliebsame Personen, gefallene Günstlinge ebenso wie die Dekabristen; in diesen Weiten verloren sich Sträflingszüge und politisch Verbannte.

Zum Ausgleich entzog man Sibirien alles, was sich abtransportieren ließ: Erze und Gold, Diamanten und Malachit, Zobelfelle und Holz, Kohle und Öl. Der Hinterhof zum Aufnehmen unerwünschten »Menschenmaterials«, die Vorratskammer zum Entnehmen von Bodenschätzen und Naturreichtümern schien unerschöpflich. Haushälterische Erwägungen waren im einen wie im anderen Fall unnötig: Sibirien zeigte sich imstande, unendliche Mengen von Menschen zu verschlucken und gleichermaßen unendliche Mengen von Rohstoffen auszustoßen. Die Mühe, den Kontinent durchzuarbeiten, mit einer Infrastruktur zu versehen, machte man sich nicht. Man kannte ihn ja nicht einmal, hatte kaum eine Vorstellung davon, wie er aussah.

Man wandte statt dessen den Blick nach Westen und war beschäftigt. Kriege gegen die Schweden, die Türken, die Deutschen, die Teilungen des kleinen Polen, die Niederwerfung aufständischer südwestlicher Nachbarn nahmen Rußland in Anspruch, Sibirien aber blieb, was es war: ein schlafender Gigant. Es waren deutsche Forscher, die im Auftrag Peters I. das »Steinerne Tor«, den Ural, überschritten und bis Jakutsk kamen; es waren Verbannte, wie die Fürstin Maria Wolkonskaja, denen wir die seltenen Schilderungen sibirischen Lebens verdanken.

Die Bolschewiki versprachen die längst fällige Alternative: Frieden und Erschließung des Kontinents. Die Sibirier folgten ihnen hoffnungsvoll. Nicht zuletzt sibirische Einheiten erfochten im Bürgerkrieg den Sieg gegen die Weißen. Sie gaben her, was sie nur konnten, die Söhne ihres Landes und seine Schätze. Auch im Zweiten Weltkrieg hungerte und blutete Sibirien, als Stalins Mißwirtschaft dazu führte, daß die Deutschen bis Moskau vordringen konnten. In den Tagen, da die Stimmung der Hauptstadt sich der Panik näherte, waren es, wie der sibirische Schriftsteller Wassilij Schukschin schrieb, junge Sibirier, »die allein durch ihren Anblick die Riesenstadt beruhigten.«

Stalin eroberte halb Europa, seither wird die Moskauer Zentrale unablässig von Affären der Weltpolitik in Atem gehalten, von Bemühungen um Kuba, Sansibar und Afghanistan, und die Administriergelüste der Nachfolger Lenins sind noch immer nicht gestillt. Sibirien aber schläft weiter, schläft bis auf den heutigen Tag. Man ist sich dieses Kontinents sicher. Er ist dünn besiedelt, und wo Menschen in ihm konzentriert sind, da ist auch Militär konzentriert.

Die Moskauer Zentrale handelt wie jemand, der nicht genug bekommen kann und dabei gleichzeitig die Dinge, die ihm schon gehören, verkommen läßt. Lenin lieferte die Theorie, sich überall einmischen zu müssen: »im Namen der guten Sache«, »im Dienste des Fortschritts«. Unbedingt müssen die Völker Afrikas und Lateinamerikas mit sowjetischer Fürsorge bedacht werden, und erst dann, wenn überall dort der Sozialismus gesiegt hat, kann man sich endlich den Angelegenheiten des eigenen Landes zuwenden.

Indessen entwickeln sich diese Angelegenheiten katastrophal. Die Einstellung, Sibirien als Hinterhof zu behandeln, verführt die sowjetischen Planer zu Projekten wie dem Anzapfen sibirischer Flüsse zwecks Bewässerung der kasachischen Steppen. Die Begriffe »Natürliches Gleichgewicht« und »Umweltschutz« gehören nicht zur Gedankenwelt der Verwalter Sibiriens, haben sie doch die Erfahrung gemacht, daß man den Kontinent unbegrenzt belasten, daß man Land und Bewohnern alles zumuten kann. Wieder soll Sibirien für die Debakel der äußeren Teile des Reiches herhalten: Dort stirbt der Aral-See, sinkt der Wasserspiegel des Kaspischen Meeres, Ergebnisse sowjetischer Fehlkalkulationen mit unabsehbaren Folgen.

Nach außen bleibt der Kontinent geheimnisvoll. Die Schilderungen sibirischen Lebens sind auch heute nicht viel zahlreicher als zu Zeiten der Fürstin Maria Wolkonskaja. Es gibt die Erzählungen und Romane Rasputins und Schukschins. Sie werden von der sowjetischen Literaturwissenschaft als »Dorfprosa« abgetan, müssen aber geduldet werden, weil Millionen Leser dahinterstehen. Die Geschichten der »Dorfprosa« spielen in weltvergessenen Dörfern mit hölzernen Häuschen und synthetischen Städten, die dem Umschlag der sibirischen Schätze dienen, deren das Vorderhaus, das offizielle westliche Rußland, so dringend bedarf.

Der Osten Rußlands ist die größte zusammenhängende Fläche der Erde. Die ihn regieren, tragen Verantwortung gegenüber der gesamten Menschheit, noch dazu in einem Jahrhundert, das von Überbevölkerung, Ernährungsproblemen und Sorge um die Natur bestimmt wird. Einst versprachen die Bolschewiki die Erschließung Sibiriens. Heute zeigt sich, daß sie versagt haben und zum Schaden der Weltwirtschaft mit jedem Tag erneut versagen.

Und das Leben der Menschen scheint stillzustehen, inmitten gigantischer Möglichkeiten. Es verliert sich in einer Welt der Extreme. Denn extrem ist dort alles, Verlorenheit und Konzentration, Bedrängung und Weite, Natur und Unnatur. Extrem ist auch jene Erscheinung, für die der deutsche Reisende Johann Georg Gmelin im Jahre 1734 die Worte fand: »Und wer in den Bechern sein Vergnügen suchet, der findet es hier besser als sonst irgendwo auf der Welt.«

Er gehörte zu einer Gruppe tschechischer Kunststudenten, die zur gleichen Zeit wie wir im Obscheshitije wohnten. Maria hatte mich irgendwann mit ihm bekannt gemacht. Ich traf ihn auf einer der Bänke vor dem Kaufhaus Gostinyj Dwor. Er war blond, kramte in seiner ledernen Umhängetasche und sah wütend aus.

»Guten Abend«, sagte ich.

»Ach du bist es. Guten Abend.«

Wir sprachen russisch, ohne uns groß um die Grammatik zu kümmern. Er deutete auf seine Tasche und sagte: »Hab' was eingekauft für heute abend.«

»Prasdnik?«

»Sozusagen. Wir fahren morgen.«

»Ist eure Zeit schon um?«

»Nein, uns reicht's.«

»Was?«

»Alles. Bis obenhin. Schon allein das Buffet! Eine Schweinerei. Sie hätten uns anständiger unterbringen sollen.«

»Das wäre zu teuer.«

»Pah! Was ist das für ein Land, wo man nur in einem First-class-Hotel etwas Anständiges zu essen bekommt?«

»Uns gefällt das auch nicht besonders. Aber deshalb bricht man doch nicht gleich die Reise ab.«

Er sah mich von der Seite an und lächelte – wie mir schien herablassend. Ich ärgerte mich darüber und sagte: »Denkst du, uns macht das nichts aus? Trotzdem bemühen wir uns, das Land kennenzulernen und alles zu verstehen. Das Land ist groß, sie haben jede Menge Probleme. Da sind die Buffets nicht das wichtigste.«

»Ach was!« sagte er, »sie machen sich doch ihre Probleme selber! Immer entschuldigen sie sich mit ihren internationalen Verpflichtungen... Kein Mensch hat sie gebeten, in andere Länder einzumarschieren!«

»Du meinst, bei euch?«

»Zum Beispiel. Sie marschieren überall ein, wo man sie läßt, und errichten dort ihre Ordnung. Diese Ordnung habe ich nun kennengelernt. Der Himmel möge meine Heimat davor bewahren, daß sie eines Tages so aussieht.«

»Das wollen sie ja gar nicht.«

»Natürlich nicht. Sie walzen nur alles mit ihren Panzern über den Haufen. Aber eure waren ja auch dabei, pardon!«

»Ich war nicht dabei.«

»Dann bitte ich um Entschuldigung. Übrigens, was macht das schon aus? Es waren auch ohne dich genug. Überall standen die Panzer, alles haben sie umgewühlt...«

»Es waren«, sagte ich unsicher, »allgemeine Erwägungen. Sie wollten nicht, daß euer Land den Amerikanern in die Hände fällt.«

»Denkst du, wir wollten das? Wir wollten bloß anders leben als sie. Und jetzt verstehe ich auch, warum.«

»Reist ihr alle ab?«

»Nein. Ein paar bleiben hier. Ein paar finden sich immer.«

Er lachte durch die Nase. »Es hat Folgen, wenn man zurückfährt.«

»Was für Folgen?«

»Vielleicht schmeißen sie uns aus der Hochschule raus. Wir hoffen, daß es nicht so weit kommt, aber möglich ist es schon.«

»Kommt drauf an, wie ihr eure Abreise begründet. Wie viele seid ihr denn?«

»Fünf oder sechs. Es reicht für ›Gruppenbildung‹.«

»Ihr müßt sagen, ihr seid krank geworden, das Essen ist euch nicht bekommen...«

»Sagen wir auch. Trotzdem kann sich so ein Idiot finden, der einen ›Fall‹ draus macht. Unsere sind jetzt besonders ›wachsam‹. Keiner wollte die Russen, das wissen die sehr gut.«

»Tut mir leid«, sagte ich. »Ich finde, es lohnt sich nicht. Ihr werdet Ärger bekommen, und das ist vollkommen unnötig... Die paar Tage hättet ihr das Buffet schon noch ertragen können...«

»Darum geht es doch gar nicht. Aber ich sehe, wie sie ihre Leute behandeln. 45 Rubel Stipendium. Und nichts Vernünftiges anzuziehen... Wo du hinguckst, sitzt die ›Firma‹ drin. Und ihre Jungs schicken sie werweißwohin, zu euch oder an die chinesische Grenze... Denkst du, das macht ihnen Spaß? Sie wissen doch, daß sie überall unbeliebt sind.«

»Ich weiß nicht...«

»Sag bloß, bei euch sind sie beliebt?«

»Was heißt beliebt? Sie sind eben da. Daran kann man nichts ändern.«

»Mir haben sie leid getan. Die Leute haben sie beschimpft, als sie auf dem Wenzelsplatz standen. Den Jungs war das peinlich, sie wollten auch nicht einmarschieren.«

»Die Sache ist fast zehn Jahre her und so gut wie vergessen...«

»Na, bei uns nicht, das kannst du mir glauben. Und ich habe hier genug gesehen, mir ist alles klar.«

»Da kann man nichts machen. Trotzdem finde ich es nicht richtig, daß ihr zurückfahrt.«

»Du wirst es schon noch begreifen. Irgendwann wollt ihr auch nicht mehr mitmachen. Dann werdet ihr sie kennenlernen.«

»Hoffentlich nicht. Ich denke, das erledigt sich eines Tages von selbst.«

»Kann sein.«

Wir schwiegen einen Moment. An der Haltestelle hielt ein lädierter Bus.

»Das ist meiner«, sagte er. »Mach's gut.«

Wir gaben uns die Hand, er nahm seine Tasche und lief mit großen Sätzen davon.

Neben der Haltestelle standen dreizehnjährige Jungen in Uniform und hohen Stiefeln, Zöglinge einer Leningrader Kadettenanstalt. Ein Leutnant war dabei und zählte sie. Ihre Haltung war unmilitärisch, ihre Gesichter kindlich. Einer, ein junger Armenier oder Georgier, hatte den Kopf zur Seite gelegt, soweit es der steife Kragen erlaubte, und pfiff vor sich hin.

Nina Nikanorowna hatte recht: Die Reise nach Petrosawodsk in Karelien war nicht der Rede wert. Man stieg abends in den Zug und war bereits am nächsten Morgen dort. Man reiste bequem und angenehm, zumindest wir, die »ausländischen Gäste«.

Im Schnellzug Leningrad-Petrosawodsk floh mich der Schlaf. Mitten in der Nacht erwachte ich angsterfüllt und begriff nicht, wo ich war. Das Abteil, in Dunkelheit und Stille versunken, wirkte unheimlich. Draußen lag unbekanntes Land. Ich dachte, während ich dem Stampfen der Räder lauschte: »Wie komme ich hierher? Worauf habe ich mich eingelassen? Werde ich jemals wieder zu Hause sein?«

Am frühen Morgen hielt der Zug in einem dämmerigen Bahnhof, und Nina Nikanorowna rief: »Sind Sie fertig? Wir müssen aussteigen!«

Wir tappten schlaftrunken über den Bahnsteig und bestiegen einen schattenhaften Bus. Die Stadt war noch nicht erwacht. Wenn der Bus an Ampeln stoppte, erschienen am Fenster die Silhouetten klappriger Lastwagen, in denen einsame Fahrer dösten.

Wir erreichten einen Platz, von dem eine ausgestorbene Uferpromenade mit gußeisernem Geländer seitlich ins Ungewisse führte. Dahinter lag graues Wasser. Auf der einen Seite des Platzes erhob sich ein überlebensgroßes Denkmal, auf der anderen türmte sich ein Gebäude, über dessen Eingang eine Schrift leuchtete: »Retschnoi Woksal«, »Flußbahnhof«. Das Innere dieses Gebäudes glich wirklich einer Bahnhofshalle mit Fahrkartenschaltern und Wartebänken. Nina Nikanorowna eilte zu einem der Schalter, um Fahrkarten für das Schiff zu kaufen. Wir blieben in der Mitte der Halle zurück.

So früh am Tag es immer sein mochte, die Halle war voller Menschen, die auf etwas warteten. Alte Frauen schliefen zwischen Säcken, Mütter packten Proviantkörbe aus, pellten hartgekochte Eier, schnitten Brot. Der Schriftsteller Jurij Kasakow hat auch diese Atmosphäre beschrieben: »Die Durchgänge waren verstopft mit Kartoffelsäcken, Zubern mit eingesalzenen Gurken, mit irgendwelchen Bündeln. Die Reisenden stammten alle aus dieser Gegend.«

Es war ein in sich geschlossenes, unbekanntes Leben. Man reiste hier nicht zum Vergnügen, sondern dringender Besorgungen wegen. Alle hatten in Petrosawodsk, der Gebietshauptstadt, etwas erledigt, Ämter aufgesucht und Einkäufe gemacht, nun fuhren sie zurück auf ihre Inseln und Landzungen. Karelien ist seenreich, die Gewässer ziehen sich hinauf bis ans Weiße Meer, bis zur Stadt Bjelomorsk unweit des Polarkreises. Das Leben dieser Menschen schien hart und gleichförmig zu sein, die Gesichter waren schicksalsergeben, die Stimmen gedämpft, die Bewegungen verhalten. Hier erregte nicht einmal die Garderobe von Ute Puvogel besondere Aufmerksamkeit. Alles ging seinen Gang, und stetig verstrich die Zeit, mit Essen, Warten und Anstehen an Fahrkartenschaltern.

Während sich Nina Nikanorowna um Schiffskarten bemühte, verspürten wir Hunger. Denn wir waren zu früh angekommen, um im Zug noch frühstücken zu können, und ein »Buffet« gab es im Gebäude des Flußbahnhofs nicht. Ich ging hinaus, weil ich hoffte, irgendwo draußen etwas zu essen zu finden, und wenn schon nicht das, dann wenigstens, um mir die Zeit zu vertreiben.

Der Flußhafen war wie leergefegt, der Morgen kalt und rauh. Im Hintergrund zeichneten sich vor dem heraufdämmernden Tag die Umrisse des Güterhafens ab, mit den Gerippen der Kräne und den dunklen Rümpfen großer Frachtschiffe. Weit draußen ankerte eine »Rakete«, ein Tragflächenschiff, und eine kleine Barkasse legte eben breitseits an. Ihr entstiegen vermummte Männer, die an Bord der »Rakete« von anderen vermummten Männern empfangen wurden.

Das überlebensgroße Denkmal auf der gegenüberliegenden Seite des Platzes zeigte Zar Peter I. Er gründete 1704 die »Alexandrowsche Kanonengießerei«, um sie herum wuchs die Stadt Petrosawodsk. Sein gußeiserner Arm wies in Richtung Onega-See; auf dem Kopf trug er seinen berühmten Dreispitz. Der Zar wirkte kalt wie der Morgen und unerbittlich wie der nördliche Wind.

Am Geländer der Uferpromenade stehend, entdeckte ich Frau Heddergott, die mir aus der Entfernung rätselhafte Zeichen machte. Ich ging zu ihr.

»Ich glaube«, sagte sie, »ich habe ein Buffet gefunden. Kommen Sie mit!«

Sie führte mich zu einer Bretterbude, die, von anderen Baracken verdeckt, vom Platz aus nicht zu sehen war.

»Ich wäre nie im Leben auf die Idee gekommen, hier zu suchen!« sagte ich.

»Ihnen fehlt die Erfahrung. Als ich in Ihrem Alter war, haben wir gelernt, uns nach etwas Eßbarem umzusehen.«

Im Buffet gab es Kringel und Bonbons. Ich fragte die Verkäuferin: »Gibt es auch etwas zu essen?«

»Was Sie hier sehen.«

»Und wie ist es mit Tee?«

»Haben wir.«

»Dann geben Sie uns bitte vier Gläser Tee.«

In diesem Augenblick öffnete sich die Tür, und ein Mann trat ein, mit einem Tablett voll geräuchertem Fisch.

»Wie finden Sie das?« fragte ich Frau Heddergott.

»Zu schön, um wahr zu sein. Wenn es jetzt noch Brot gibt, bin ich der glücklichste Mensch auf der Welt.«

Es gab auch Brot. Wir frühstückten schweigend, tranken jeder zwei Gläser Tee und hatten das Gefühl, erst jetzt zu erwachen.

»Ich schlage vor«, sagte Frau Heddergott, »wir trinken noch ein Glas Tee. Wer weiß, wann wir wieder etwas bekommen.«

»Gut. Und während Sie anstehen, gehe ich schnell in die Halle und sage den anderen Bescheid.«

Ich lief über den Platz zum erleuchteten Gebäude des »Flußbahnhofs«. Die fernen Kräne bewegten sich jetzt, die draußen ankernde »Rakete« war verschwunden, und von Norden her traf mich ein eisiger Hauch.

In der letzten Woche der Reise überstürzten sich die Ereignisse, verwirrten sich die Bilder. Wir besuchten die Stadt Nowgorod, der Bus fuhr im Morgengrauen eine feuchte Chaussee immer geradeaus, und im Abteil hinter der Fahrerkabine saßen Nina Nikanorowna und noch zwei Frauen, die Nina hießen: die Englisch-Dozentin Nina Eduardowna und die noch jugendliche Gattin eines Professors für Architektur, Nina Arkadjewna, die man aus irgendeinem Grunde mitgenommen hatte. Die »drei Ninas«, wie sich dieses Trio scherzhaft nannte, waren äußerst fidel, kümmerten sich um nichts und niemanden und redeten ununterbrochen, sechs Stunden lang, mit atemberaubender Zungenfertigkeit.

Unterdessen bereitete uns Jewdokija Andrejewna auf Nowgorod vor: »Wir fahren in eine Stadt, die keine mehr ist.«

»Wie denn das?«

»Die Deutschen haben sie zerstört. Gründlich. Wie das ihre Art ist. Früher war Nowgorod ein blühendes Handelszentrum, besonders die Innenstadt... Sie werden sehen.«

Wir besichtigten die Innenstadt. Sie bestand fast ausschließlich aus Klöstern, die sich weit voneinander entfernt auf grünen Rasenflächen erhoben. Der Rasen war von hellen Wegen zerschnitten: Hier verloren sich kleine Menschengruppen, Touristen, in Bussen eingetroffen, und angesichts der feierlichen Trauer, die von allem ausging, eingeschüchtert wie wir.

Pompöse Schlichtheit beherrschte den Ort, triumphierende Kargheit, eine Mischung aus Pracht und Misere. Im Innern der Klöster hingen Hunderte Ikonen, viele, so erfuhren wir, hatte Hermann Göring schon seiner Privatsammlung einverleibt. Die Führerinnen betonten die Mühsal, die es gekostet habe, alles wieder so aufzubauen, wie wir es hier sahen. Immer wieder fiel das Wort »die Deutschen« und sorgte dafür, daß unsere Beklommenheit wuchs.

Sonst erlebten wir das übliche: Kinder, die uns für West-Touristen hielten und um Kaugummis baten, andere Kinder, die, mit Pionieruniformen bekleidet und Gewehrattrappen in den Händen, vor einer Ehrentafel Wache standen. Wir trafen schweigende Amerikaner, eine Reisegruppe aus Finnland und

Kolchosbäuerinnen, deren Strickjacken mit Orden übersät waren.

Die »drei Ninas« stellten sich erst wieder ein, als wir abfuhren. Sie hatten Mühe, den Bus zu besteigen, so sehr waren sie mit Paketen und Tüten beladen. Offenbar gab es in Nowgorod Dinge zu kaufen, die es in Leningrad nicht gab. Im Bus wurden Taschen ausgepackt, Probierhäppchen eines besonderen, nur in Nowgorod erhältlichen Kuchenbrotes herumgereicht, und Nina Nikanorowna breitete Kleiderstoff aus, um ihn von Ute Puvogel begutachten zu lassen. Die Operation war geplant, wie sich in Leningrad herausstellte, wo am Obscheshitije der blaue Lada von Nina Nikanorownas Mann wartete, um die Pakete und Taschen sowie die »drei Ninas« aufzunehmen.

Überhaupt wurde die Atmosphäre immer zwangloser. Die größte Veränderung war mit Jewdokija Andrejewna vor sich gegangen, seit es Frau Heddergott gelungen war, sie zum Wodkatrinken zu überreden. Im Bahnhofsrestaurant einer kleinen Stadt ließ sie sich eine Karaffe mit Wodka servieren und goß Jewdokija Andrejewna ein Glas davon ein.

»Sie wissen, daß ich nicht trinke!« rief diese.

»Heute«, erklärte Frau Heddergott, »müssen Sie. Zum Abschied. Sonst bin ich böse.«

»Ich bitte Sie!«

»Tschut-tschut, nur ein bißchen«, bat Nina Nikanorowna neckisch.

Und Frau Heddergott: »Sie können mir das nicht abschlagen!«

Jewdokija Andrejewna trank mit der Miene einer Märtyrerin. Doch was dann geschah, grenzte ans Unvorstellbare: Sie selbst bestellte eine zweite Karaffe, füllte die Gläser und brachte einen Trinkspruch aus. Die Stimmung am Tisch der drei Damen wurde immer ausgelassener. Jewdokija Andrejewna begann wie ein Wasserfall zu reden und verwandelte sich vor unseren Augen in eine Komsomolzin, die über die

Stränge schlägt. Auf dem Höhepunkt der Ausschreitung zündete sie sich eine von Frau Heddergotts Zigaretten an und rauchte wie eine Vierzehnjährige.

In diesem Zustand war sie rührend. Wir hatten sogar den Eindruck, als sei zum ersten Mal in vier Wochen ihre Frisur in Unordnung geraten. Jewdokija Andrejewna wirkte dadurch jünger und schien selbst zu bemerken, daß sie gefiel. Dabei hatte sie bisher so getan, als sei ihr das egal. Unser Murren und unser Widerspruch, Sonnenthals ironisches Lächeln und Frau Heddergotts Kompromißvorschläge – nichts hatte sie von ihrem »Programm« abbringen können. Sie demonstrierte uns das Verhalten einer vorbildlichen Sowjetbürgerin, der »Verantwortungsbewußtsein« über alles geht.

Und sie war für vieles verantwortlich: dafür, daß wir gesund blieben und bei guter Laune waren, daß wir möglichst viele Denkmäler sowjetischer Ruhmestaten und historische Paläste zu sehen bekamen und möglichst wenige Bettler, Betrunkene, Zigeuner und Schwarzhändler. Sie mußte, um das zu arrangieren, stets um uns sein, an der Spitze der Gruppe, bei den Nachzüglern und an der Seite jedes einzelnen, sie mußte die große Marschroute im Auge behalten und jedes Detail, und das alles täglich zehn Stunden lang. So sehr wir uns über sie ärgerten, »Verantwortungsbewußtsein« konnten wir ihr nicht absprechen.

Nachdem wir sie mit einem Wodkaglas in der Hand gesehen hatten, überraschte uns nichts mehr. Auch nicht, daß Nina Nikanorowna eine ausgewählte Gesellschaft zu sich nach Hause einlud, ausgerechnet für den Abreisetag und zu einer, wie sie betonte, »privaten Feier«.

In ihrer mit Antiquitäten gefüllten Neubauwohnung weihte uns Nina Nikanorowna in Geheimnisse ein, die wir nicht vermutet hätten. Sie erläuterte uns stolz ihre Abstammung aus einer alten Kaufmannsfamilie, deren letzter Vertreter noch kurz vor der Revolution geadelt worden sei, sprach liebevoll über die Herkunft einzelner Möbelstücke und Ahnenporträts und wollte bestätigt wissen, daß sie der rotbackigen, reichgekleideten Dame auf einem der Bilder ähnelte. Auf dem Höhepunkt des Vertrauens zeigte sie uns ihre besonderen Schätze: Im Bettkasten der Couch verwahrte sie französische Modezeitschriften sowie zwei oder drei Hefte der Illustrierten »stern«.

Ihr Mann wohnte der »privaten Feier« nicht bei. Unsere Bewirtung lag in den Händen einer Nichte der Gastgeberin, die vollkommen westlich gestylt war und nach langem Drängen erreichte, daß Ute Puvogel ihren italienischen Seidenschal gegen ein grünwollenes Orenburger Umschlagtuch tauschte.

»Ich schenke Ihnen den Schal«, rief Ute Puvogel.

»Nitschewo! Nehmen Sie das Tuch! Wenn es kalt ist, werden Sie darüber froh sein und an mich denken.«

Von der Feier fuhren wir zurück zum Obscheshitije; bis zur Abfahrt des Zuges blieb eine Stunde Zeit. Die Ereignisse und Bilder schoben sich über- und ineinander: die lamentierende Frau Heddergott, ein Militärlastwagen, auf den Sascha und Sonnenthal unser Gepäck verluden, eine letzte Fahrt in der Metro und in irgendeinem Bus, das Umladen unseres Gepäcks vom Lastwagen auf die Karren der Gepäckträger, die Suche nach dem numerierten Schlafwagen, in dem unsere Abteile reserviert waren. Nina Nikanorowna, nach dem Genuß einiger Gläser Portwein, umarmte mich in der Zugtür; Frau Heddergott und Jewdokija Andrejewna tauschten umständlich ihre Adressen aus, und Witalij Petrowitsch persönlich inspizierte unsere Abteile und gab Anweisungen, wie das Gepäck zu verstauen sei. Im letzten Augenblick wurden Geschenke gemacht: Eine gelbe westdeutsche Wetterjacke wechselte den Besitzer, dafür erschienen auf dem Klapptisch am Zugfenster Wodkaflaschen und Konfekt der Marke »Mischka im Norden«. Alle lachten und redeten durcheinander. Nur zwei nicht: Cornella und Sascha.

Ihre Romanze hatte sich am Rande abgespielt. Cornella war nächtelang verschwunden, und auch am Tage hatte sich das Paar von der Gruppe abgesetzt. Wie auf Verabredung hatten wir alle über diese Alleingänge hinweggesehen, selbst Frau Heddergott, und, mit nachdrücklichem Schweigen, auch Jewdokija Andrejewna. Und jetzt erwies sich, daß es mehr gewesen sein mußte als eine flüchtige Affäre. Denn Cornella weinte herzzerreißend. Durch das heruntergekurbelte Fenster reichte Sascha ihr Rosen. Sie legte die Rosen auf ihren Koffer und kehrte zum Fenster zurück. Als der Zug anfuhr, lief Sascha mit, solange es ging, erst am Ende des Bahnsteigs verschwand sein standhaft lächelndes Gesicht. Cornella, ohne jemanden anzusehen, warf sich auf ihr Bett, wo sie bis Warschau liegenblieb.

Im Gang fragte ich Maria: »Meinst du, sie werden sich wiedersehen?«

»Unwahrscheinlich.«

»Kann er nicht nächstes Jahr mit der Delegation des Muchina-Instituts zu uns kommen?«

»Nein. Er und Witalij Petrowitsch sind Feinde.«

»Nicht sehr klug von Sascha.«

»Sascha ist ein Ehrenmann.«

»Und wenn er privat kommt, als Tourist?«

»Auch das wird schwer.«

»Warum?«

»Er ist Jude.«

Ute Puvogel hatte auf der »privaten Feier« gegen den Grundsatz verstoßen: niemals Portwein nach Wodka! Auf zwei oder drei große Gläser Stolitschnaja trank sie ein winziges Gläschen Portwein, und das warf sie um.

Im Taxi auf dem Weg zum Obscheshitije hielt sie sich noch einigermaßen, wenn man davon absah, daß sie unentwegt lachte. Sie lachte über das gewaltige Denkmal an der Ausfallstraße nach Zarskoje Selo – es zeigte muskulöse Männer, die schwer bewaffnet, aber spärlich bekleidet waren und gegen einen imaginären Sturm ankämpften; sie lachte über Straßennamen und über ein Lastauto, dessen Kotflügel mit Pappe ausgebessert war; sie lachte Tränen und klammerte sich kreischend an Goedeckes Arm.

Goedecke ließ es geschehen. Vor dem Obscheshitije kam sie halbwegs zu sich. Vermutlich ernüchterte sie der Anblick der verärgerten Frau Heddergott, die von einem »Disziplinarverfahren« sprach. Aber im Bus und in der Metro ging es wieder los. Das Gelächter führte zu Schluckauf, der Schluckauf zu Unwohlsein, und schließlich mußte sie gestützt und am Ende getragen werden. Es war ein Zusammenbruch, eine Niederlage auf der ganzen Linie. Das künstliche Gebäude der guten Laune, die Konstruktion der letzten vier Wochen kam ins Rutschen und fiel in sich zusammen: Morgen oder übermorgen würde der Zug in den Berliner Ostbahnhof einfahren, und auf dem Bahnsteig würde Goedeckes Frau stehen. Ute Puvogel ließ sich fallen und versank in Lethargie.

Goedecke und Sonnenthal trugen sie, an neugierigen Leningrader Bürgern vorbei, zum Schlafwagen des Schnellzuges nach Berlin. Eine ältere Russin, im Gesicht die Empörung der ganzen Sowjetunion gegenüber dem moralisch verkommenen Westen, sagte kalt zu ihrem Begleiter, einem grauhaarigen Offizier: »Sieh dir die ausländische Schlampe an! So eine junge Frau!«

Ich begegnete Ute Puvogel erst kurz vor Berlin, als sie ihr Gepäck in den Gang brachte. Obenauf stand ein rotes Tretauto aus Blech, das sie im Leningrader Kaufhaus »Gostinyj Dwor« für ihren dreijährigen Sohn gekauft hatte.

II

Leuchte, mein Stern, leuchte!

Es rostet Gold, verwest der Stahl zu Staub,
zerbröckelt Marmor, ist bereit zum Tod.
Es dauert fort auf Erden nur die Trauer,
es überlebt: das königliche Wort.

Anna Achmatowa

Wir hielten an der Großen Steinbrücke, als aus dem Kremltor gegenüber der Lenin-Bibliothek eine von diesen Limousinen herausfuhr: schwarz, sechssitzig, fast leer, hinter Gardinen ein kleiner Greis.

Der Posten salutierte. Ich fragte Mitja: »Wer ist das?«

Mitja warf einen kurzen, uninteressierten Blick auf die Limousine: »Weiß nicht.«

»Vielleicht ist es Andropow?«

Mitja kniff die Augen zusammen und lächelte: »Möglich.«

»Mögt ihr Andropow?«

»Wer – ›ihr‹?«

»Na ihr, die Moskauer...«

»Warum sollten wir ihn mögen?«

»Weil er versucht, etwas zu verbessern, er ist gegen die Korruption, hat Fehler zugegeben...«

»Das machen sie alle am Anfang.«

»Und danach?«

»Danach ist es wie immer. Sie sind alle gleich.«

»Aber Andropow versucht, etwas zu ändern. Wir hoffen sehr auf ihn.«

Die Ampel schaltete auf Grün. Mitja fuhr an.

»Ihr hofft umsonst«, sagte er.

Wir glitten an der Manege vorüber, am Alexandergarten, am Hotel »Moskwa«, am Hotel »Metropol«.

»Nein«, fing ich noch einmal an, »irgendeiner muß doch den Anfang machen. Und wir glauben, daß es Andropow sein wird. Er ist intelligent, beherrscht Fremdsprachen...«

»Trotzdem gehört er zu ihnen«, sagte Mitja. »Und glaube mir: Sie sind alle gleich.«

Unsere Sorgen sind einfach,
unsere Sorgen sind die:
Unser Leben gilt der Heimat,
und andere Sorgen gibt es nicht.

Nicht Schnee, nicht Wind,
nicht der Sterne nächtlicher Flug...
In den Stürmen gab mir
mein Herz der Sowjet!

Was war die Sowjetunion? Ein Land der Wunder. Denn die Geißel der Menschheit, »das kapitalistische Privateigentum an Produktionsmitteln«, war abgeschafft. Befreite Völker, Russen, Ukrainer, Grusinier, Usbeken, schufen in beglückender Harmonie ein Reich der Zukunft. Alle Träume der leidgeplagten Menschheit, die Träume der ersten Christen, Platos Modell vom »gerechten Staat«, Campanellas »Sonnenland« und die Apotheosen des Herzogs von Saint-Simon, alles, was freiheitsliebende Menschen jemals erhofft und erstrebt, sollte dort Wirklichkeit werden.

Natürlich nicht heute und morgen. Bis zur endgültigen Beglückung hieß es noch ein wenig warten, vorerst mußte man sich am Anblick der zart sprießenden Keime erfreuen. Honig und Milch würden später fließen, die Gewinne sich erst in der Zukunft einstellen. Zunächst hieß es: investieren, alle Kräfte der Völker mobilisieren und konzentrieren. Niemand durfte abseits stehen. Wem sich die einmalige Chance bot, am grandiosesten Aufbauprogramm aller Zeiten mitzuwirken, der mußte in sich allen Kleinmut überwinden:

> Denke nicht, daß stets ein Lied genügt,
> in den Stürmen, die noch nicht vorüber!
> Doch: Dem höchsten Ziele dienend,
> wirst Du ernten ewgen Ruhm.

Und Ruhm war der höchste Lohn, wertvoller als irdische Güter.

Die Begeisterung erfaßte auch Europa, vor allem die europäische Intelligenz: Sie wartete schon lange auf einen Donnerschlag. Philosophen des 19. Jahrhunderts hatten ihn vorausgesagt, nicht nur Karl Marx, sondern auch Nietzsche: »Wir haben, irgendwann, *neue Werte* nötig...«

Rußland, das Riesenreich im Osten, war geheimnis- und verheißungsvoll. Europas Intellektuelle kannten das glänzende St. Petersburg, allenfalls noch Moskau und ein paar Hafenstädte. Dahinter aber lag ein Kontinent mit Weiten und Tiefen, unvorstellbar und mysteriös.

Deutsche Künstler begannen seine westlichen Regionen zu bereisen, andere die russische Literatur zu studieren. Zwischen Rußland und dem Westen entwickelte sich, was man heute »Kulturaustausch« nennen würde. Dabei entdeckte man Gemeinsamkeiten.

Thomas Mann beschrieb später, welchen Eindruck die Lektüre Tschechows auf ihn machte, als er ein junger Mann war:

»Man muß wohl einsehen, daß der Mensch ein verfehltes Wesen ist. Sein Gewissen, das des Geistes, wird wohl nie mit seiner Natur, seiner Wirklichkeit, seinem gesellschaftlichen Zustande in reine Harmonie zu bringen sein, und immer wird es ›ehrenhafte Schlaflosigkeit‹ geben bei solchen, die sich aus irgendeinem dunklen Grunde für das Menschenlos und -leben verantwortlich fühlen. Wenn einer an ihr litt, so war es der

Künstler Tschechow, und all sein Dichten war ›ehrenvolle Schlaflosigkeit‹, die Suche nach dem rechten, rettenden Wort auf die Frage: ›Was sollen wir tun?‹...«

Diese Frage bewegte auch Europas Intelligenz. Die Generation von Thomas Mann, humanistisch erzogen, sah sie bei Tschechow und Turgenjew artikuliert, Männern ihrer Fasson und ihres Formats. Doch die jüngere Generation fand in Rußland schon andere Partner und reichte ihnen die Hand, einig in einem Menschenbild, dessen Thomas Mann nur ironisch gedenken konnte: »...der Genie gewordene Mushik oder Nietzsches bleicher Verbrecher«. Beide sollten, jeder auf seine Art, die kommenden Zeiten bestimmen.

Zunächst zeitigte der »Umsturz« in Rußland einen nie gesehenen Heroismus. Man glaubte fest daran, daß die analphabetischen, geschundenen Bauern des Riesenlandes ausrichten würden, was die erschlafften Kulturvölker des Westens nicht vermochten. Eine unbekannte, bisher im dunklen verborgene Urkraft drängte zum Licht, unaufhaltsam und voller Sendungsbewußtsein.

Elemente, die dieses Gesamtbild störten, enteignete Fürsten, schockierte Schriftsteller und ruinierte Fabrikanten, erwarben nicht die Sympathien von Europas Intelligenz. Sie irritierten nicht einmal, so eindeutig waren sie »reaktionär«. Auch andere Störungen konnten den Glorienschein der Revolution nicht verdunkeln, alte Charaktereigenschaften, in Jahrhunderten der »Klassengesellschaft« erworben, Gebrechen der menschlichen Natur, wie private Gier, Feigheit, Zweifelsucht und Ungläubigkeit. Auf dem Höhepunkt frühsowjetischen Elends schmetterte Majakowskij den Unbelehrbaren und Verzagten seine Poeme entgegen:

In eure Gesichter mit Schweinerüsseln,
runder und voller als Speiseschüsseln,
klatsche mein Ruf wie ein Hieb mit der Hand:
Ich liebe dieses elende Land!

Es ging spürbar aufwärts. Aus den Straßen verschwanden die Verlumpten. In Sibirien wurden Kraftwerke errichtet. Stalin beschloß den »Generalbebauungsplan der Stadt Moskau«. Bürgerhäuser und Klöster, Schandmale der Knechtschaft, wurden hinweggefegt, die überflüssigen Kirchen wichen Ausfallstraßen, die Metro wurde gebaut. Westliche Besucher standen sprachlos in unterirdischen Bahnhöfen, die Palästen glichen: von Werktätigen für Werktätige geschaffen, mit Marmor verkleidet, von Kronleuchtern erhellt, mit Wandbildern, Mosaiken, Kolossalstatuen geschmückt. Dieser Glanz überstrahlte vieles, was im nüchternen Tageslicht vielleicht etwas fragwürdig schien. Ein französischer Schriftsteller beobachtete, wie Milizionäre einen dreizehnjährigen Jungen verhafteten. Sicher doch, um ihn ins Sanatorium zu bringen, schmutzig und abgemagert, wie er war. Der deutsche Kommunist Arthur Holitscher erlebte einen Prozeß, in dem ein Moskauer Zahnarzt zu Zwangsarbeit in einem Holzfällerlager verurteilt wurde, weil er »nach Fusel roch«. Eine gewisse Strenge war schließlich vonnöten, wollte man den Alkoholismus beseitigen.

Und dann erhoben immer wieder Schädlinge ihr Haupt, Spekulanten, Raffer und Diversanten, Feinde des Fortschritts, die es auszutilgen galt. Die ausländischen Besucher ließen sich nicht beirren, sie waren zu aufgeschlossen, um das Unwesentliche über Gebühr zu beachten. Ihre kurze Visite wurde möglicherweise durch eine Audienz bei Lenin oder Stalin gekrönt, und das mußte auch die letzten Zweifel zerstreuen. Die schlichten Männer, voller Sorge um das Wohl und Wehe der von ihnen in Richtung »Reich der Zukunft« geführten Millionen, beeindruckten tief. Lenin arbeitete sich regelrecht zu Tode, um der Fülle der Aufgaben gerecht zu werden, Stalin imponierte durch sachliche Strenge und Wortkargheit. Die Führer Sowjet-Rußlands waren moderne Intellektuelle oder stammten aus der unergründlichen Tiefe des Volkes, waren befruchtet von dessen Urkraft.

Kehrten die ausländischen Besucher in ihre Heimat zurück, schwärmten sie fortan vom Russischen Wunder. Ihnen ist zu danken, daß die Intellektuellen Europas dem heranwachsenden Sowjetstaat Kredit gewährten, unerschöpflichen moralischen Kredit. Die Berichte weißer Emigranten blieben ungehört; sie waren von der Verbitterung gefärbt, außerdem zu düster-phantastisch, um wahr zu sein.

Thomas Mann besuchte in Paris den russischen Romancier Iwan Schmeljow. Er stieg gutwillig die vier Stockwerke hinauf, betrat die armselige Emigranten-Wohnung und musterte mitleidig den wachstuchbezogenen Küchentisch, an dem Schmeljows kleiner Neffe seine Hausaufgaben machte. Doch sein kultiviertes Entgegenkommen wurde schlecht belohnt: Schmeljow wollte nicht mit sich reden lassen. Er beharrte darauf, das Sowjetsystem sei verbrecherisch, sprach von »Hundertvierzigtausend Tonnen vernichteten Menschenfleisches«.

Das war denn doch zu starker Tobak und konnte unmöglich die Wahrheit sein. Thomas Mann fand, das Schuldkonto der Bourgeoisie sei stärker belastet, zumindest mit älteren Schulden. Die Bürger hatten schließlich angefangen. Holten die Bolschewiki jetzt zum Gegenschlag aus, war das irgendwo nur recht und billig. »Armer Iwan Schmeljow!« notierte er abends in sein Pariser Tagebuch, ehe er im Auto zum Théâtre Michel gefahren wurde. Später am Abend dann: »Bei Webér gegessen. Heidsieck getrunken.«

Dabei war Thomas Mann vergleichsweise verständnisvoll. Er glaubte, Tschechow näherzustehen als der »fortschrittlichen Intelligenz«: »Tschechow hatte zur Arbeiterklasse gar kein Verhältnis, und Marx hatte er auch nicht studiert...« Und Thomas Mann ahnte, »was Menschen wie Schmeljow durchlitten, was sie an Greueln mit Augen haben sehen müssen...«

Aber anderthalb Seiten später im Pariser Tagebuch:

»Soll man sich von den Gesichten der Entmenschtheit, die

sich in Ihre abgezehrte Miene eingezeichnet haben, Iwan Schmeljow, in die andere Alternative, ins strikt Bürgerliche und Reaktionäre drängen lassen? So ganz das Wahre ist der freimaurerische Kongreß-Pazifismus wohl auch nicht mehr, wenn er es jemals war, und es genügt heute, irgendeine Note der Sowjets an die Regierungen des kapitalistischen Westens zu lesen, um zu fühlen, auf welcher Seite die Idee ist, und auf welcher die Überalterung, das Flickwerk...«

Die »Idee«. Keineswegs überaltert, nein, frisch und jugendlich, der »Knabe« Revolution, selbst in seinen Ausschreitungen und Übergriffen irgendwo sympathisch, zumindest rührend, unmittelbar und anregend. Mochte es dort chaotisch und blutrünstig zugehen, man durfte nicht allzusehr davor zurückschrecken, auf keinen Fall ins »Bürgerliche« und »Reaktionäre« zurückfallen. Denn, so notiert Thomas Mann abschließend: »Nie hat die Menschheit mit ihrem Blute gegeizt, wenn es Ideen galt, und ewig wird vielleicht der Pazifismus sich lächerlich machen mit seiner Betulichkeit...«

Noch schrieb man das Jahr 1926, noch war Deutschland ein ziviler Staat, noch war man vom Feuersturm des Jahrhunderts nicht selbst versengt, fand höchstens erschaudernd seine Spuren im Gesicht eines russischen Kollegen.

Der moralische Kredit blieb grenzenlos, sogar als die sowjetische Politik befremdliche Züge annahm. Doch die Sowjetunion war etwas Neuartiges und Stalins Politik ohne Beispiel: Er würde schon Gründe haben, wenn er Hitler hofierte. Der spätere Marschall Tuchatschewskij reiste zu Reichswehrmanövern, Herr von Ribbentrop reiste nach Moskau. Das war, wenn man des Naziterrors gegen deutsche Kommunisten gedachte, schwer zu verstehen. Aber Große Männer unternehmen ungewöhnliche Schritte. Ihr Sinn würde sich, wie überhaupt der Sinn des sowjetischen Experiments, schon irgendwann herausstellen, der Erfolg alles rechtfertigen.

Um so stärker konzentrierten sich die Hoffnungen der »fortschrittlichen Intelligenz« auf den Kern der Sache, auf die

»Idee«. Stefan Zweig nannte Lenins Fahrt durch Deutschland im verschlossenen Waggon eine »Sternstunde der Menschheit«. Die Dichterin Else Lasker-Schüler, genialisch und spontan wie stets, schickte ein Telegramm: »An Josef Stalin, Moskau. Ich liebe Sie.«

Sie traf ins Schwarze. Die Sowjetunion mußte man lieben, blindlings und leidenschaftlich. Wer kleinliche Berechnungen anstellte, dem blieb ihr Zauber verborgen. Es hieß, wie immer in »Sternstunden der Menschheit«, glauben und lieben, hoffen und – warten.

Und der »Idee« die Treue halten, als man in Rußland unter der Hand davon abzugehen begann. Denn dort verfestigte sich etwas, wurde graniten, ein System aus Kanälen und Einfriedungen entstand, das die entfesselten Elemente in Bahnen lenken sollte, wie die monolithischen Kai-Anlagen in St. Petersburg die Wassermassen: Gezähmt strömen sie Tag für Tag durch ihr steinernes Bett, und ihre Wellen schlagen hoffnungslos gegen die unerbittlichen Wände. Ilja Ehrenburg, sowjetischer Staatsschriftsteller, mokierte sich, als er in Berlin die Wände weiterhin »taumelnd« fand. Die Fortschrittsbeflissenheit der westlichen Intelligenz war nicht mehr zeitgemäß:

»Ich besuchte die Ausstellung des ›Sturm‹. Was ich zu sehen bekam, war keine Malerei, sondern der hysterische Ausdruck von Menschen, die statt Revolvern und Bomben Pinsel und Farbtuben in die Hand bekommen hatten. In meinen Notizen finden sich noch einige Bildunterschriften: ›Sinfonie in Blut‹, ›Radiochaos‹ und ›Spektrum des Weltuntergangs‹. Die seelische Disharmonie suchte nach einem Ausweg. Was die Kritiker ›Neo-Expressionismus‹ und ›Dadaismus‹ nannten, hatte mehr mit der Erinnerung an die Somme-Schlacht zu tun...«

Beides hatten die Bolschewiki einst zu nutzen gewußt: »die seelische Disharmonie« und das Trauma des Ersten Weltkriegs. Doch nun ging man zu anderen Punkten der Tagesordnung über, schritt auf dem Weg ins »Reich der Zukunft« weiter voran. Die westlichen Intellektuellen blieben hingegen »bürgerlich-dekadent«. Ehrenburg beschließt seine Erinnerungen an Herwarth Walden und den ›Sturm‹ mit einem Detail, das die Bürgerlichkeit illustriert: In diesem Milieu »mit den taumelnden Wänden, wo er sich in seinem Element fühlte, setzte Walden mir Kaffee und Torte mit Schlagsahne vor…«

Herwarth Walden emigrierte vor den Nazis nach Moskau. Entweder waren ihm Ehrenburgs Äußerungen unbekannt, oder er hatte ihre Bedeutung unterschätzt. Über das Schicksal, das Walden in der Sowjetunion erwartete, schrieb ein DDR-Kunstwissenschaftler vierzig Jahre später diskret: »Die innenpolitische Situation in Moskau verschärfte sich. Das Jahr 1941 war für die deutsche Emigration besonders schwer. Herwarth Walden wurde am 13. März 1941 im Moskauer Hotel ›Metropol‹ verhaftet. Er starb im Oktober desselben Jahres in einem Gefängnis in Saratow. 1966 wurde er rehabilitiert.«

Einen der Höhepunkte westlicher Begeisterung bietet zweifellos Arthur Holitschers Roman »Es geschah in Moskau«, der 1929 im S. Fischer-Verlag erschien. Der Autor zu den Vorgängen in der Stalin-Zeit: »Die Gefahr und die Lust an der Gefahr, die den Alltag berauschend und jede Minute des Lebens hindurch erfüllen… Die Menschen in den schweigenden Häusern schlafen unruhigen Schlaf. Sie haben vernommen, was geschehen wird. Es kommen neue Verfügungen… neue Experimente… Man muß sein Inneres einer Revision unterwerfen, sonst wird es binnen kurzem sehr schmerzhaft von außen revidiert werden…«

In diesem Zusammenhang wird der Lynchmord an einer Dame beschrieben, die unvorsichtig genug war, sich auf einer sowjetischen Massenkundgebung in einem Brokatkleid zu zeigen. Holitschers Kommentar: Sie »wurde einige Tage nach diesem Ereignis begraben. Wenige Menschen sprachen von dem Vorfall. Es waren wichtigere Ereignisse an der Tagesordnung.«

Nämlich: »Ein Jungbrunnen ist Rußland... Säuberungen in- und auswendig. Jetzt wird es sich zeigen, hart auf hart.«

Holitschers Buch ist ein Fall von seltener Offenheit. Rußlands blutige Jahre – ein »Experiment«, dem man von außen, wie durch die Glasscheibe eines Terrariums, mit atemloser Spannung zusehen konnte. In der Erwartung, dort würden weiterhin Wunder auf Wunder folgen.

Doch Stalins Tête-à-tête mit dem faschistischen Deutschland endete in einem Fiasko: Hitler hielt sich nicht an die Abmachungen. Zuvor waren auf sowjetischer Seite alle Mitwisser beseitigt worden, die Diplomaten, welche Ribbentrop, und die Generäle, die ihre Reichswehr-Kollegen umworben hatten. Auch der Marschall Tuchatschewskij wurde liquidiert, obwohl das Land seiner Dienste dringend bedurfte, auch der Genosse Radek, der die SA- und SS-Männer »Prachtjungens« genannt und verfrüht die Gewißheit geäußert hatte: »Sie werden noch für *uns* marschieren und Handgranaten werfen.« Während Hitler ein kleines Land nach dem anderen eroberte und günstige Voraussetzungen für den Plan »Barbarossa« schuf, war Stalin mit »Säuberungen« beschäftigt.

Den moralischen Kredit erschütterten die Moskauer Prozesse vorerst nicht. Rußland war »ein Jungbrunnen... Säuberungen in- und auswendig«. Was sie am Vorabend des Überfalls durch Hitlers Armeen wirklich bedeuteten, läßt der sowjetische Schriftsteller Konstantin Simonow zwei Generäle, Figuren in einem Kriegsroman, vertraulich besprechen:

»›Weißt du wie viele Kommandeure der Schützenregimenter (bei Kriegsausbruch) Absolventen der Akademie Frunse waren?‹

›Nach den vorausgegangenen Ereignissen ist das leicht zu erraten: Nicht sehr viele, vermutlich?‹

›Und wenn ich dir sage: Nicht ein einziger?‹

›Das ist doch nicht möglich!‹

›Du brauchst es nicht zu glauben, wenn's dir nicht paßt.‹

›Ich kann es noch immer nicht glauben, daß man die Armee

derartig dezimiert hat... Habe die Ehre, Herr Hitler, acht Jahre haben wir mit Ihrem Angriff gerechnet und uns gebührend darauf vorbereitet!«

Noch einmal konnte die Sowjetunion den Eindruck erwekken, daß sie über wunderbare, schier überirdische Kräfte verfügte. Das umzingelte Leningrad wurde gehalten, die Hauptstadt Moskau widerstand. Die Deutschen kapitulierten bei Stalingrad und verloren die Schlacht im Kursker Bogen. Stalins Panzerarmeen, aus dem unendlichen Hinterland aufgetaucht, rollten bis Wien und Berlin.

Zwei Seelen wohnten stets in Rußlands Brust: Herrschsucht und Freiheitsliebe, Menschenverachtung und Mitleid mit den Opfern, Anmaßung und Duldsamkeit, mystisch-asiatischer Wunderglaube und aufklärerische Vernunft. »Wir Russen«, schrieb Dostojewskij, »haben zwei Vaterländer.« Welches dominieren würde, hing nicht zuletzt von Europa ab.

Man konnte sich Rußland nähern, um Ausgleich und Austausch bemüht. Oder man konnte einander mit dem Riesenreich wie mit einem Popanz drohen und seine finstersten Geister beschwören. Wie es enden mußte, hatte die Marquise de Pompadour bereits 1747 vorausgesagt. Sie schrieb an den Grafen d'Argenson: »Indes, diese Allianzen mit Rußland können sehr gefährliche Folgen nach sich ziehen. Diese Nation, die vor hundert Jahren dem übrigen Europa noch so unbekannt war wie der Süden der Erdkugel, wird sich allmählich an den Krieg gewöhnen und im Dienste der verschiedensten Mächte, die sich ihrer bedienen, die militärische Disziplin erlernen. Bald wird sie ihre Lehrmeister schlagen, wird ihnen ein Gegenstand des Schreckens sein. Es wäre gar nicht unmöglich, daß wir eine neue Überflutung durch Barbaren erleben, die, hervorbrechend aus sibirischen Höhlen und geführt von einem neuen Attila, Europa überschwemmen. Gott behüte uns davor!«

Der Nationalpreisträger betrank sich an einem Augustmorgen, als die Sonne schien und die Vögel im Paradiesapfelbaum zwitscherten. Er hatte die Vorhänge nach draußen, in den blühenden Garten, zugezogen, und im Hause war nichts zu hören als das Ticken des Stromzählers im Korridor.

Der Nationalpreisträger mußte früh am Morgen mit dem Trinken begonnen haben, als er in seinem Arbeitszimmer gesessen und versucht hatte, irgend etwas zu Papier zu bringen. Jetzt war es zehn, und er trank Bier aus einem westdeutschen Glas. Das Glas hatte er von einer Reise mitgebracht, es erinnerte ihn an Dinge, die vorbei waren, und er hielt es mit wehmütigem Gesichtsausdruck einen Augenblick vor seinem Gesicht in die Höhe, ehe er den Inhalt hinuntergoß.

»Scheiße!« sagte der Nationalpreisträger, »verdammte Scheiße!«

»Was ist denn los?« fragte ich.

»Ich komme nicht weiter. Der ganze Roman hängt mir zum Halse heraus. Es ist zum Kotzen, wenn man nicht mehr schreiben kann.«

»Aber du schreibst doch?«

Der Nationalpreisträger verzog das Gesicht. Er stand auf, um sich eine neue Flasche Bier aus der Küche zu holen. Es war zu sehen, daß er nichts mehr vertrug: Er hatte vielleicht drei oder vier Flaschen Bier getrunken und war bereits erledigt.

»Wenn ich mich hinsetze«, sagte er, nachdem er getrunken hatte, »entgleiten mir einfach die Gedanken. Ich bekomme sie nicht mehr dahin, wohin ich sie haben will.«

»Dann laß diesen Roman für eine Weile liegen. Schreib etwas anderes. Irgendeine Kleinigkeit, die dich erfrischt.«

»Mich erfrischt schon lange nichts mehr. Außerdem: Wozu soll ich das schreiben?«

»Einfach so«, sagte ich.

»Ich habe überhaupt keine Lust mehr, etwas zu schreiben. Wozu auch? Wozu überhaupt noch schreiben?«

»So kann man nicht fragen. Du mußt schreiben, und wenn

du es nur tust, um dich zu beschäftigen. Kästner sagt: ›Es gibt nichts Gutes, außer: man tut es.‹«

»Quatsch«, sagte der Nationalpreisträger. »Es gibt nichts Besseres, außer: man läßt es.«

»Du lieber Himmel, das sagst *du*?«

»Ja. Und wenn jemand ein Recht dazu hat, dann bin ich es. Ich habe ihnen zwei Romane geschrieben. Wenn jeder auch nur halb soviel getan hätte, würden wir anders dastehen...«

»Fällt dir denn nichts mehr ein?«

»Wer sagt das?« Der Nationalpreisträger kniff die Augen zusammen, so daß ein Netz von Falten sein Gesicht durchzog. Dann sagte er fast drohend: »Natürlich fällt mir noch etwas ein. Mir fällt genug ein.«

»Und warum willst du dann aufhören?«

Er knurrte: »Wenn du wüßtest, was das für Geschichten sind, die ich gern schreiben möchte, würdest du mir deine blödsinnigen Fragen ersparen.«

»Du meinst, es sind Geschichten, die sie nicht drucken?«

»Wenn es nur das wäre!«

Sein Gesicht verfiel. Er saß zusammengesunken auf dem Sofa, in der Hand eine heruntergebrannte Zigarette, deren Asche er nicht abgestreift hatte. Die Aschensäule brach ab, als er die Hand nach dem Glas ausstreckte, und zerrieselte auf seinem weißen T-Shirt.

»Es sind herrliche Geschichten. Was meinst du, was ich alles schreiben könnte!«

»Dann mach es wie die Russen«, sagte ich. »Schreib es einfach, und nachher wird sich zeigen, ob sie es drucken.«

Er antwortete nicht. Wieder kniff er die Augen zusammen. »Herrliche Geschichten!« sagte er.

»Um so besser. Notfalls schreibst du eben für die Schublade. Schukschin hat seine besten Geschichten für die Schublade geschrieben, und nachher haben sie sie doch gedruckt. Trifonow hat sogar...«

»Nein. Meine Geschichten würden sie nicht drucken.«

»Laß es drauf ankommen. Du bist schließlich nicht irgendwer.«

»Nein, ich könnte das nicht... Ich habe keine Beziehung zu diesen Büchern... Die Sowjets... Ich bin vor ihnen geflohen... Wie ein Hase. Wir hatten die Hosen voll... Du kannst dir das nicht vorstellen. Ich war in deinem Alter. Wir sind nur gerannt...«

»Was hat das mit der russischen Literatur zu tun?«

»Nichts. Es ist irrational...«

Ich schwieg. Er wußte vermutlich gar nicht, welche Russen ich meinte. Ich versuchte es noch einmal: »Du solltest wenigstens Trifonow lesen.«

»Habe ich doch... Dieses Buch über das Gerichtsverfahren... ›In Sachen...‹ – ich habe den Namen vergessen...«

»Karpuchin. Das ist von Baklanow. Und wie fandest du es?«

»Deprimierend. Eine deprimierende Darstellung des Lebens. So etwas kann ich nicht schreiben. Ich brauche Ideale. Es gibt ein Schiller-Wort vom ›idealen Helden in idealen Verhältnissen‹. Wir müssen daran festhalten. Wir können das nicht einfach alles aufgeben... Den Sozialismus. Die ganze Idee... Sie führen ein Leben vor... Nein, ich kann das nicht.«

»Es könnte«, sagte ich vorsichtig, »die Wahrheit sein.«

»Die Wahrheit...« wiederholte er. Dann zuckte er die Schultern, griff nach seinem Glas und trank es aus.

»Trotzdem«, fing er wieder an, »es ist schrecklich, daß ich nichts mehr fertigbekomme... Ich werde alt.«

»Du bist fünfzig.«

»Aber meine Gesundheit ist zerrüttet. Ich habe viel zu sehr um jedes meiner Bücher gelitten. Was habe ich damals um den zweiten Band gelitten...«

»Und doch hast du ihn fertigbekommen. Du wirst auch dieses Buch fertigbekommen.«

»Aber um welchen Preis? Und welchen Sinn hat das alles?«

»Du hast Millionen Leser. Und wenn du es ihretwegen tust.«

»Die Leser...« antwortete der Nationalpreisträger, »scheiß auf die Leser! Es geht gar nicht um die Leser. Es geht um eine ganz einfache Sache: Ich muß Erfolg haben.«

»Du hattest jedesmal Erfolg.«

»Ich muß ihn auch diesmal wieder haben. Alles, was ich bin, verdanke ich dem Erfolg.«

»Vergiß ihn für eine Weile. Wenigstens so lange, wie du mit dem Buch nicht vorankommst.«

»Nein. Ich muß das Buch umschreiben. Nach Ulbrichts Tod hat sich die Linie geändert... Ich hatte alles auf Ulbricht zugeschnitten...«

»Schreib doch *darüber*!«

Der Nationalpreisträger trank. Er hatte Mühe, das Glas auf dem Tisch abzustellen.

»Um die Leser ist mir nicht bange«, brabbelte er, »aber ich muß Erfolg haben. Denn Erfolg bedeutet: Lustgewinn.«

»Lustgewinn?«

»Ja. Allen ist es darum gegangen. Immer nur um Lustgewinn. Die anderen heucheln, wenn sie es nicht zugeben. Aber es ist ihnen nur darum gegangen. Allen, die ich kenne.«

Er goß sich Bier ein und schlug den Flaschenhals gegen das Glas. Es war noch nicht Mittag.

Die Forderung der russischen Literatur des 19. Jahrhunderts lautete: Wahrheit, nach den Worten Heinrich Manns »intransigente Wahrheit über die menschliche Lage, nie verklärt, außer durch die Gnade des Glaubens und der Barmherzigkeit«. Turgenjew und Tschechow schilderten das ausweglose Elend der russischen Bauern und die lähmende Öde des Lebens der

Kleinstädter, Gogol führt in den »Toten Seelen« ein Panoptikum staatserhaltender Figuren vor, angesicht dessen sich der Leser fragt: Wo soll hier, unter diesen stupiden Gutsbesitzern und trunksüchtigen Beamten, Platz für einen Menschen sein? Noch quälender ist die Ausstrahlung seiner Novelle »Der Mantel«, sie gleicht einem Alptraum, die handelnden Personen Ausgeburten einer umnachteten Phantasie, und gerade von dieser Novelle sagte Turgenjew: »Wir kommen alle aus Gogols ›Mantel‹ her.«

Was schien näherzuliegen, als sich dieser Gesellschaft zu entziehen? Gontscharow schuf in der Gestalt des intelligenten, aber antriebslosen Adligen Oblomow den Prototyp des Verweigerers. Er wurde zum Symbol: Seine Karriere-Feindlichkeit entsprang dem Gefühl, daß es nicht mehr lohnte, diesem Staat seine Kräfte zu opfern.

Neben der »intransigenten Wahrheit« wurde das Moralisieren zu einem Grundzug der russischen Literatur. Moralisches Räsonieren war eine schwer faßbare Form des Widerstandes, darüber hinaus verkörperte es den Glauben an das Gute im Menschen und wurde ein unentbehrliches Pendant zu den deprimierend realistischen Bildern der Wirklichkeit. In diesem Spannungsfeld zwischen Realismus und Idealismus, Analyse und abstrakter Moral bewegte sich fortan die »große Literatur«. Beides enthielt Sprengstoff und ließ die Literatur zum Machtfaktor werden. Denn, wie sind in Rußland die Bücher der humanistischen Schriftsteller gelesen worden? Heinrich Mann stellt fest: »Sie sind mit Beben gelesen worden. Sie sind gelesen worden von Augen, die weit wurden, um soviel Gestalt, um all das Wissen zu empfangen, und als Gegengabe tropften Tränen. Daher galt der Literatur die angespannte Teilnahme des ganzen Reiches ... Ohne sie wäre das hingefristete Leben ohne Interesse gewesen, um so mehr ohne Aussicht.«

Analyse und Moralisieren – wer aber waren die literarischen Helden, die sie vertraten? Es waren, auch dies eine Eigentümlichkeit der russischen Literatur, in jedem Falle Menschen, die sich mit der Umwelt nicht arrangieren konnten: Puschkins Dubrowskij, Gogols »Wahnsinniger«, Dostojewskijs »Idiot«, Tschechows »Taugenichts«, Gontscharows Oblomow, Tolstois Aussteiger Fürst Nechljudow und Turgenjews »überflüssiger Mensch«.

Es war klar, daß etwas geschehen mußte. Die Literatur, nachdem sie die Misere dargestellt hatte, plädierte für grundsätzliche Veränderungen – im Namen des Menschenglücks und im Namen der Nation. Schon wuchsen Kräfte empor, die sich den Veränderungen verschrieben.

Tolstois Romanheld Fürst Nechljudow nimmt es auf sich, sibirische Straflager zu besuchen, um einer verurteilten Prostituierten beizustehen. Der Autor bezeichnet diese Haltung als menschliche »Auferstehung« – wie sollten da nicht unzählige, vor allem junge Leser auf ähnliche Gedanken verfallen? Die Abwendung vom gedankenlosen und korrupten Leben der Oberschicht und die Anteilnahme am Schicksal der Opfer, der Ausgestoßenen und Unterdrückten wurden zum alles beherrschenden Zeitgeist. Sozialen und charitativen Ambitionen war die Richtung gewiesen, das Mitleid jugendlicher Leser mit sich und der Welt fand ein Ziel. Ein Teil dieser jungen Leute ging weiter: Nicht Mitleid mit den Unterdrückten schien ihnen sinnvoll, sondern deren »Mobilisierung«, um mit dieser Kraft im Rücken das verhaßte Regime zu stürzen.

Allerdings traten die humanistischen Schriftsteller Tolstoi, Gontscharow und Turgenjew den Revolutionären mit Skepsis entgegen. Turgenjew hat die Psyche ihrer frühen Vertreter in den Romanen »Rudin«, »Vorabend« und »Väter und Söhne« untersucht. Rudin, ein verarmter Adliger, der aus der Sinnlosigkeit seines Lebens in große Ideale flieht und sich an ihnen oder auch nur an ihren Parolen berauscht, vermag die Menschen seiner Umgebung mitzureißen: »Er überwältigte mit seiner ungestümen und leidenschaftlichen Dialektik.« Doch er scheitert, sobald es gilt, »etwas aufzubauen«. Am Ende seines

Lebens erkennt er selbst: »Etwas aufbauen, das habe ich nie gekonnt. Es ist aber auch nicht leicht, etwas aufzubauen, wenn man keinen Boden unter den Füßen hat.« Rudin endet, nach einem Leben voller nichtpraktizierbarer Utopien, bei Straßenkrawallen auf einer Pariser Barrikade.

Wer waren die Menschen, die ihn umgaben, seinen Reden lauschten und ihn unterstützten? Wer förderte die neue Geisteshaltung, die nach Zerstörung und Rache verlangte? Aus welchen Häusern stammten die Mitglieder der Terror-Organisation »Narodnaja Wolja«?

Der Nährboden dessen, was später ihr Ende bedeutete, war die Oberschicht selbst. Rudin findet seine Zuhöher in den Sommervillen des Adels und in großbürgerlichen Salons. Heinrich Mann beschreibt ähnliche Konstellationen in Deutschland: In seinem Roman »Im Schlaraffenland« wird ein Theaterstück »Rache!« aufgeführt, an dessen Greueln und Bluttaten sich das bürgerliche Publikum ergötzt: »Die Enthüllung dieser Zustände rief im Publikum tiefe Bewegung hervor. Die hohläugigen Gestalten der Proletarier stapften im Schnee umher, ihre eingefallenen Brüste kämpften mit Fieberschauer und Atemnot. Vor verzweifelter Wut hatten viele roten Schaum vor dem Mund... Es war eine Szene, der niemand widerstand. Der Racheschrei des ausgesogenen, geschändeten Volkes ging durch das ganze Haus. Er durchrüttelte die Damen, daß ihre Brillanten klirrten. Die Millionäre auf den Stehplätzen schrien da capo.«

Das Dacapo übertraf dann alle Erwartungen. Aus dem nebulösen Milieu der Revolutionäre lösten sich scharf konturierte Gestalten, energische Männer mit einem konkreten Programm. Sie kanalisierten den brodelnden Haß, sie verliehen den dumpfen Forderungen nach Rache eine präzise, praktizierbare Form.

So schritt die Spaltung der russischen Intelligenzija rasch voran. In demselben Maße, wie es den Berufsrevolutionären mehr und mehr gelang, die Szene der jugendlichen Opposition zu beherrschen, wuchs das Mißtrauen der humanistischen Schriftsteller. Gontscharow stellt 1869 seine Romanfigur Mark in dem Roman »Die Schlucht« bereits außerhalb der Gesellschaft und zeichnet, wesentlich schärfer als zehn Jahre zuvor Turgenjew in »Väter und Söhne« oder »Rudin«, das Bild einer Persönlichkeit, die unfähig ist, soziale und menschliche Bindungen einzugehen. Tolstoi 1898, wieder zwanzig Jahre später, spricht den Berufsrevolutionären jede höhere moralische oder intellektuelle Motivierung ab. Hinter der revolutionären Energie seiner Figur Nowodworow in dem Roman »Auferstehung« vermutet er nichts anderes als »Geltungsbedürfnis, den Wunsch, in seinem Umkreis eine überragende Stellung einzunehmen. Dank seiner Fähigkeit, sich fremde Gedanken anzueignen und sie genau wiederzugeben, hatte er sich während seiner Schul- und Studienzeit in der Tat einer Vorrangstellung erfreut und war befriedigt gewesen.«

Wer Lenins Biographie kennt, ist über die Genauigkeit des Tolstoischen Psychogramms verblüfft. Das Gymnasium in Simbirsk absolvierte Lenin mit der Goldenen Medaille, wobei er sich besonders in den Lernfächern hervortat. Die Prädikate seines Abiturs »Höchst akkurat« und »Mit ausgezeichnetem Eifer« wiederholen sich fast wörtlich im Universitätsdiplom. Die Stellung als Gehilfe des Petersburger Rechtsanwalts Wolkenstein konnte ihn nicht befriedigen. Im selben Jahr, in dem er als unternehmungslustiger Subaltern-Angestellter in Petersburg erschien, schrieb Tolstoi über seine Figur Nowodworow: »Doch als er das Diplom erhalten hatte, das Studium beendet und seine bisherige Sonderstellung damit gegenstandslos geworden war, da hatte er, um auch auf dem neuen Betätigungsfeld die erste Rolle zu spielen, seine Ansichten ... geändert und war radikaler Sozialist geworden. Und da seinem Charakter alle moralischen und ethischen Eigenschaften fehlten, die vor einer Entscheidung zögern lassen und Zweifel an ihrer Richtigkeit hervorrufen, hatte er in der revolutionären Bewegung sehr bald die seinen Ehrgeiz befriedigende Stelle eines Parteiführers erlangt... Da er unter sehr jungen Menschen tätig war, die in seinem maßlosen Selbstbewußtsein Scharfsinn und ungewöhnliche Klugheit zu sehen glaubten, ordneten sich ihm die meisten unter, und er hatte in revolutionären Kreisen großen Erfolg. Sein Wirken war auf die Vorbereitung einer Massenerhebung gerichtet, in deren Verlauf er die Macht ergreifen wollte...« Auch Lenin, im Unterschied zu Turgenjews widersprüchlichen, verwischten Gestalten, schien genau zu wissen, was er wollte. Den verarmten Bauern verhieß er Land, ihren kriegsmüden Söhnen versprach er Frieden. Und er war, anders als Rudin, davon überzeugt, »etwas aufbauen« zu können.

Sein Aufbauprogramm war atemberaubend, seine Ziele überwältigend, mochte der Weg dahin auch dornenvoll sein. Doch Entbehrungen und Opfer konnten damals in Rußland kaum jemanden schrecken, weder die verarmten Bauern, die nicht glaubten, daß es noch schlimmer werden könnte, noch die junge Intelligenz, die ein Ziel vor sich sah, ein Betätigungsfeld, einen Ausweg aus dem als desolat empfundenen Dasein ihrer Schicht.

Lenin schien in dieser Situation der richtige Mann, er wirkte unbeirrbar und unerschütterlich und glich auch hierin Tolstois Romanfigur Nowodworow: »Wenn er einmal eine bestimmte Richtung eingeschlagen hatte, zweifelte er nie mehr an ihrer Richtigkeit und war daher überzeugt, nie zu irren. Alles schien ihm ungemein einfach, klar und selbstverständlich zu sein. Und bei der Enge und Einseitigkeit seiner Ansichten war auch wirklich alles sehr klar und einfach, und man brauchte nur, wie er zu sagen pflegte, logisch zu handeln.«

Die Vorstellung, den unendlich komplizierten Problemen des Riesenlandes auf einfache und schnell wirksame Weise beizukommen, war verlockend. Lenins Anweisungen, in der Art kurzer Formeln abgefaßt, verblüfften durch ihre Selbstgewißheit: »Sind Maßnahmen getroffen, um *unverzüglich* 1. in den befreiten Gebieten die *Sowjetmacht* zu errichten? 2. Sowjetkongresse einzuberufen? 3. die Gutsbesitzer zu verjagen, einen *Teil* ihrer Ländereien an die arme Bauernschaft und den übrigen Teil an die Landarbeitersowjets zu verteilen?«

Da stand es schwarz auf weiß, das Sofortprogramm, das Rezept. Man brauchte die Anweisung nur Punkt für Punkt zu erfüllen, schon löste sich die Wirrnis, der Dschungel aus tausend Einzelinteressen und menschlichen Bedürfnissen. Statt mühsam Kompromisse und Übergangslösungen auszuhandeln, sorgte ein stählerner Wille schlagartig für Übersicht. Am besten, man folgte ihm, wie er es verlangte, und zwar *unverzüglich.* Je unverzüglicher die Maßnahmen ausgeführt wurden, um so weniger kamen Bedenken auf: Warum sollten die Bauern nur einen *Teil* der enteigneten Ländereien erhalten? Und wer beherrschte, wenn man es genau betrachtete, den Teil, der den Landarbeitersowjets zugesprochen wurde?

Denn Lenin waltete mit hausväterlicher Umsicht darüber, daß von jeder Beute stets der Löwenanteil an die Zentrale fiel. Gewiß, er hatte den Bauern Land versprochen, sie sollten zunächst auch ein wenig bekommen, aber nicht soviel, daß ihnen womöglich Gewinne und Selbstbewußtsein daraus erwuchsen. Denn Selbstbewußtsein und Macht sollten fortan das ausschließliche Vorrecht der Zentrale sein.

Die Konsequenz und Gründlichkeit, mit der Lenin dieses Prinzip durchsetzte, ist der Grund, warum er und niemand anderer der Führer des Unternehmens war. An Aufmerksamkeit selbst im nebensächlichsten Detail, an Sorgfalt, was die vollständige Sicherung der Macht betraf, und an Entschlossenheit, wenn es Störungen auszumerzen galt, konnte sich niemand mit ihm messen. Und schließlich »mußte die Bewegung«, wie Tolstoi in »Krieg und Frieden« über einen anderen Usurpator schrieb, »an ihrer Spitze einen Mann haben, der sowohl für seine Person als auch im Namen aller jeden Betrug, jeden Raub und Mord auf sich zu nehmen und zu rechtfertigen wußte.«

Lenins Depesche läßt eine Frage offen. Was hieß: »Die

Gutsbesitzer sind zu verjagen«? Mit Absicht wurde dieser Punkt nicht weiter präzisiert, denn hier sollte den »Massen« Spielraum gelassen werden. Irgendwo mußten sie ihre Kräfte austoben und die Illusion erlangen, aktiv an den Ereignissen beteiligt zu sein; lieber bei dieser Gelegenheit als in entscheidenden Fragen, etwa in der, wie das enteignete Land zu verteilen sei.

Vieles, wovon in »Lenins Lehre« mit keinem Wort die Rede ist, wurde kaltblütig kalkuliert: das Chaos in den Köpfen der Intelligenz und der jungen Sowjetführer, denen man am besten durch Überrumpelung imponierte, und die Rachsucht unterdrückter Menschen, der man ab und an einen Spielball hinwerfen mußte.

Am besten, die Gewaltkuren dauerten fort, ließen keine Zeit zur Besinnung. Der Ausnahmezustand, entstanden in den Wirren des Ersten Weltkrieges, durfte vorerst kein Ende finden. Lenin an Schljapnikow:

»Unsere Losung ist der Bürgerkrieg. Alle Argumente, die besagen, diese Losung sei unangebracht usw. usf., sind reinste Sophismen. Wir können ihn nicht ›machen‹, aber wir propagieren ihn und arbeiten in dieser Richtung.«

Die Menschen waren für das »Reich der Zukunft« noch nicht reif genug, verharrten in Passivität. Sie mußten aufgerüttelt und in den Zustand permanenter Mobilisierung versetzt werden. Das brachte sie dazu, alles aus sich herauszuholen, alle Trägheit und allen Eigennutz zu überwinden. Vor allem: die bürgerliche Entwicklung Rußlands im Keim zu ersticken, indem sie alle Werte in ihrer Seele zerstörten, die dorthin tendierten. Geschäfte, Alltagsbetrieb, Handel und Wandel brachen zusammen, wenn *Bürgerkrieg* das Land überrollte.

Außerdem läuterte er die Menschen. Die »Prawda« vom 2. April 1922 beschreibt, wie das Kriegsrecht die Seele eines Altwarenhändlers veredelte. Er hatte Geld unterschlagen und wurde, wie damals üblich, zum Tode verurteilt: »Nun wurden seine Augen plötzlich groß, durchgeistigt, schön und jugendlich. Alles Oberflächliche, Vulgäre, abstoßend Kommerzielle war vor dem schrecklichen Hauch des Todes gewichen.«

So würde sich das Alte verlieren, wenn das Volk den Jungbrunnen von Revolution und Bürgerkrieg durchquert hatte. Um übermenschliche Kräfte zu erlangen, badeten Recken in Drachenblut. Kämpfer wurden in Stürmen gestählt wie das Eisen im Feuer. Zur Herausbildung des »Neuen Menschen« waren Zeiten der Bewährung unerläßlich, Zeiten, in denen sich Weizen und Spreu voneinander schieden. Der Bürgerkrieg mochte grausam sein, er war dennoch zu begrüßen: als reinigendes Stahlgewitter, als Etappe zur Erfüllung der »Historischen Mission«.

Ein Teil der humanistischen Schriftsteller Rußlands war außerstande, dieser Gesinnung zu folgen. Bunin, Kuprin, Schmeljow und Leonid Andrejew gingen ins Exil, und sogar Maxim Gorkij bekannte, nicht »an die Gerechtigkeit der Massen, besonders der bäuerlichen Massen« zu glauben. Der Dichter Nikolai Gumiljow trat den Bolschewiki offen entgegen und wurde erschossen. Anna Achmatowa ahnte, was folgen sollte: Isolation, Unentrinnbarkeit, Schweigen. Die Sowjetmacht erschien ihr als »steinerne Epoche«, und sie schrieb in einem ihrer verschlüsselten Gedichte:

Mein Leben ward vertauscht...
Oh, wieviel Stücke habe ich versäumt,
und immer hob sich ohne mich der Vorhang
und fiel herab. Wie vielen meiner Freunde
bin ich in meinem Leben nie begegnet,
und wieviel Städte hätten mich zu Tränen
gerührt im Weichbild ihrer Silhouetten.
Und wieviel Verse hab ich nicht geschrieben,
und ihr geheimer Chor umringt mein Lager.
Mag sein, daß eines dunklen Tags er
auslöscht mein Leben...

Aber andere, vor allem junge Schriftsteller, focht das nicht an. Darin bestand doch gerade die Herrlichkeit dieses Neubeginns, daß junge Kräfte ihn vollbringen sollten, ungetrübt vom warnenden Gemurmel der Alten.

Die jungen Kräfte waren nicht nur jung, sie besaßen auch andere Eigenschaften, die zu den größten Hoffnungen berechtigten. Der deutsche Dichter Erich Weinert preist einen ihrer Vertreter so: Er »war voll Leben, er war geladen mit der revolutionären Energie seines Volkes, aus seinen Gedichten sprach die ungestüme, verjüngende Kraft der proletarischen Revolution selbst...« Verblüffend neuartig waren nicht nur die Formen der jungen Sowjetliteratur, neuartig war vor allem ihre Situation. Zum ersten Mal in der Geschichte Rußlands verließ die Literatur die selbstgewählte Außenseiterposition. Nicht Moralisieren und »intransigente Wahrheit«, nicht innere Distanz zum herrschenden Regime waren angesagt, sondern Zuwendung, Verschmelzung und Identifikation. Der Schriftsteller gehörte nicht mehr sich selbst, er überwand den »kleinbürgerlichen Individualismus«, er wurde zum Sprachrohr der mobilisierten »Massen« und ritt, wenn sie kämpften, als ihr Trommler mit in die Schlacht.

Die Biographien der jungen Schriftsteller waren abenteuerlich, und abenteuerlich, zugleich auch mitreißend und bunt, waren ihre Sujets. Isaak Babel diente in Budjonnys Roter Reiterarmee, Katajew war Mitarbeiter der Kriminalmiliz. Andere waren zur See gefahren, kannten zaristische Verbannungsorte oder hatten Jahre des Untergrundkampfes erlebt. Die Geschichten, die sie erzählten, waren erschütternd und spannend. Lenins »Umwälzung« setzte enorme Potentiale frei, man sah es am deutlichsten an der neu entstehenden Literatur.

Ein neuer Held trat auf. In den Büchern, die ihm galten, erschien eine hemmungslose Sexualität, frei von den Zeremonien der Zivilisation. Artjom Wessjoly in der Erzählung »Ein wildes Herz«:

»Ilko war ein Fischerjunge aus Kertsch... In Ilko rast das Blut. Das Blut rast... Mit eiserner Hand umkrampft Ilko... Im Finstern funkeln seine glühenden Zigeuneraugen... Sein schwerer Blick entkleidete Fenka... Ilko stieß Grischka den Nagant in das verlauste Genick... Auf dem Mantel liegen sie, verschlungen... Das leichte Blut raste wie ein Propeller in seinem Kopf... Die Stadt war gehäuft von Panik und Entsetzen... Hündisch dienstbeflissen lächelten bonbonsüße Rumänen... Hastig ergriff er ein Glas unverdünnten Sprit, verschüttete etwas gegen die Brust... Das Blut wallte hoch... Ilko ihm entgegen... Dadadada! Ganzes Magazin aus nächster Nähe leergefeuert...«

Der Autor kommentiert:

»Feuer hat keine Balken.«

Diese Literatur griff in die Ereignisse ein. Sie verhalf den Roten zu ihrem Sieg über die Weißen. Sie war offensiv. Sie schickte sich an, auch Europas Leser zu erobern.

Um die Verbreitung der frühen Sowjetliteratur in Deutschland bemühte sich vor allem der kommunistische Verleger Wieland Herzfelde. Peu à peu profilierte er den Malik-Verlag, zunächst eine spielerische, unpolitische Gründung zur Edition dadaistischer Kunst, in eine Richtung, die er später den »Sprung in eine provozierende Traditionsfeindlichkeit« nannte. In den zwanziger Jahren ging der Verlag, so Herzfelde selbst, den »Weg vom Expressionismus mit seinem Ahnen und Prophezeien... zur radikalen Absage an die mörderische Politik und Salonkultur der Herrschenden. Es war die Entwicklung von der Jugendbewegung... der Studenten und ihrer Theoretiker zur erhofften Revolution.«

Dabei wurde die Hilfe bürgerlicher Sponsoren gern in Anspruch genommen. Der gutwillige, tolerante Kunstmäzen Harry Graf Keßler finanzierte den Druck eines Herzfelde-Gedichtbandes, indem er kostenlos die Cranach-Presse Weimar zur Verfügung stellte, mitsamt Arbeitern und Satztypen. Dieser Hintergrund ermöglichte es den jungen »Traditionsfeinden«, den Band erlesen auszustatten, mit einer Einbandzeichnung von George Grosz »in Silber auf blauem Glanzpapier«. Die Vorliebe für die geschmäcklerische Ausstattung radikaler und umstürzlerischer Kunstwerke wurde zu einem Signum des Malik-Verlages. In der Bibliographie wimmelt es von Angaben wie »Mappe auf Strathmore-Japan«, »schweres Bütten« oder »Vorzugsausgabe, alle hundert Blatt einzeln eingelegt in Seidenmappe«. Einmal war es schick und witzig, Publikationen, die sich gegen die »Salonkultur der Herrschenden« richteten, ausgerechnet mit den Glanzeffekten dieser Kultur zu versehen, zum anderen verbarg sich dahinter eine geschäftliche Absicht. Denn prinzipiell, so Herzfelde 1979 in einem Gespräch, wurden die Vorzugsausgaben überteuert angeboten, und da es sich reiche Sammler angelegen sein ließen, sie zu kaufen, konnte der Rest der Auflage verbilligt abgestoßen und unter ein breites Publikum gestreut werden.

So finanzierten die Bürger eine Kunst, die sich letztlich gegen ihre Existenzinteressen richtete, Herzfelde aber demonstrierte einen Grundzug kommunistischer Taktik, indem er die Toleranz der Weimarer Republik dazu nutzte, sie zu unterhöhlen. Dabei beruhte der Erfolg des Malik-Verlages und seines Verlegers Wieland Herzfelde nur anfänglich auf den damals modischen Gesängen des Zusammenbruchs und der Vernichtung, artikuliert in der expressionistischen Lyrik und dadaistischen Aktionskunst.

Ein ausschließliches Negativ-Programm bleibt auf Dauer erfolglos. Zur Erhöhung der Glaubwürdigkeit mußte etwas hinzukommen, ein positives Gefühl, ebenso übertrieben und grenzenlos wie der »ekstatische Weltenbrand« des Expressionismus. Dieses Pendant war das Glücksversprechen des Marxismus, in dessen Namen soeben in Sowjet-Rußland ein »Reich der Zukunft« errichtet wurde. Die Mischung aus Zusammenbruchsstimmung und Glücksversprechen traf den Nerv eines bürgerlichen Publikums, das labil genug war, um mit dem Feuer zu spielen.

Noch heute nutzen radikale Gruppierungen in Deutschland dieses Erfolgsrezept: Sie beschwören bei jeder Gelegenheit das Inferno herauf und verheißen gleichzeitig beglückende Zustände für den Fall, daß man ihnen die Macht überläßt. Dazu bedienen sie sich aus dem Arsenal der Weimarer Republik aller möglichen radikalen Strömungen, seien es rechtsorientierte Wandervögel oder linksintellektuelle Kaffeehaus-Zirkel, sei es die »Avantgarde« oder ihre spätere Todfeindin, die »proletarisch-revolutionäre Kunst«. Gerade dieser Eklektizismus ist das Verwirrende am Bild der heutigen Radikalen. Das Arrangement mutet neuartig an, dabei sind die einzelnen Bestandteile altbekannt. Vor allem haben sie eine Gemeinsamkeit: den Ansatz, daß man erst zerstören muß, um dann neu aufbauen zu können.

Diesen Ansatz fand Herzfelde nirgendwo so überzeugend vorgeführt wie in der jungen Sowjetliteratur. So tauchen im Programm des Malik-Verlages neben bürgerfeindlichen Zeitschriften wie »Die Pleite« und »Der Gegner« sehr bald erste Glücksboten auf. 1920 erschienen »Manifeste der russischen Volkskommissare« unter dem Titel »Brest-Litowsk«, versehen mit einer Umschlagzeichnung von Georg Grosz. Im selben Jahr das Buch: »Lenin. Seine Schriften und seine Tätigkeit«, verfaßt von dem später durch Stalin liquidierten Berufsrevolutionär Georgij Sinowjew. Eingebettet war diese Publikation in ein esoterisch-künstlerisches Umfeld: »Richard Huelsenbeck. Phantastische Gebete. Mit Holzschnitten von Hans Arp« und »John Dos Passos. Drei Soldaten«.

Zunächst bemühte sich Herzfelde auf seine Weise um Ausgewogenheit. Schriften von Trotzkij und Sinowjew stellen noch Ausnahmen dar; noch überwiegt, 1920, ein expressionistisch-dadaistisches Angebot. Bereits im Jahr darauf verschiebt sich das Gewicht: Herzfelde selbst tritt mit der programmatischen Broschüre »Gesellschaft, Künstler und Kommunismus« hervor. Die Graphikmappen seines Freundes George Grosz werden politisch. Gleichzeitig erscheint der amerikanische Schriftsteller Upton Sinclair auf der Szene, ein scharfer Kritiker des Kapitalismus.

Diese Tendenz verstärkt sich mit jedem Jahr. Namentlich Upton Sinclair, so erinnerte sich später Elias Canetti, »schrieb sehr viel und bemühte sich, immer neue Gegenstände zu finden, die es wert waren, von ihm an den Pranger gestellt zu werden«. Im gleichen Maße werden die Titel der Grosz-Mappen militanter: Erst nannten sie sich »Im Schatten« und »Das Gesicht der herrschenden Klasse«, 1923 heißt es schon »Abrechnung folgt!«.

1924 veröffentlichte der Malik-Verlag erstmals ein Revolutions-Poem von Majakowskij, außerdem sieben Bücher von Maxim Gorkij. Ein Jahr später das Buch »Wege der Liebe« der sowjetischen Volkskommissarin Alexandra Kollontai, in dem die freie, neuartige Sexualität zwischen kommunistischen Funktionären beschrieben wird. Dann nochmals zehn Titel von Maxim Gorkij, zwei von Ilja Ehrenburg, zwei von Vera Figner, einer Führerin der Terror-Organisation »Narodnaja Wolja«, und als Abrundung und westliches Gegengewicht sieben Bücher von Upton Sinclair.

Ende der zwanziger Jahre verdrängte die sowjetische Kulturpolitik ihre Abneigung gegen Lew Tolstoi. Um diese Zeit wurde auch seine Tochter aus einem sowjetischen Lager entlassen und durfte emigrieren. In Deutschland folgte Herzfelde dem Trend und begann Tolstoi zu verlegen. Ein kleines Hindernis stand im Wege: Die deutschsprachigen Rechte dieses Schriftstellers besaß ein Berliner Verlag, der dem Emigranten Ladyschnikow gehörte. Ladyschnikow, behindert von seinem Mangel an Beziehungen und Know-how, von der Unkenntnis des deutschen Publikums und darüber hinaus vermutlich in Geldschwierigkeiten, trat schließlich Herzfelde die Rechte ab, unter zwielichtigen Umständen. Ab 1928 erschien im Malik-Verlag die deutsche Gesamtausgabe der Werke von Lew Tolstoi.

Bei der Ausarbeitung dieses Verlagsprogramms gruppierten sich um Herzfelde ausgezeichnete Übersetzer und Buchkünstler: Elias Canetti und Hermynia Zur Mühlen übersetzten aus dem Amerikanischen, Julian Gumperz und Siegfried von Vegesack, Maria Einstein und Arthur Luther aus dem Russischen. George Grosz und Herzfeldes Bruder, John Heartfield, gestalteten die Buchumschläge. Der Malik-Verlag war endgültig einer der interessantesten und zugleich politisch radikalsten Verlage der Weimarer Republik.

1929 konnte der erfolgreiche Verleger den Band »30 neue Erzähler des neuen Rußland« riskieren. Die Autoren des Sammelbandes waren bis auf wenige Ausnahmen dem deutschen Publikum unbekannt. Der auf der Rückseite abgedruckte Reklame-Text verheißt: »Rußland spricht aus dem Munde dreißig Dreißigjähriger von Tod, Haß, Hunger, Hoffnung, Angst, Verzweiflung, Glück und Auferstehung... Jahre, die ein Jahrtausend löschten – gewolltes Schicksal, das nicht vergeblich war –, bluten und blühen auf in diesem Dokument.«

Herzfelde vermarktete die Jugend der Autoren. Dabei entsprach die Altersangabe »Dreißigjährige« nicht der Wahrheit: Nur einer der dreißig Autoren war wirklich dreißig Jahre alt, nur einer war jünger, alle anderen waren fast vierzig, einige noch älter. Bemerkenswert ist auch, daß Herzfelde mit den Wörtern »Haß«, »Hunger«, »Tod«, »Angst« und »Verzweiflung« wirbt; diese Zustände empfand sein Publikum offenbar nicht als negativ, sondern als interessant. Die Krönung ist schließlich die Verknüpfung von »bluten« und »blühen«.

Die Erzählung »Sekondeleutnant Saber« von Jurij Tynjanow leitet den Band ein. Ihr Schauplatz ist St. Petersburg unter dem Zaren Pawel Petrowitsch, dem finsteren Sohn von Katharina der Großen, und die Story grotesk: Ein Kanzleischreiber, aus Angst, sein Schriftstück nicht rechtzeitig fertigzustellen (sein Vorgänger ist wegen dieses Delikts nach Sibirien verbannt worden), unterläßt die Korrektur eines Schreibfehlers. Statt: »Die Sekondeleutnants aber, Stieven, Rybin u.s.w.« steht jetzt in dem Dokument: »Die Sekondeleutnants Saber, Stieven, Rybin...« In einer seiner unberechenbaren Launen verlangt der Monarch, ausgerechnet diesen nichtexistierenden Leutnant mit dem Wachdienst zu betrauen. Seine Umgebung beeilt sich, ihm die Existenz des Leutnants vorzugaukeln, und hält die Imagination über Jahrzehnte durch. Saber wird vom Zaren verheiratet, zum Major befördert und später, da er ihm wegen seiner Unauffälligkeit als idealer Untertan erscheint, zum General. Endlich wagen die Höflinge, das Phantom verschwinden zu lassen. Als Pawel gemeldet wird, General Saber sei verstorben, reagiert er bestürzt: »Meine besten Leute sterben mir weg!«

Tynjanows Erzählung bestätigt die Bilder der Maler Alexander Benois und Jewgenij Lanceray: ein Marionettenstaat, an dessen Spitze unfähige, beschränkte Despoten stehen, umgeben von Schmeichlern und Schurken. Der perfekte Bürger in diesem System ist ein Mensch, der durch nichts auffällt oder hervorragt, der am besten gar nicht existiert.

Ein Schriftsteller mit solchem Scharfblick konnte die Parallelen zu Stalins Sowjetstaat unmöglich übersehen. Tynjanow war in den dreißiger Jahren das gleiche Schicksal beschieden wie seinem Zeitgenossen Michail Bulgakow: Die sowjetische »Öffentlichkeit« verschwieg ihn. Darüber konnte er noch froh sein, denn er überlebte die »Säuberungen«. Tynjanow starb im Dezember 1943, und Ehrenburg erinnert sich an die Beerdigung: »Nach dem Stalingrader Sieg änderte sich vieles. Rang und Uniform bestimmten die Stellung eines Menschen. Tynjanow paßte nicht in die Zeit. Die Zeitungen brachten keine Meldung von seinem Tod.«

Auch ein anderer Autor der Herzfeldeschen Anthologie starb namenlos während des Krieges: Jefim Sosulja. Aus der sowjetischen Literaturgeschichte war er lange verschwunden, von 1936 bis 1962 wurde keine Zeile von ihm gedruckt. Das kann niemanden verwundern, der seine Erzählung »AK und die Menschheit« liest. Man wundert sich eher, daß sie überhaupt jemals erschien. Doch die literarische Szene der zwanziger Jahre war unübersichtlich und turbulent; damals unterlief manches, das dem Autor schon ein paar Jahre später zum Verhängnis geworden wäre.

Eine gesichtslose Persönlichkeit, AK genannt, eine anonyme Energie, ist »auf einmal da, wie von der Pest hergeweht«. Sofort »werden Plakate angeklebt«, deren Überschrift an Lenins Dekrete erinnert: »An alle ohne Ausnahme!« Die Plakate kündigen eine »Überprüfung des Rechts der Einwohner auf ihr Leben« an, »durchgeführt durch dreigliedrige Ausschüsse des Kollegiums der äußersten Entschlossenheit.« – »Troika«, Dreigespann, hießen später Stalins Schnellgerichte, die das Schicksal von »Volksfeinden« besiegelten, oft nur auf Grund der Akten, ohne das Opfer jemals zu Gesicht bekommen zu haben. Bei Sosulja werden die Bürger immerhin vorgeladen. Dafür sind die Todesurteile eindeutiger formuliert: »Die Einwohner, deren Leben als überflüssig erkannt wird, sind verpflichtet, innerhalb von vierundzwanzig Stunden aus dem Leben zu scheiden. Andernfalls wird das Urteil des Kollegiums der äußersten Entschlossenheit durch Freunde, Nachbarn oder besondere bewaffnete Abteilungen vollstreckt.«

Die deutschen Leser der Weimarer Republik lasen diesen Vorläufer Orwells mit dem prickelnden Gefühl, Einblicke in die Atmosphäre eines gespenstischen Sterns zu tun. Wenige Jahre später sollte es auch in ihrem Land »Überprüfungen des Rechts der Einwohner auf ihr Leben«, Troika-ähnliche Schnellgerichte und »besondere bewaffnete Abteilungen« geben. Auch eine »Idee« war zur Hand, die alles rechtfertigte.

Die Anthologie »30 neue Erzähler des neuen Rußland« entrollt das Panorama grauenhafter Verhältnisse. In der Erzählung »Hunger« von Alexander Newerow wird minutiös der langsame Hungertod einer russischen Bauernfamilie beschrieben, geschehen in den Jahren nach der Oktoberrevolution. Die Eltern sehnen den Tod ihrer Kinder herbei, ehe sie selbst in der verdorrten Steppe oder auf einem Bahnhof verenden, wohin sie sich mit letzter Kraft geschleppt haben, auch das vergebens, weil es den sowjetischen Reisenden bei Strafe verboten war, in den Hungergebieten Brot aus den Zugfenstern zu werfen. Geschichten dieser Art reihen sich aneinander, Geschichten von Arbeitslosigkeit und Prostitution, Hunger und Kriminalität.

Das Buch fand großes Interesse. Der Malik-Verlag konnte es bis zum nahen Ende der Weimarer Republik dreimal auflegen und dreißigtausendmal verkaufen. Denn die Schreckensbilder wurden überstrahlt durch einen sagenhaften Enthusiasmus und eine berauschende Todespoesie: Über allem schwebte der Glorienschein der kommunistischen Idee.

Enthusiasmus und Todespoesie charakterisieren diese Periode der Sowjetliteratur, besonders ihren positiven Helden. Er ist zu allem bereit, was die Sowjetmacht verlangt, und empfindet Vergnügen daran, wie der Ich-Erzähler einer Erzählung von Scholochow, der den Bauern das Getreide requiriert und dazu sagt: »Hübsch preßten wir dort Korn heraus...«

Durch Blut und Elend hindurch schritt ein stählerner Macho-Kommissar, die Mauser am Gürtel, in verblichenen Breeches und krachenden Reitstiefeln, jederzeit zu einer schnellen Liebschaft mit staunenden Bauernmädchen bereit, unbeugsam im Kugelregen, ein Herrenmensch. Seine Räuberphilosophie ließ auch die Herzen der Bürgerfrauen im fernen Deutschland höher schlagen, seine männliche Ausstrahlung, Schnurrbart und breite Schultern, blauer Blick und gepreßter Mund, verführte zu Träumereien auf seidenen Diwanen.

Diese »Hauptcharaktere«, so läßt Nikolaj Tichonow in »Ewiger Transit« einen jungen sowjetischen Schriftsteller sinnieren, sollten »die Festigkeit von Zement« haben. Alle anderen aber, »die Menschen in der ihn umgebenden Wirklichkeit waren lediglich winzige Markierungen angesichts der gigantischen Umwälzung ...«

Die Schriftsteller halfen etwas vorbereiten, das viele von ihnen später Kopf und Kragen kosten sollte. Einer der »Hauptcharaktere« würde die anderen ausschalten und dann schrankenlos über »die kleinen, phantasielosen Menschen« herrschen. Fast scheint es, als empfanden die jungen Sowjetschriftsteller diese Entwicklung als unausweichlich, sogar als begrüßenswert. Man lebte in herrlichen Zeiten. Die Helden der Revolution und des Bürgerkrieges waren zu grandios, um sie etwa an althergebrachten Maßstäben zu messen, um etwa zu bezweifeln, daß sie einen riesigen Vielvölkerstaat regieren könnten. Sie hatten diesen Staat im Sturmschritt erobert, also würden sie auch alles weitere bewältigen.

»Oben denken große Geister für euch«, schreibt Tichonow in »Ewiger Transit«, »und das Rascheln unserer Mittagsstunden sagt, daß alles in Ordnung ist ...«

Anatolij Adadurow, »Dichter der Revolution«, 26 Jahre alt und nach Ansicht der Zeitschrift »Avantgarde« ein »hoffnungsvolles Talent«, schlenderte durch den herbstlichen Alexandergarten, an hellblauen Bretterbuden und weißgekleideten Eisverkäufern vorüber und war in Gedanken versunken. Dinge ereigneten sich, die er nicht mehr verstand und über die er nachdenken mußte.

Anatolij kaufte an einer der Bretterbuden Zigaretten, setzte sich auf eine Bank im Schatten der Kremlmauer und begann zu rauchen. Er liebte es, das dicke Pappmundstück der Papyrossa zwischen die Lippen zu klemmen und nachdenklich durch den Tabakrauch zu blinzeln. Auch auf Photos machte sich das gut. Er hatte es bei Majakowskij gesehen, und er bewunderte Majakowskij sehr.

Einmal war er ihm sogar begegnet, nach einem Rezitationsabend, hinter der Bühne, und der alte Dramatiker Golowin, Anatolijs väterlicher Gönner, hatte ihn Majakowskij vorgestellt. Majakowskij wirkte erkältet und mürrisch, und Anatolij war überrascht, wie wenig er dem Manne glich, der eben noch auf der Bühne gestanden und das Publikum zu Ovationen hingerissen hatte.

Golowin und Majakowskij kannten sich lange aus futuristischen Zirkeln vor der Revolution, und daher beschlossen sie, »das Wiedersehen zu begießen«. Anatolij wurde aufgefordert mitzukommen, doch er war schüchtern und wollte sich nicht aufdrängen. Später hatte er seine Schüchternheit verflucht: Wenige Monate nach diesem Abend hieß es, Majakowskij habe sich erschossen.

Ein alter Mann mit hanffarbenem Schnurrbart setzte sich neben Anatolij auf die Bank und entfaltete eine Zeitung aus weichem, gelblichem Papier. Eine Frau mit Kinderwagen ging vorbei, danach eine Gruppe Kadetten von der Artillerie-Schule. Sie wirbelten Staub auf, der in der Sonne glitzerte, und bunte herbstliche Blätter.

Anatolij hatte damals in Majakowskijs Augen etwas Unerwartetes entdeckt. Sie schienen weniger vom Schnupfen getrübt als von etwas anderem, und Anatolij hatte sich diese Augen immer wieder ins Gedächtnis gerufen und zu ergründen versucht: War es Trauer? Oder etwa Reue?

Gern hätte er jetzt mit Golowin über diese Entdeckung gesprochen, aber das war unmöglich, denn auch Golowin war inzwischen verschwunden. Gerüchte behaupteten, er habe seine aristokratische Abstammung verheimlicht und Spionage für Lettland getrieben. Mehr war nicht in Erfahrung zu bringen. Der Sekretär des Schriftstellerverbandes teilte lediglich mit, Golowin sei ein »Volksfeind«.

Das war nichts Besonderes. In letzter Zeit wurden ständig »Volksfeinde« aufgespürt. Immer wieder erfuhr Anatolij in den Versammlungen des Schriftstellerverbandes, dieser und jener sei »entlarvt« worden, und jedesmal wurde bei dieser

Gelegenheit zu noch größerer »Wachsamkeit« aufgerufen. Dabei hatte das Jahr für Anatolij gut angefangen. Im Februar erschien sein Revolutionspoem in einer Literaturzeitschrift, danach widmete ihm die Gewerkschaftszeitung eine ganze Seite, und ein gewisser P. P. Krjukow schrieb, Anatolij sei »aus der Hefe des werktätigen Volkes hervorgegangen«. Das war Unsinn, sein Vater war Professor an einem Institut, allerdings schon vor einigen Jahren gestorben. Er hatte der Sowjetmacht reserviert gegenübergestanden, sich auch für Golowins revolutionäres Experimental-Theater nicht erwärmen können, und darüber war es zwischen ihm und seinem Sohn zum Bruch gekommen. Im April erschien der Gedichtband im Verlag »Front der Literatur«, und das war, jedenfalls für Anatolijs Ansprüche, schon fast der Ruhm. Freunde riefen an und gratulierten, er erhielt Briefe von Unbekannten, und das »Haus der Offiziere der Rotbannerflotte« lud ihn zu einer Lesung ein.

Anatolijs Glück wurde nur dadurch getrübt, daß sich sein Freund Shenja Koplakow, ebenfalls ein junger Dichter, seither so eigenartig zu ihm verhielt. Shenja war der Durchbruch noch nicht gelungen. Das lag, wie er behauptete, daran, daß ihm die gesellschaftliche Arbeit so wenig Zeit zum Schreiben ließ. Er war Funktionär des Schriftstellerverbandes und vor einigen Wochen sogar als Nachfolgekandidat in den Vorstand aufgerückt. Auch das war eine Merkwürdigkeit dieses Jahres, daß ständig Posten frei wurden und junge Leute nachrückten. Bis zu seiner »Entlarvung« hatte Golowin dem Vorstand angehört, und wenn man es recht besah, war es sein Platz, den Shenja jetzt einnahm.

Auch Shenja war einst wie Anatolij mit seinen in Schulhefte gekritzelten Gedichten zu dem berühmten Dramatiker gelaufen, hatte in banger Erwartung die Tage verbracht, ehe von Golowin Antwort kam, und sich über jedes lobende Wort von ihm beglückt gezeigt. Freilich, damals war Golowin eine international bekannte Größe, sein Experimental-Theater weltberühmt, und sein Stück »Die eiserne Kavalkade« spielte man sogar in Berlin.

In der Tiefe seines Herzens konnte Anatolij nicht glauben, daß Golowin wirklich ein »Volksfeind« war. Mandelstam und Pilnjak – das mochte sein; die Staatsorgane hatten das schließlich genau untersucht. Aber Golowin kannte er, für ihn hätte er seine Hand ins Feuer gelegt. Er war der Sowjetmacht treu ergeben, hatte seinerseits vor den »Volksfeinden« gewarnt und war soweit gegangen, im Gespräch mit Anatolij eine bekannte Dichterin zu verdächtigen, sie hege Sympathien für »Abweichler«.

Als Golowin »entlarvt« wurde, saß diese Dichterin mit undurchdringlicher Miene im Publikum; ihre schwarzen, glänzenden Haare beschatteten ihr Gesicht wie ein Helm. Ihre Augen blickten traurig, und Anatolij war ihr dankbar dafür, denn sonst zeigte in dem riesigen Sitzungssaal niemand Trauer über Golowins Sturz. Natürlich wußte sie nicht, daß Golowin sie verdächtigt hatte, und Anatolij empfand etwas wie Scham, wenn er an seinen alten Gönner dachte, und diese beiden Gefühle, Trauer und Scham, blieben irgendwo in seiner Seele zurück. Die Dichterin war ihm als der einzige Mensch unter Schurken erschienen, unter Speichelleckern und Heuchlern, die Golowin einst umworben und auf den Premierenfeiern seinen Schnaps getrunken hatten.

Sie alle nannten sich sowjetische Dichter und priesen in ihren Werken die Ideale des Kommunismus: Ihre Helden brachten sich um vor lauter Edelmut, ließen sich für die Idee buchstäblich in Stücke hacken. Aber als Golowin, ihr Kollege und Freund, ein sowjetischer Schriftsteller wie sie, in den Verdacht der Spionage für Lettland geriet, stimmten sie feige zu: Selbstverständlich, er ist ein »Volksfeind« und muß vertilgt werden.

Es war, als würde von den Gesichtern ein Schleier genommen. Die Löwenhäupter über Schillerkragen, die Kneifer und Intellektuellenbärte waren Maskerade. Andere kehrten ihre

Jugend heraus, trugen die Haare wie Bauern geschnitten und reckten die muskulösen Hälse aus den runden Kragen rohseidener Russenblusen. Und die sensiblen Frauenzimmer! Ihre beflissenen Mienen und huschenden Augen, als das Wort »Wachsamkeit« fiel!

Das alles war so widerwärtig, daß man am besten nicht mehr daran dachte. Aber die Versammlung, in der Golowin »entlarvt« wurde, hatte etwas in Anatolij zerstört, und es war ganz unmöglich, nicht mehr daran zu denken. Alle, die sie miterlebt hatten, würden immer wieder daran denken, bis ans Ende ihrer Tage.

Kurz nach Golowins Verschwinden war sein Name noch einmal aufgetaucht, wieder in einer Versammlung des Schriftstellerverbandes, und war zum Bestandteil eines neuen Begriffes geworden: »Golowinismus«. Im Auftrag des Vorstands hielt Shenja Koplakow ein kurzes Referat über »Erscheinungen des Golowinismus in der Literatur«: Golowins Stücke wären dekadent und nicht volksnah, sein Stil elitär. Junge Schriftsteller seien seiner Demagogie erlegen und versuchten, seine spektakulären Erfolgsrezepte nachzuahmen.

Anatolij wußte nicht genau: War es ihm nur so erschienen, oder hatte Shenja ihn tatsächlich an dieser Stelle von der Höhe des Rednerpultes mit einem flüchtigen Blick gestreift? Jene Dichterin, soviel war gewiß, ließ ihre Augen während der Rede mehrmals auf ihm ruhen, und darin las er ein Gefühl, das er nicht gern auf sich bezogen sah: Mitleid.

Sie sah etwas voraus. Anatolij wehrte sich mit aller Kraft dagegen und beschloß, mit Shenja ein offenes Wort zu reden. Zumal sich merkwürdige Dinge ereigneten: Das »Haus der Offiziere der Rotbannerflotte« sagte die Lesung ab, und der Verlag teilte mit, sein Gedichtband verkaufe sich schlecht. In dieser Situation brauchte man einen Freund. Golowin war verschwunden. Anatolij rief Shenja an.

»Der Verlag behauptet, meine Gedichte verkauften sich nicht.«

Darauf Shenja seelenruhig: »Wundert dich das?«

»Wieso?« fragte Anatolij bestürzt.

»Weil sich das Volk seinen Geschmack nicht diktieren läßt.«

»Was ist das für ein Unsinn? Niemand will dem Volk irgend etwas diktieren, ich am allerwenigsten!«

»Du hast zu lange mit Leuten zusammengesteckt, die dem Volk fremd gegenüberstanden.«

»Ich verstehe dich nicht! Früher haben dir meine Gedichte gefallen.«

»Das waren andere Zeiten. Heute kommt es darauf an, effektiv die großen Themen darzustellen, den Aufbau, die Umgestaltung, das Erwachen der Massen. Schlebrikow ist nach Sibirien gefahren, ich selber sammle Material für einen Roman über die Schwermetallurgie... Auch historische Stoffe sind jetzt notwendig, über die ruhmreiche Geschichte unseres Volkes. Schreib über Peter den Großen oder über Alexander Newskij...«

In diesem Augenblick wußte Anatolij, was er schon lange geahnt hatte: Shenja war einfach ein Pfuscher, ein Nichtskönner. Die Schwermetallurgie und Alexander Newskij interessierten ihn ebensowenig wie Anatolij. Aber er hatte nichts Eigenes, nichts, was ihn wirklich beschäftigte. Solange Golowin ein großer Mann, eine Zentralfigur war, hatte Shenja unter seinem Einfluß geschrieben:

> Gelbzahniges Pferd,
> senkst die Zähne ins
> Gras; rupfst du
> die Menschen wie
> Halme...

Abgesehen davon, daß Pferd und Gras von Chlebnikow stammten und Shenja überhaupt zum Klauen neigte (Warum hatte das übrigens der belesene Golowin nicht bemerkt? Warum hatte er Shenja für dieses Gedicht noch gelobt und ihn »Mein junger Freund« genannt?), abgesehen davon war das Gedicht geschmacklos. Im Grunde genommen, dachte Anatolij auf seiner Bank im Alexandergarten, haben wir alle so geschrieben. Golowin, Shenja, ich und alle, die ich kenne.

Doch darin bestand das Gebot der modernen Literatur: Sie mußte unbedingt mit den neuesten Ereignissen Schritt halten. Golowin hatte das immer wieder betont, auch Majakowskij in seinem berühmten

Gaul Geschichte
du hinkst!
Wolln
die Schindmähre
zu Schanden reiten!
Links!
Links!
Links!

Zu Schanden reiten... Eine der stärksten Szenen in Golowins »Eiserner Kavalkade« stellte die Exekution weißer Offiziere dar. Der Vater erklärte damals rundheraus: »Das sind Scheußlichkeiten, die dein Meister da auf die Bühne bringt! Möge Gott ihm ersparen, was er heraufbeschwört.«

Er tat Anatolij leid, denn er war altmodisch und hielt nicht Schritt mit den Ereignissen. Es war unumgänglich, daß immer wieder Blut fließen mußte. Wie sonst sollten die Feinde des Volkes beseitigt werden?

Die Feinde des Volkes, die »Volksfeinde«. Golowin gehörte nun angeblich selber zu ihnen. Vielleicht war er längst erschossen worden wie die weißen Offiziere in seinem Stück? Oder er lebte noch und saß in irgendeinem Gefängnis? Worüber dachte er dort nach? Über dasselbe wie Anatolij: Warum fangen wir an, uns gegenseitig umzubringen?

In der letzten Zeit vor seiner Verhaftung hatte Golowin

stark getrunken und unverständliche, düstere Reden geführt. Es schien, als stecke er voller Vorahnungen: Immer wieder hatte er über Iwan den Schrecklichen philosophiert, über das Schicksal und Rußlands Geschichte. Anatolij konnte ihm nicht folgen. Für ihn war das Jahr 1917 die Stunde Null. Vorher, sagte man, herrschte Finsternis.

Das Unerträglichste war die Unwissenheit. Rings um Anatolij brach die Welt in Stücke, und er verstand nicht, wie und warum. Auch der Vater lebte nicht mehr, und es war zu spät, ihn zu fragen. Er sah die Dinge auf eine andere Art, und Anatolij wurde von der Ungewißheit geplagt: Wußte er etwas? Kannte er die Ursachen dessen, was jetzt geschah?

Und Golowin? Wußte auch er Dinge, die er vor Anatolij verbarg? Wenn ja, mußte es einen Grund dafür geben. Es gibt nur einen Grund, nicht die Wahrheit zu sagen: heimliche Reue.

Der Professor betrank sich an einem Vormittag im April, als ein trostloser gelblicher Himmel über der Stadt hing und in der Luft der Gestank nach kaltem Fett schwebte. Ich bog um die Straßenecke und sah ihn auf seinem Balkon stehen. Er winkte mich hinauf.

In seinem Arbeitszimmer brannten sämtliche Lampen. Der Professor trank Sekt aus einem Rokoko-Glas. Er holte ein zweites, und als er mir eingoß, zitterte seine Hand.

»Nehmen Sie sich eine Zigarette!« sagte er.

»Danke.«

»Wir haben gestern«, fing der Professor an, »über dies und das gesprochen. Klar, daß alles unter uns bleibt.«

»Selbstverständlich.«

»Also vergessen Sie's. Prost!« Er trank. Dann sagte er: »Trotzdem: Eines würde mich noch interessieren. Haben Sie Beziehungen zu Lewinsohn?«

»Nein. Ich habe Ihren Rat befolgt und ihn hinausgeworfen.«

»So? Haben Sie? War sicher nicht ganz leicht, ihn hinauszuwerfen?«

»Ja, das kann man sagen.«

»Er gehört zu den Leuten, die man vorn hinauswirft und die durch die Hintertür wieder reinkommen.«

Ich nickte.

»Verstehen Sie eigentlich«, fragte der Professor, »wie er Abgeordneter werden konnte? Irgendeine Erklärung dafür muß es doch geben. Mich würde mal Ihre Meinung interessieren.«

»Der Verband hat ihn delegiert.«

»Ach ja? Und können Sie sich einen Grund dafür vorstellen?«

»Er hat dort Feinde.«

»Und da machen sie ihn zum Abgeordneten?«

»Was sonst? Fallenlassen können sie ihn nicht – er weiß zuviel.«

»Was weiß er denn?«

»Ich nehme an, er weiß etwas über diese Geschäfte mit dem Marx-Engels-Denkmal.«

»Wissen Sie auch etwas darüber?«

»Nein. Nur, was sich herumgesprochen hat.«

Der Professor schwieg. Er trank sein Glas in einem Zug leer und öffnete sofort eine neue Flasche Sekt. Dann nahm er das Gespräch wieder auf.

»Wie kann ein Mann wie Lewinsohn derartig hoch aufsteigen? Sie wissen doch so gut wie ich, daß er vollkommen unfähig ist.«

»Das spielt keine Rolle.«

»Na, Sie sind gut! Wieso spielt das keine Rolle?«

»Irgendwo mußten sie ihn schließlich unterbringen. In der Parteileitung des Verbandes war er einfach nicht mehr zu gebrauchen.«

»Ja?«

»Er verträgt sich nicht mit Szygulla.«

»Wissen Sie auch dafür den Grund?«

»Nein.«

»Aber Sie vermuten etwas?«

»Vielleicht sind das Geschichten, die noch auf den *alten* Lewinsohn zurückgehen?«

»Kennen Sie den alten Lewinsohn?«

»Ich bin ihm kaum begegnet.«

»Schön. Aber Sie haben doch einen persönlichen Eindruck von ihm?«

»Er ist mir nicht sonderlich sympathisch.«

»So?« Der Professor sah mich kurz und forschend an und lächelte ironisch. »Er ist Ihnen nicht sympathisch. Sieh mal an. Ich will Ihnen etwas verraten: Mir ist er auch nicht sympathisch. Der alte Lewinsohn ist ein sehr gefährlicher Mann. Das wissen Sie hoffentlich?«

»Ja.«

»Solche Leute sind immer oben, da kann passieren, was will. Er gehört zu denen, die immer nur Vorteile von der Partei hatten, und die mochte ich noch nie so besonders. Er hat sich immer das Beste zu nehmen gewußt, der gute Moritz Lewinsohn, in jeder Zeit, egal, was gerade los war. Ihm ist nicht einmal unter Stalin etwas passiert.«

Der Professor beobachtete, wie ich auf seine Worte reagierte. Seine Augen waren von der Schlaflosigkeit entzündet, sein Gesicht war blaß und sein Rücken gebeugt. Er wirkte müde. Offenbar hatte er einen schlechten Tag.

Plötzlich fügte er hinzu: »Er ist damals nicht nach Moskau zurückgefahren.«

»Daraus kann man ihm keinen Vorwurf machen«, wandte ich ein, »es war im Jahre 37.«

»Was wissen *Sie* denn über 37?« Und nach einer Pause: »Sie meinen also, daß es vernünftig war, 1937 nicht nach Moskau zu fahren?«

»Nun, wenn man kommunistischer Funktionär war und Moritz Lewinsohn hieß?«

Der Professor lachte. »Da haben Sie allerdings recht. Möchten Sie noch Sekt? Gießen Sie sich ein! Warten Sie nicht, bis ich Sie frage. Wir sind hier nicht so umständlich.«

Einen Augenblick herrschte Stille. In einem entfernten Zimmer der weitläufigen Wohnung schlug eine Uhr.

»Halb elf«, sagte der Professor. »Haben Sie es eilig?«

»Nicht besonders.«

»So. Dann beantworten Sie mir bitte noch eine Frage: Was, meinen Sie, hätten *Sie* für eine Rolle gespielt, 1937 in Moskau?«

»Ich wäre vermutlich verhaftet worden.«

»Wissen Sie das ganz genau?« Der Professor sah mich an. Seine Augen waren hinter den Brillengläsern verborgen, dennoch spürte ich: Das war die entscheidende Frage.

»Ich bin mir ganz sicher«, sagte ich.

»Aber Sie sind doch ein guter Genosse, oder?«

»Ich weiß es nicht.«

»Wieso wissen Sie das nicht?«

»Ich fürchte, ich wäre 1937 kein so guter Genosse gewesen, daß ich den Mund gehalten hätte. Außerdem bin ich genau der Typ, auf den sie es damals abgesehen hatten. Da bin ich mir ganz sicher.«

»Soso.« Der Professor erhob sich und begann auf dem Teppich hin und her zu wandern. Als er vor mir stand, fragte er: »Und können Sie sich vorstellen, daß so etwas wie 37 noch einmal passiert?«

»Kaum.«

»Warum nicht?«

»Die Zeiten haben sich geändert.«

Der Professor schwieg einige Augenblicke. Dann sagte er: »War interessant, was Sie mir heute erzählt haben. Aber jetzt muß ich arbeiten.«

»Gut«, sagte ich. »Herzlichen Dank für den Sekt.«
»Nichts zu danken. Schade, daß wir immer so wenig Zeit haben, finden Sie nicht? Es war jedenfalls nett, mit Ihnen zu plaudern.«

Er begleitete mich durch den Korridor, in dem das Bild des chinesischen Philosophen Chan Tschan hing, in einem Ebenholzrahmen, auf altrosa Seide gemalt. Er öffnete die Tür, gab mir die Hand und sagte kein Wort mehr.

Die Dmitrijews – er Wissenschaftler, sie Übersetzerin, eine Tochter Natascha, dreizehn Jahre alt – sind die Hauptfiguren von Jurij Trifonows Novelle »Der Tausch«. Sie bewohnen zu dritt ein Zimmer in einer Moskauer Kommunalwohnung.

Eine Kommunalwohnung ist eine gewöhnliche Zwei- oder Drei-Zimmer-Wohnung, nur daß nicht eine Familie darin lebt, sondern mehrere. Dmitrijews Nachbarn, die Fandejews – auch sie haben eine Tochter –, wohnen im Zimmer nebenan, im dritten Zimmer der Wohnung lebt noch eine gewisse Iraida Wassiljewna, und diese sieben Menschen, zwei Familien und eine ältere Frau, teilen sich die Küche und das winzige Bad. Ein vergleichsweise erfreulicher Zustand. Es gibt auch Kommunalwohnungen, in denen vier oder fünf Parteien untergebracht sind, es gibt auch Holzbaracken.

Die Dmitrijews haben sich arrangiert. Er hat seine Träume von einer Doktorarbeit begraben – wo sollte er sie auch schreiben? Tochter Natascha schläft hinter einem Wandschirm. Abendliche Gespräche führt das Ehepaar Dmitrijew mit gedämpfter Stimme, und so ist es bei den Fandejews und bei Hunderttausenden Moskauer Familien.

Heute abend fällt es den Dmitrijews schwer, die gedämpfte Tonstärke einzuhalten. Sie haben Streit. Den Grund dafür kann eigentlich nur verstehen, wer die Moskauer Wohnverhältnisse kennt. Denn es geht um Wohnraum, um ein paar

Quadratmeter Wohnraum, die vielleicht, wenn man es schlau anstellt, wenn man Glück hat und monatelange Kämpfe nicht scheut, zu ergattern sind.

Ein Ehepaar Markuschewitsch ist auf der Bildfläche erschienen, mitsamt einer traumhaften Zwei-Zimmer-Wohnung in der Malaja Grusinskaja. Die Markuschewitschs würden diese Wohnung eventuell tauschen, natürlich nicht gegen ein Zimmer in einer Kommunalwohnung, aber gegen zwei. Und ausgerechnet in diesem Moment wird Dmitrijews Mutter, Bewohnerin eines Zimmers in der Profsojusnaja, »mit dem Verdacht auf das Allerschlimmste« ins Krankenhaus eingeliefert. Was läge da näher, als...

Dmitrijew ist empört, moralisch entrüstet:

»...

›Wie kannst du nur!‹

›Was?‹

›Wie kannst du nur jetzt darüber reden? Wie bringst du das nur über die Lippen? Darüber muß ich mich wirklich wundern.‹ Er fühlte, daß seine Gereiztheit wuchs und er zu platzen drohte. ›Weiß Gott, du mußt einen seelischen Defekt haben. Irgendeine Unterentwicklung des Gefühls. So eine Art, entschuldige schon, *Mindermenschlichkeit.* Wie ist das nur möglich? Es ist doch so, daß meine Mutter krank ist und nicht deine, stimmt's? Und ich an deiner Stelle...‹

›Leiser.‹

›Ich an deiner Stelle hätte nie als erster...‹

›Leise!‹ Sie hob beschwichtigend die Hand.

Beide lauschten. Nein, es war alles still. Die Tochter schlief hinter dem Wandschirm in der Ecke. Dort, hinter dem Schirm, stand auch ihr Schreibtisch, an dem sie abends ihre Hausaufgaben machte. Dmitrijew hatte ein selbstgezimmertes Bücherbord und eine Steckdose für die Tischlampe angebracht und so hinter dem Wandschirm ein besonderes Zimmerchen eingerichtet, das ›Einzelzimmer‹, wie sie es nannten. Dmitrijew und Lena schliefen auf der breiten Couch, Import aus der Tschechoslowakei, vor drei Jahren durch einen glücklichen Zufall erworben und Neidobjekt aller Bekannten... Legten sich Dmitrijew und Lena abends auf ihr tschechisches Lager – es hatte sich als nicht sehr stabil erwiesen, bald schon hatte es angefangen zu wackeln und bei jeder Bewegung zu knarren –, lauschten sie noch lange auf die Geräusche aus dem ›Einzelzimmer‹, um herauszufinden, ob Natascha schon schlief. Dmitrijew machte immer die Probe aufs Exempel und rief halblaut: ›Natascha, he, Natascha!‹ Lena schlich auf Fußspitzen hin und schaute durch eine Ritze im Wandschirm. Vor sechs Jahren hatten sie eine Kinderfrau gehabt, die auf einem Klappbett mit im Zimmer schlief (die Fandejews, ihre Nachbarn, wollten es nicht im Korridor dulden). Die Alte konnte schlecht schlafen und hatte ein überaus feines Gehör gehabt, Nacht für Nacht vor sich hingebrabbelt, geächzt und auf jeden Laut geachtet: Mal raschelte eine Maus oder huschte eine Schabe über den Boden, mal hatte man vergessen, den Wasserhahn in der Küche fest zuzudrehen. Als die Alte ging, hatte für die Dmitrijews so etwas wie ein Honigmond begonnen.«

Lenas Idee, mit der Schwiegermutter zusammenzuziehen, wenigstens pro forma, um die beiden Zimmer gegen die Wohnung der Markuschewitschs tauschen zu können, stößt auf eine Reihe ernsthafter Widerstände. Doch die Dmitrijews hätten, falls alles gut ging, zum ersten Mal nach fünfzehnjähriger Ehe ein Zimmer, in dem sie allein die Nächte verbringen könnten, ohne Kinderfrau und halbwüchsige Tochter. Sie könnten abends die Wohnungstür abschließen und wären für sich.

Außerdem hat sich »der Verdacht auf das Allerschlimmste« bestätigt. Betrachtete man die Lage nüchtern, drängte die Zeit. Daher verlangt Lena von dem verstörten Dmitrijew, sofort zu handeln.

»Als er schwieg, fuhr sie fort: Mutters Zimmer in der Profsojusnaja würde denen bestimmt gefallen, auch von der Lage her werde es ihnen zusagen, weil Markuschewitschs Frau am Kalugaer Tor arbeite, für ihr eigenes Zimmer aber werde man wahrscheinlich draufzahlen müssen... Natürlich könnte man auch versuchen, ihr eigenes Zimmer gegen ein besseres zu tauschen, was ein Dreiertausch wäre, auch kein Beinbruch. Man müsse nur energisch vorgehen. Jeden Tag etwas. Am besten einen Vermittler finden. Ljussja kenne einen, einen netten alten Mann. Allerdings gebe er niemandem seine Adresse und Telefonnummer und tauche stets wie aus heiterem Himmel auf...«

Dmitrijew, von Lena gedrängt, wird widerwillig aktiv. Er muß seiner sterbenden Mutter das Projekt schmackhaft machen, und er muß damit rechnen, daß sie es durchschaut. Er muß überhaupt erst an das Krankenbett seiner Mutter herankommen, die seit ihrer Entlassung aus dem Krankenhaus in der Datscha der Familie Dmitrijew liegt, weit draußen am Stadtrand, von Dmitrijews mißtrauischer Schwester versorgt und bewacht. Er muß Geld beschaffen, eine große Summe, hundert Rubel, um seine Schwester gnädig zu stimmen, denn die Pflege der Kranken hat alle Rücklagen verschlungen. Er muß einen Augenblick abpassen, in dem weder die Schwester noch ihr Mann im Zimmer der Kranken sind, und muß schließlich die Mutter um den Schlüssel zu ihrem Zimmer in der Profsojusnaja bitten: Morgen oder übermorgen kann es den Markuschewitschs einfallen, das Zimmer zu besichtigen.

Das größte Hindernis aber: Dmitrijew ist sich seiner Sache nicht sicher, seine Gefühle sind zwiespältig. Er stammt aus einer kommunistischen Intelligenzfamilie, sein Großvater war ein alter Revolutionär, und zu seiner Beerdigung erschienen seine Kampfgefährten, Veteranen der Revolution, darunter »ein kurzsichtiges, buckliges Weiblein, von dem Mutter einmal erzählt hatte, es sei eine tollkühne Revolutionärin und Terroristin gewesen, die auf jemanden eine Bombe geworfen habe.«

Die Familie Dmitrijew ist stolz auf diese Herkunft, die in der Sowjetunion altem Adel gleichkommt, einem Adel, der moralisch noch über dem der hohen Funktionäre steht; schließlich können das Konjunkturritter sein, Leute, die wieder verschwinden. Und wie es sich für Adlige ziemt, bewahren die Dmitrijews die Traditionen ihrer revolutionären Vorfahren, zwar nicht unbedingt das Bombenwerfen, aber um so mehr die großen Ideale: Selbstlosigkeit, Aufopferung für das Wohl aller, Menschheitsbewußtsein.

Doch diese Eigenschaften bringen nichts mehr ein. Die Revolution ist seit sechzig Jahren vorbei, das Leben von Einheitsgehältern, Schlangestehen und Rationierung bestimmt und, falls man Bedürfnisse hat, die über Grundnahrungsmittel und sowjetische Kaufhaus-Textilien hinausgehen, von verstohlenen, aber intensiven Kämpfen, Schiebereien und Intrigen. In einer Welt, in der eine Bluse, ein paar Strumpfhosen oder eine Zitrone nur durch gute Beziehungen zu beschaffen sind, kann Selbstlosigkeit wenig ausrichten. Aus den großen Idealen sind Anachronismen geworden, vom Menschheitsbewußtsein ist nichts anderes übriggeblieben als die Eigenschaft, nicht lebenstüchtig zu sein. So gut es geht, versuchen die Dmitrijews, diese Realität zu ignorieren, und auf ihr »wohlanständiges Unvermögen« sind sie stolz.

Dmitrijews Frau Lena stammt aus anderen Kreisen. Ihre Eltern sind lebenstüchtig, clever und dem heutigen sowjetischen Leben angepaßt. Sie sind das, was die Dmitrijews »kleinbürgerlich« nennen würden, wäre das nicht ein allzu schwerwiegender Vorwurf. Denn diese Schicht gilt seit jeher als das schlimmste Übel im Sowjetland: durch nichts zu tilgen, überlebensschlau, lichtscheu und schädlich.

Aristokraten und Großbürger waren zu orten und zu liquidieren und, wenn das nicht gelang, wenigstens zu vertreiben. Noch an der Grenze nahm man ihnen die versteckten Brillanten und Zarenrubel weg, so daß sie bettelarm in Paris ankamen und sich als Kellner und Taxi-Chauffeure durchschlagen mußten: lebendige Denkmäler der Stärke der ruhmreichen Sowjetmacht.

Die »Kleinbürger« hingegen verbargen sich geschickt, versteckten sich in hölzernen Häuschen, nahmen die Ikone von der Wand und hängten statt ihrer ein Lenin-Bild auf. Und das Überleben lohnte sich: Bald waren die Bolschewiki gezwungen, sie wieder handeln zu lassen, private Läden zu eröffnen und Zwirn zu verkaufen, einfach deshalb, weil es sonst in dem kahlgefressenen Land keinen Zwirn mehr zu kaufen gab. Diese Zeit heimlicher Kompromisse, die Zeit der sogenannten Neuen Ökonomischen Politik, war die erste schwere Prüfung für die alten Revolutionäre. Sie mußten, weil Lenin es für richtig hielt, mitansehen, daß die »Kleinbürger« besser lebten als sie. Zu ihrer Genugtuung siegte jedoch bald wieder die »gerechte Sache«; die kleinen Fabriken und Läden der NÖP-Leute verschwanden und mit ihnen die Kaufmannsfrauen, deren Pelze und Perlenketten den Neid und die Empörung der Bombenwerferinnen erregt hatten: Wofür haben wir eigentlich gekämpft?

Doch die »Kleinbürger« überlebten auch weiterhin. Wann immer Unordnung ausbrach, kamen sie aus ihren Winkeln hervor und machten Geschäfte, zogen ihren Nutzen aus der sozialistischen Mangelwirtschaft. Sie spekulierten mit Zukker, Fensterglas und Seife. Sie wurden zu einem lebensnotwendigen Element, gelegentlich zum Dreh- und Angelpunkt. Sie vermehrten sich. Sie verbreiteten den Bazillus der Sucht nach persönlichem Eigentum.

Stalins Armeen kamen aus Europa zurück. Die Soldaten hatten dort gesehen, daß es Wasserklosetts, Polstermöbel und Armbanduhren gab – für fast jedermann, mit Selbstverständlichkeit. Das geschlossene System der hohen Ideale, der Selbstlosigkeit und des Menschheitsbewußtseins, barst und zerfiel wie ein irdener Topf. Die »Kleinbürger« mochten tausendmal verwerflich sein, doch waren und blieben sie die einzigen, die etwas zu bieten hatten. Selbst die Dmitrijews mußten Lenas Familie zubilligen: »Sie gehörten zu denen, ›die zu leben verstehen‹.«

Lenas Eltern haben die NÖP-Zeit, den Krieg und die Nachkriegsjahre überlebt und um sich herum mit den Jahren ein System von Beziehungen auf- und ausgebaut, sich darin eingesponnen wie in einen Kokon. Man kommt nicht mehr an sie heran, es ist unmöglich, sie ausschalten zu wollen, vor allem ist es müßig: An ihre Stelle würden andere treten. Die Nachkommen der Revolutionäre, mit ihren Idealen und dem Stolz auf ihr »wohlanständiges Unvermögen«, sind genötigt, sich mit ihnen zu arrangieren.

Lenas Vater erscheint auf der halbzerfallenen Datscha der Dmitrijews. Vater Dmitrijew lebt nicht mehr, ist spurlos untergegangen, ohne daß man erfährt, auf welche Art – da er in den dreißiger Jahren Funktionär war, läßt es sich aber vermuten –, die Mutter außerstande, Handwerker zu »organisieren« oder gar Baumaterial. Lenas Vater nimmt das alles in die Hand; ein Anruf hier, ein paar Zauberworte dort, und binnen weniger Tage haben die Dmitrijews ein Wasserklosett mit Klärgrube, »die Dielen blitzten, Fensterrahmen und Türen leuchteten in frischem Weiß, in allen Zimmern gab es teure Tapeten mit geprägten Mustern...« Zwar äußert Dmitrijews Schwester Verdacht und bezweifelt, daß alles mit rechten Dingen zugegangen sei, aber die sonst so prinzipienfeste Mutter ist diesmal, wo es um ihre eigene Datscha geht, bereit, ein Auge zuzudrücken. Alles entwickelt sich günstig, Lena und Dmitrijew lieben einander, und die Eltern besiegeln diese Liebe mit ihrem Kompromiß.

Dennoch: Tief in ihrem Herzen empfindet Dmitrijews Mutter die Heirat ihres Sohnes mit der »Kleinbürgertochter« als Mesalliance. Es kommt zum Bruch mit Lenas Eltern, die beleidigt abfahren und sich wieder in ihren Kokon verkriechen, später zum Bruch mit Lena. Dmitrijew wundert sich:

»Warum nur hegten zwei so kluge, allseits geachtete Frauen – Dmitrijews Mutter war Oberbibliograph in einer großen

Akademie-Bibliothek, während Lena Übersetzungen aus dem Englischen machte und als ausgezeichnete Spezialistin galt – warum nur hegten diese beiden Frauen gegeneinander eine mit den Jahren beharrlich verhärtete Feindseligkeit?«

Was Dmitrijews Mutter der Schwiegertochter vorwirft, heißt in ihrer Sprache »kleinbürgerlicher Egoismus«. Aber auch Lena hat ein Wort gefunden, mit dem sie die Ideale der Schwiegermutter umreißt: »Heuchelei.« Bei diesem Stand der Dinge – beide Frauen sind gekränkt und fühlen sich mißverstanden, irgendwo aber auch insgeheim durchschaut – beginnt man, einander zu meiden. Dmitrijew versucht zu vermitteln, doch es gelingt immer seltener. In keinem Augenblick läßt sich die latente Feindseligkeit überspielen, nicht einmal Geburtstagsfeiern sind vor plötzlichen Ausbrüchen sicher.

Und ausgerechnet nach dieser Vorgeschichte soll Dmitrijew der sterbenden alten Frau den Schlüssel zu ihrem Zimmer in der Profsojusnaja abluchsen, damit die Markuschewitschs es besichtigen können. Er soll der Mutter weismachen, es sei sein und Lenas innigster Wunsch, mit ihr zusammenzuleben. Und das alles soll in Anwesenheit seiner Schwester über die Bühne gehen, die schon von Anbeginn der Familie Lenas mißtraute und die noch dazu moralisch in der Vorhand ist; schließlich pflegt sie die Sterbende, opfert sich für sie auf.

Dmitrijew beschafft das Geld, fährt hinaus auf die Datscha und erläutert der Mutter, an ihrem Bett sitzend, das Projekt mit dem Wohnungstausch. Und die alte Frau bleibt sich treu bis in den Tod, läßt durchblicken, daß sie noch einmal selbstlos handeln und ein Opfer bringen wird, und stimmt zu, obwohl sie das Manöver durchschaut.

Die Markuschewitschs besichtigen das Zimmer, später »springen sie ab«, doch es tauchen andere Partner auf; der Vermittler wird bemüht, es stellt sich heraus, daß er ein Schwindler ist; auch an seine Stelle tritt eine andere Figur; die Hürden werden genommen, eine nach der anderen. Zum

Schluß bleiben noch einige Schwierigkeiten, belanglos für sowjetische Verhältnisse:

»Die beiden Mieterkonten mußten auf Dmitrijews Namen umgeschrieben werden, was sich als nicht minder schwierig erwies als der Tausch. Zunächst lehnte das Exekutiv-Komitee ab, weil der Antrag unglücklich formuliert war... Der Mutter ging es Ende Juli plötzlich schlechter, und sie kam in dasselbe Krankenhaus, in dem sie schon vor fast einem Jahr gelegen hatte. Lena setzte eine nochmalige Behandlung ihres Antrages durch. Diesmal war der Jurist in der rechten Stimmung, und auch die Unterlagen waren alle in Ordnung:

a) das Dokument, aus dem die Verwandtschaftsbeziehungen hervorgingen,
b) eine Kopie der seinerzeitigen Wohnungszuweisungen,
c) Auszüge aus den Hausbüchern,
d) Kopien der Mieterkonten, ausgestellt von der Buchhaltung der Wohnungsverwaltung,
e) ein Auszug aus dem Protokoll der Wohnungskommission bei der Wohnungsverwaltung, in welchem die Wohnungskommission das Exekutiv-Komitee bat, den Antrag auf Zusammenlegung der Mieterkonten zu genehmigen.«

Was sind »Mieterkonten« und »Hausbücher«? Was ist ein »Exekutiv-Komitee« und was eine »Wohnungskommission bei der Wohnungsverwaltung«? Es sind Einrichtungen, die, wie Buhnen die See, alle Aktivitäten der Menschen brechen sollen, also gewöhnliche sowjetische Einrichtungen. In der »Wohnungskommission« beispielsweise sitzen alte Genossen, deren Vorstellungen von Wohnraum und menschlichen Bedürfnissen durch Revolutions- und Kriegszeiten geprägt sind. Überbelegungen, Notquartiere und Evakuierungen halten sie für normal, den Wunsch einer Familie, allein und ohne Fremde in einer eigenen Wohnung zu leben, irgendwo für vermessen, fast aufrührerisch. Dahinter läßt sich »Kleinbürgertum« vermuten, die Sehnsucht nach Privatem und, was noch schlimmer ist, nach persönlichem Besitz.

Dmitrijew kann nicht verstehen und noch weniger billigen, mit welcher Kaltblütigkeit sich Lena über die Gebote der sowjetischen Moral hinwegsetzt. Notgedrungen folgt er ihr: einmal, weil sie seine Frau ist, zum anderen, weil ihm ein Hang zur Bequemlichkeit, den er verurteilt und dem er doch nicht widerstehen kann, das in Aussicht gestellte Leben verlockend erscheinen läßt. Doch sosehr er die von seiner Frau errungenen Lebensumstände genießt, sorgt gleichzeitig die im kommunistischen Elternhaus genossene Erziehung dafür, daß er es nicht reinen Herzens tun kann.

Die Ehekrise, die jetzt entsteht, ist grundsätzlicher Art und nicht mehr zu beheben. Der russische Frauentyp, der Männer wie Dmitrijew vorschwebt, der Typ der »Dulderin«, wurde gerade in revolutionären Familien als Leitbild konserviert. Lena verkörpert ihn nicht; sie wagt, an sich und ihre Tochter Natascha zu denken, mehr als an alle Hochherzigkeiten der Welt.

Als die Dmitrijews sich durch das Dickicht hindurchgeschlagen haben, stirbt die Mutter. Es hätte keinen Tag früher geschehen dürfen. Der Coup ist geglückt, die Dmitrijews haben eine eigene Wohnung. Dmitrijew leidet, seit alles vorüber ist, an Hypertonie, sein Haar ist ergraut. Er hat sich dem »Kleinbürgertum« seiner Frau ergeben, aber mit schlechtem Gewissen und gebrochenem Selbstgefühl. Doch das sowjetische Leben geht weiter, eilt von Sieg zu Sieg.

Das Zimmer der Großmutter war mit steifen Mahagoni-Stühlen und einem großen Buffet aus der Zeit vor der Revolution eingerichtet. Die Tür zum Korridor stand offen, und im Vorbeigehen hatte ich den Eindruck, als sei das Zimmer zugleich vollgeräumt und leer: Es standen nur wenige Möbelstücke darin, aber sie waren für eine Moskauer Neubauwohnung zu groß.

Die Großmutter wirtschaftete vormittags, wenn ihre Schwiegertochter Emma Nikolajewna im Verlag arbeitete, in der winzigen Küche. Heute war sie bedrückt und sprach halblaut vor sich hin, in einem altertümlichen Russisch, das mit jiddischen Wendungen gemischt war. Ihr Enkel Lonja hatte sich gestern abend betrunken, und die Großmutter kam nicht darüber hinweg, vor allem weil es Streit gegeben hatte zwischen ihm und seinem Vater Alexander Dawidowitsch, der niemals auch nur einen Tropfen trank. Lonja hatte sich das Trinken während seiner Armeezeit an der chinesischen Grenze angewöhnt, und seine Familie war machtlos dagegen.

Weder Alexander Dawidowitschs Vater, der Mann der Großmutter, noch der Vater von Emma Nikolajewna hatten getrunken. Das gehörte sich nicht in jüdischen Familien; es verstieß gegen die Tradition, und die Tradition hatten beide Großväter geehrt, so unterschiedlich ihre Lebensumstände sonst waren. Der Vater von Emma Nikolajewna hatte während der NÖP-Zeit in Minsk einen Schreibwarenhandel betrieben, Alexander Dawidowitschs Vater als Wirtschaftsfunktionär für die Bolschewiki gearbeitet. Der ehemalige NÖP-Mann wurde während der deutschen Besatzung nach Auschwitz deportiert; Alexander Dawidowitschs Vater aber hatten schon fünf Jahre zuvor, in den Zeiten des Volkskommissars Jeshow, eines Morgens drei Männer abgeholt, und seither fehlte auch von ihm jede Spur.

»Ich kenne mehrere Moskauer Familien«, sagte ich versuchsweise, »in denen jemand verschwunden ist...«

»Du wirst«, behauptete Alexander Dawidowitsch prompt, »auch kaum eine anständige Familie finden, in der das nicht so wäre.«

Als Sohn eines Funktionärs, der unter Jeshow verschwand, hatte er damals den denkbar ungünstigsten Start. Dann begann der Krieg, nach dem Krieg die Kampagne gegen das »Jüdische Komitee« und den »Kosmopolitismus«. Trotzdem hatte es Alexander Dawidowitsch zum Korrespondierenden Mitglied der Akademie und Doktor der Wissenschaften gebracht.

»Gibt es heute noch Antisemitismus bei euch?« fragte ich ihn beim Frühstück.

»Gewiß. Das hat jahrhundertelange Tradition«, bemerkte Alexander Dawidowitsch ruhig. »Nach der Revolution sah es so aus, als würde sich das ändern, schließlich waren die führenden Bolschewiki zum Teil selber Juden. Als Stalin dann seine Rivalen ermorden ließ, wurde alles wieder, wie es immer war. Was meinst du, wie viele russische und ukrainische Juden während des Krieges umgekommen sind, weil unser Meldesystem sie preisgegeben hat? In den sowjetischen Personaldokumenten steht unter Nationalität: Jude. Die SS brauchte bloß in der Einwohner-Meldekartei nachzusehen. Da konnte man einen russischen Namen haben, da konnte man mit einer Russin verheiratet sein – das war vollkommen gleichgültig. Die Kennzeichnung der Juden hat den Deutschen die Arbeit ungemein erleichtert.«

»Wurde das später geändert?«

»Aber warum denn? Das ist so bis auf den heutigen Tag.«

»Ergeben sich daraus Folgen?«

»Das ist verschieden. Wenn Lonja zum Milizrevier geht, weil er dich in Berlin besuchen möchte, kann es sein, daß er Glück hat, und sie sehen darüber hinweg. Wahrscheinlicher aber ist, daß sie es nicht tun.«

»Das heißt?«

»Daß sie die Reise ablehnen.«

»Und womit begründen sie das?«

Alexander Dawidowitsch lächelte nur.

»Und das nehmen alle so hin?«

»Ja, was denn sonst?«

»Findet sich niemand, der für eure Rechte eintritt?«

»Wer soll denn das sein?«

»Der Westen«, sagte ich.

»Der Westen...«, wiederholte Alexander Dawidowitsch ironisch, »und wer noch?«

»Sowjetische Prominente... Wissenschaftler, Schriftsteller...«

»Oh«, sagte Alexander Dawidowitsch, »die jüdischen Akademie-Mitglieder sind froh, wenn man sie in Ruhe läßt. Was werden sie da noch groß für ›Rechte‹ eintreten?«

»Und die Russen?«

»Zum Beispiel?«

»Fedin, Katajew...«

»Mit Fedin spricht niemand ein Wort, so verhaßt ist er.«

»Scholochow. Er ist schließlich Nobelpreisträger und hat Einfluß...«

»Aber wie soll er für irgend etwas eintreten, wenn er von morgens bis abends betrunken ist?«

Alexander Dawidowitsch winkte ab. Nein, er war entschieden kein Freund des Alkohols. Das entzweite ihn auch mit seinem Sohn.

»Oi«, sagte die Großmutter, als sie mir Tee eingoß und Warenje ins Kompottschüsselchen gab, »klejne Kinder – klejnes Zores, groiße Kinder – groißes Zores...«

Am Nachmittag saß sie in ihrem dämmerigen Zimmer und sah über die antennenbespickten Dächer der Neubaublocks zum Fluß. In der Ferne schimmerten die schneeweißen Türme des Klosters Kolomenskoje, dahinter stand schweigend der Wald. Emma Nikolajewna kam aus dem Verlag und Lonja aus dem Krankenhaus, brummig und noch immer verkatert. Er trat ins Zimmer, stellte eine Flasche armenischen Kognak auf den Tisch und sagte zu mir:

»Die trinken wir jetzt. Ein Patient hat sie mir heute geschenkt. Man soll Kognak nicht warten lassen.«

Wir tranken den Kognak, und anschließend ging Lonja hinaus, zog den Mantel an und setzte die Pelzmütze auf.

»Er hat noch nicht genug«, sagte Alexander Dawidowitsch leise und traurig, »er bekommt nie genug.«

Kurz darauf hatte Lonja Geburtstag. Die Großmutter stand früh auf und ging in die Küche, um die Pasteten, Plinsen, Piroggen und »Kichelach« zu backen, die sie abends den Gästen vorsetzen wollte. Die Gäste waren Lonjas Freunde, arrivierte junge Wissenschaftler, mit denen er studiert hatte und die ihn jetzt überflügelten. Am Ende des langen Tisches aber saßen ein paar von Lonjas neuen Freunden, mit denen er in letzter Zeit seine Abende verbrachte: fahle, etwas heruntergekommene Burschen mit unsteten Blicken. Sie wurden, im Unterschied zu Lonjas Studienfreunden, die manierlich mit Vor- und Vatersnamen angeredet wurden, einfach beim Vornamen genannt, meist sogar nur in der Koseform: Witja und Mitja.

Die Großmutter war glücklich. Das Essen fand in ihrem Zimmer statt, heute war sie die Hausfrau, und alle waren ihre Gäste, auch Emma Nikolajewa und Alexander Dawidowitsch. Am Fenster stand der Stuhl, auf dem sie die Nachmittage verbrachte, reglos und scheinbar unbeschäftigt, stundenlang in Gedanken versunken. Jetzt saß sie am Kopfende der Tafel, empfahl ihre Piroggen und »Kichelach« und lächelte gerührt, wenn auf die Gesundheit ihres Enkels getrunken wurde.

»Er sieht aus wie mein Dowid«, flüsterte sie mir zu. »Er sah ihm schon als Kind sehr ähnlich... Möge Gott ihn behüten!«

Die Story von Jurij Trifonows Novelle »Der Tausch« war schon anstößig genug. Aber noch anstößiger war, daß in der ganzen Novelle nicht ein einziges Mal von der »Idee«, vom »Kommunismus« oder von der »Sache« gesprochen wurde.

Es gab nicht die Spur der zwar gegenstandslosen, doch felsenfesten Zuversicht, die die Bücher der frühen Sowjetliteratur ausstrahlten. Dabei stellten sie keineswegs ein Happy-End in Aussicht, im Gegenteil: Ihre Helden endeten tragisch, fielen im Krieg oder zermürbten sich an der »Arbeitsfront«, Familien zerbrachen, weil das »Neue Leben« wie ein Wirbelsturm über sie hinwegtobte, »überflüssige Menschen« und Räsoneure verschwanden, Väter und Söhne standen sich im Bürgerkrieg gegenüber, Freunde verrieten den Freund um der »Sache« willen. Gerade deshalb sprach aus jeder Zeile ein Überlegenheitsgefühl gegenüber der restlichen Menschheit: Wir leben nicht wie ihr, gewöhnlich, alltäglich und aufs Materielle bedacht, wir üben den großen Verzicht und opfern uns freudig für unsere Idee. Dieses Bewußtsein kann uns auch im größten Elend niemand nehmen, es beseelt uns erst recht in den Stunden der Prüfung, sogar noch im Tod.

In der frühen Sowjetliteratur gab es masochistische Erscheinungen wie Ehrenburgs Roman »Der zweite Tag«, in dem die Selbstvernichtung des Individuums, des intellektuellen Helden Safonow, als Notwendigkeit begrüßt wurde: Kompost für das »Neue Leben«. Doch bevor man sein Leben hingab, zerstörte man noch seine Menschlichkeit, auch dies der »Idee« zuliebe. Isaak Babel, später ein Opfer von Stalins »Säuberungen«, erfleht am Ende seiner Erzählung »Nach dem Kampf« die höchste Vollkommenheit: »... ich erbat vom Schicksal die einfachste Kunst, die Kunst, einen Menschen zu töten.«

Die literarischen Helden wurden zu Mördern und Ungeheuern, aber es geschah im Namen der »Idee«. Diese Gesinnung entwickelte sich fast nahtlos aus dem Expressionismus der vorrevolutionären Jahre, dessen Weltsicht der deutsche Dichter Johannes R. Becher in die Worte faßte:

> Erdbeben und Explosionen sollten sein,
> um die spießige Ruhe der Welt zu erschüttern...
> Ekstatisch wurde Weltenbrand verkündet
> und Massensterben, daraus die Geburt einer
> neuen Menschheit erfolgen sollte.

Auch die Oktoberrevolution wurde in Kaffeehäusern vorbereitet, und den Feuersturm, den sie entfachte, hatten Literaten prophezeit und herbeigesehnt. Ihr »Weltenbrand« und Lenins Heilsbotschaft gingen Hand in Hand.

Allerdings nur bis zum Tage der Machtergreifung. Denn kaum im Sattel, erzwangen die neuen Herrscher Verhältnisse, wie sie selbst die schwergeprüfte, an Zensur und Übergriffe gewöhnte russische Literatur noch nicht erlebt hatte. Die Schriftsteller standen vor der Frage: Können wir uns von unseren Traditionen und Wurzeln lösen; können wir die mühsam errungene Grundhaltung, Moralisieren und »intransigente Wahrheit« preisgeben, nur weil neue Herrscher auf den Plan treten, die »das Alte auslöschen« wollen?

Natürlich fanden sich Literaten, die dazu bereit waren. Und natürlich fanden sie Worte, ihre Kapitulation zu bemänteln. Nur wenige Fälle von Offenheit sind überliefert, wie der des Dichters T., der ungeniert bekannte:

> Speise, oh köstliche Speise,
> schenke mein Schicksal mir –
> jede erdenkliche schändliche Tat
> begehe für Speise ich dir.
>
> Herzen in Reinheit füll ich mit Schlamm,
> Gedanken stutz ich die Flügel,
> Raub und Diebstahl sind mir vertraut,
> meinen Gegnern leck ich die Fersen.

Soschtschenko traf den Verfasser dieses Gedichts in den zwanziger Jahren als Bettler auf dem Leningrader Litejnij-Prospekt: »Er war schön. Sein ergrauender Kopf wirkte großartig. Er glich Jesus Christus. Und nur ein aufmerksames Auge konnte in seinem Gesicht jenes Entsetzenerregende entdekken, die Maske mit dem erstarrten Lächeln eines Menschen, der nichts mehr zu verlieren hat.«

Eine Symbolfigur für die Misere, in die die Literatur geriet? Unterschied sich T. von den vielen begeisterten Mitläufern der Bolschewiki nur darin, daß er dem Zeitgefühl offen Ausdruck verlieh? Daß er aussprach, was andere dachten? Daß er sich selbst zum Hauptdarsteller der tragischen Posse machte: der Dichter mit dem Hut in der Hand, die Rolle einer Literatur verkörpernd, die nichts anderes mehr war als Gnadenbrot-Empfängerin bei allgewaltigen Herrschern?

Über das Elend bürgerlicher Künstler ist viel geschrieben worden. In Wahrheit kann es sich mit dem Elend der russischen Kunst nach der Revolution nicht messen. Selbst »verkannte Genies« der bürgerlichen Gesellschaft durften irgendein Minimum beziehen, eine monatliche Geldüberweisung, wie sie van Gogh von seinem Bruder bekam, eine Erbschaft wie Cezanne oder wenigstens sporadische Zuwendungen von Mäzenen.

Dagegen waren die sowjet-russischen Künstler einzig und allein von der Zentrale abhängig. Selbst wenn sich ein Mäzen fand, durfte sich der Künstler von ihm nicht sponsern lassen. Noch in den sechziger Jahren sind Schriftsteller wie Jossif Brodskij oder Wissenschaftler wie Amalrik von der Zentrale bestraft und nach Sibirien verbannt worden – wegen »parasitärer Lebensweise« und »Müßigganges«. Der Künstler hatte seinen gesellschaftlichen Nutzen nachzuweisen, und darüber entschied nicht sein Publikum, sondern die Zentrale. »Parasiten« wie van Gogh, Oscar Wilde oder Karl Marx hätten hier nicht lange existiert: Gehörten sie etwa staatlich regierten »Künstlerverbänden« an, leisteten sie etwa »gesellschaftlich nützliche Arbeit«?

Denn nur das waren fortan die Auswahlkriterien. Michail Bulgakow, Autor des Romans »Der Meister und Margarita«, hat die Verhältnisse beschrieben. Das Buch, 1940 beendet, erschien in der Sowjetunion erst 1966, und schon dieser Umstand apostrophiert es zu einem Buch der Wahrheit. Zudem beweist die 26 Jahre währende Unterdrückung des Romans

Bulgakows Überzeugung: Ein Künstler, der sich erkühnt, in diesem Land die Wahrheit zu schreiben, muß mit jedem Verhängnis rechnen.

Mit dem Helden des Romans, dem »Meister«, einem Schriftsteller, dessen Existenz von der Zentrale ruiniert und der zu Beginn der Handlung Insasse einer Nervenklinik ist, zeigt schließlich nur der Teufel Erbarmen, der sich glücklicherweise in Moskau auf Durchreise befindet. Lenins »Umsturz« hat tatsächlich zu einer verkehrten Welt geführt: Der Meister wird von denen zerstört, die sich für die Träger des »Guten«, des »Fortschritts« und der »Erkenntnis« ausgeben, hier verkörpert durch den Kritiker Latunskij, eine Verschlüsselung des unheilvollen Kulturfunktionärs Awerbach, der in den dreißiger Jahren das Trauma vieler Künstler war: Neffe des Geheimdienstchefs Jagoda und später, wie dieser, ein Opfer der »Säuberungen«. Awerbachs Schatten fällt bis in unsere Tage, noch Jurij Trifonow erwähnt ihn als »Kritiker Kugelman« in den Alpträumen eines alten Malers – selbst wer sein Wirken überlebte, vergaß ihn nie.

Neben diesem Sachwalter der kommunistischen Kunst erscheint der Teufel als rettender Engel. Goethes Mephisto-Wort, er sei »ein Teil von jener Kraft, die stets das Böse will und stets das Gute schafft«, ist zu Recht das Motto von Bulgakows Roman. Es zeigt sich, daß es Verhältnisse gibt, verglichen mit denen die Hölle harmlos ist. Wo Gestalten wie der Genosse Latunskij-Awerbach-Kugelman die Macht ausüben, muß sich der Teufel einschalten: als Verteidiger der Menschlichkeit.

Bulgakow beschreibt die Absurdität der zentralistisch organisierten Staatsliteratur und die Gnadenlosigkeit, mit der dieses System jeden echten Künstler zerstört. Der Teufel und sein Gefolge haben vieles gesehen, diese Wirklichkeit aber übertrifft selbst noch ihr Fassungsvermögen. Zwei Dämonen aus Satans Equipe besuchen das Haus des Moskauer Schriftstellerverbandes:

»...

›Ihre Ausweise!‹

›Ich bitte tausendmal um Entschuldigung, was für Ausweise?‹

›Sind Sie Schriftsteller?‹

›Zweifellos.‹

›Ihre Ausweise!‹

›Also, um überzeugt zu sein, daß Dostojewskij Schriftsteller ist, müssen Sie ihn da unbedingt nach seinem Ausweis fragen? Nehmen Sie fünf beliebige Seiten aus einem seiner Romane, und Sie werden auch ohne Ausweis gewiß sein, es mit einem Schriftsteller zu tun zu haben. Ich nehme sogar an, er hatte überhaupt keinen Ausweis!‹

›Sie sind aber nicht Dostojewskij.‹

›Na, wer weiß, wer weiß.‹

›Dostojewski ist tot.‹

›Ich protestiere! Dostojewskij ist unsterblich!‹

›Ihre Ausweise, Bürger!‹

...«

Wenn das Absurde dauerhaft sein soll, muß es institutionalisiert und alltäglich sein, das Böse banal. Stalin »säuberte« das rote Offizierskorps und die Nomenklatura systematisch von den alten Haudegen und ideengläubigen Bolschewiki: Ihr Höhenflug war unpraktikabel. Eine gewisse Ordnung mußte einkehren, Ruhe und tagtäglicher Arbeitseifer. Ausgeprägte, extreme Charaktere, noch dazu solche, die sich auf ihre Freundschaft mit Lenin beriefen, begannen zu stören.

Verschwinden mußte auch die Literatur, die diese Charaktere zu ihren Helden gemacht hatte. Stalin konnte sich des Gehorsams der Literaten nicht sicher sein, denn für sie war das Böse noch nicht banal. Die Verbrechen, die sie darstellten, bedurften pathetischer Posen und großer Worte: Die Säbelhiebe fielen unter Schlagworten, die Pistolenschüsse unter Parolen. Die Schriftsteller stammten aus einer Epoche, in der es Begriffe wie »Humanität« und »Moral« gab, und sosehr sie diese Begriffe auch als inhaltlose Hüllen empfunden und verhöhnt hatten, jetzt schreckten sie doch vor ihrer vollständigen Beseitigung zurück. Sie mußten sich, wenn sie Tod und Vernichtung gutheißen sollten, erst dazu durchringen, mit Hilfe eines Rausches, der das heimliche schlechte Gewissen übertönte. So begrüßten sie die »Umwälzung«, empfanden sie aber zugleich als etwas Ungeheuerliches, dessen Darstellung übersteigerter Formen bedurfte.

Nichts davon gab es bei Trifonow. Die Verrätereien, Gemeinheiten und Übergriffe seiner Figuren waren banal und alltäglich. Der Autor billigte sie nicht, noch verurteilte er sie: Er stand ihnen wehrlos gegenüber mit dem Gefühl der Ohnmacht und Ratlosigkeit.

Er war in diese Welt hineingeboren und hatte sich, von wenigen Reisen abgesehen, zeit seines Lebens darin aufgehalten. Fast war er soweit, daß er das Lebensgefühl seiner Umgebung teilte: Die alltäglichen Gemeinheiten und banalen Verbrechen waren das Leben selbst.

Es gab daraus kein Entrinnen. Es war unzweckmäßig, ja unheilvoll, darüber nachzudenken. Wer zuviel nachdachte, wurde daran krank und konnte im Kampf ums Überleben, in den Intrigen des »Arbeitskollektivs« oder in der Schlange vor dem Gemüseladen, nicht mehr bestehen. Und doch konnten Trifonows Helden, obwohl sie ihre zunehmende Schwäche spürten, das Nachdenken einfach nicht lassen.

Während sie nachdachten, wurde den »schwachen Helden« bewußt, daß auch sie an den banalen Verbrechen beteiligt waren, von ihren Frauen bedrängt, von der Sorge um ihre Kinder getrieben. Die Welt, in der sie lebten, hatte den *Kampf* vom ersten Tag an zum höchsten Ideal erhoben, und nun war es soweit, daß man um jeden Musikschulplatz für die Tochter, um jede Importbluse und um jeden Autoreifen *kämpfen* mußte. Von den Kämpfen war jeder Glanz und alles Epochale gewichen, sie waren so nichtig und banal, daß sie nur noch zerstörerisch wirkten. Man konnte sich an ihnen nicht einmal mehr berauschen, wie sich die Väter an den ihren berauscht hatten, an Säbelattacken in Budjonnys Roter Reiterarmee, an »ideologischen Auseinandersetzungen«, an Heldentaten im Zweiten Weltkrieg. Gab es in dieser erloschenen Welt irgendwo einen Halt, einen Ausweg?

Trifonow, so schien es, winkte müde ab. Und immer wieder hieß es in »Der Tausch« und in seinen anderen Novellen: »Das war lange vorbei.« Und: »Ja, es war zu spät. Der Zug war fort.«

Was war zu spät? Welcher Zug war fort?

Der junge Fischer betrank sich in einer Juninacht. Er hatte uns in der Halle am Kamin sitzen sehen und erschien mit einem Räucheraal und einer großen Flasche Weinbrand-Verschnitt.

»Störe ich?«

»Nein.«

Er war breitschultrig und blond, und als er durch die Tür in die Halle trat, zog er vorsichtshalber den Kopf ein.

»Na«, fragte er, »wieder mal auf der Insel?«

»Setz dich hin«, sagte meine Frau. »Möchtest du ein Glas Wein?«

»Nein. Ich trinke lieber das hier.« Er hob seine Flasche. »Wollt ihr auch?«

»Nein, danke.«

Er lächelte. Sein Großvater, Kapitän auf großer Fahrt, hatte noch mit 94 täglich seine halbe Flasche getrunken und großes Interesse an der Jugend gezeigt: Kam sein Enkel nachts aus dem »Dünenhaus«, fragte er: »Na, min Jung, war denn wat los?« Und wenn, ließ er sich alles haarklein erzählen.

»Was war denn neulich am Strand los?« fragte ich. »Warum war da alles gesperrt?«

»Da haben sie den Koch vom ›Dünenhaus‹ und seine Küchenbelegschaft wieder eingefangen. Die wollten nachts mit dem Schlauchboot los, rüber nach Dänemark, nach Moen.«

»Die waren wohl lebensmüde?«

»Fast hätten sie's geschafft. Bloß die FDGBler haben Rabatz gemacht, als sie kein Frühstück kriegten. Wenn's an ihr Essen geht – da kennen die nichts. So ist es rausgekommen.«

»Und dann?«

»Hubschrauber, Marine, was weiß ich. Mit MPis wurden sie zurückgebracht.«

»Aber der Koch ist noch im ›Dünenhaus‹«, sagte meine Frau, »ich habe ihn gestern gesehen. Wieso sitzen die nicht?«

»Erst nach der Saison. Jetzt haben sie keinen anderen Koch.« Er nahm einen Schluck aus seiner Flasche.

»Wißt ihr schon, daß Arthur Schluck sich aufgehängt hat?«

»Nein. Warum denn?«

»Weiß keiner. Er hat's vielleicht nicht mehr ausgehalten, weil niemand mit ihm gesprochen hat. Er war früher ABV* hier in Vitte.«

»Wußte ich gar nicht.«

»Na hör mal, der hat vor drei Jahren den Koch erschossen, vom ›Dünenhaus‹.«

»Koch im ›Dünenhaus‹ scheint ja ein toller Job zu sein.«

»Er kam rein. Dun. Hat rumgebrüllt. Der Koch sollte ihm Spiegelei machen, nachts um eins. Der Koch hat versucht, ihm die Pistole wegzunehmen. Da ist sie losgegangen.«

»Und?«

»Zwei Jahre oder so. War ja dun. Nicht zurechnungsfähig.«

»Und da ist er auf die Insel zurückgekommen?«

* Abkürzung für »Abschnittsbevollmächtigter der Deutschen Volkspolizei«.

»Er hat nie wieder einen Tropfen getrunken, aber gesprochen hat trotzdem keiner mit ihm. Da hat er's nicht mehr ausgehalten.«

»Apropos ABV«, sagte ich, »wo ist denn Döde?«

»Sitzt.«

»Auch wegen Suff?«

»Nein. Kennt ihr das große Haus hinterm ›Seeblick‹, Richtung Strand? Das ist seins. Hat er vor zwei Jahren gebaut, mit abgezweigtem Baumaterial. Die Strandpromenade ist nicht fertig geworden, sein Haus ja. Das ist aufgefallen. Es war einfach zu groß.«

Er trank.

»Willst du nicht doch einen nehmen?«

»Na schön. Aber ich trink aus dem Glas.«

»Das ist kein Glas, was du hast, sondern ein Fingerhut. Hast du kein größeres?«

»Du willst mich wohl umbringen?«

Wir tranken. Die Flasche war leer.

»Sagt mal«, fragte er, »habt ihr nicht noch was im Haus?«

»Nein, ich glaube nicht.«

Er stand auf und sah hinter den Holzstapel am Kamin.

»Eure Mutter versteckt hier immer ein paar Flaschen. Auf Vorrat.«

Eine verstaubte Flasche Eierlikör kam zum Vorschein.

»Auf dem Ofen steht noch Cinzano«, sagte ich zu meiner Frau.

»Den könnt ihr nicht trinken. Der stand schon im Winter dort.«

»Macht nichts.«

Er goß sich Cinzano ein.

»Warum ist dein Bruder dies Jahr nicht hier?« fragte er meine Frau.

»Er filmt. In Polen.«

»Was gibt's denn da noch zu filmen?«

»Historische Gebäude.«

»Gut, daß es die noch gibt. Und wo ist seine Frau?«

»Auch verreist. Sie begleitet französische Schüler ins Ferienlager.«

»Glück muß der Mensch haben... Trifft sich mit Franzosen. Ich sitze immer bloß hier.«

»Du fährst doch zur See?«

»Da gibt's nichts zu sehen. Wenn wir mal draußen sind, geht's Tag und Nacht rund. Und oft fahren wir nicht.«

»Und im Sommer?«

»Nein, auch nicht im Sommer. Da würden wir zuviel fangen.«

»Was heißt zuviel? Müßt ihr nicht so viele Fische fangen, wie ihr könnt?«

»Und wohin dann damit? Die Verarbeitungsbetriebe kommen nicht nach. Veraltet, zu klein. Wir kriegen Auflagen, wieviel wir fangen dürfen.«

»Und wenn ihr mehr fangt?«

»Kippen wir sie wieder ins Meer. Wir kriegen Prämien dafür, daß wir wenig fangen.«

»Und bei Altekrüger in der Börnestraße«, sagte meine Frau, »stehen die Leute nach Fisch an.«

»Ihr habt's noch gut in Berlin. Was meint ihr, was woanders los ist.«

»Aber ihr habt Fisch?« fragte ich.

»Klar. Wär ja noch schöner. Für uns reicht's schon noch.«

Auch die Cinzano-Flasche war leer.

»Habt ihr wirklich nichts mehr?«

»Nein.«

»Na, dann gebt mir mal von eurem Rotwein.«

»Den haben wir hier bei euch gekauft.«

»Ja, den gibt's immer. Kauft außer euch keiner, das Zeug. Sollen die Bulgaren lieber selber trinken.«

»Die machen es wie ihr mit den Fischen. Den guten behalten sie für sich.«

»Na und? Außer Fischen haben wir ja nichts. Du sitzt das ganze Jahr hier. Kannst hier mal mit anfassen, mal da, aber eigentlich hast du nichts zu tun. Du bekommst dafür bezahlt, daß du stillhältst.«

»Und wenn du woanders hingehst?«

»So einfach ist das nicht. Die lassen einen nicht weg. Außerdem – ich bin hier groß geworden, war immer nur hier. Und außerdem bin ich zu alt.«

»Du bist achtundzwanzig.«

»Eben. Ich bin schon verdorben. Wir sind alle verdorben. Das ganze Jahr auf Abruf dasitzen und saufen – das verdirbt jeden.«

»Woanders könntest du arbeiten, soviel du willst.«

»Will ich gar nicht. Außerdem stimmt es nicht. Es ist überall das gleiche. Fragt mal bißchen rum, bevor ihr sowas erzählt.«

Er erhob sich und trank das Glas aus. Er war fast zwei Meter groß und sah aus, als könnte er Bäume ausreißen.

»Ich muß gehen. Macht's gut.«

»Er wollte Kapitän werden«, sagte meine Frau, als die Tür ins Schloß fiel. »Kapitän, wie sein Großvater.«

Am Lagertor empfing uns ein kleiner, drahtiger Mann mit zerknittertem Gesicht, in die graue Uniform der GST* gekleidet. Unsere Lehrer, die eben noch ganz zivil mit uns im Zug gesessen hatten, begannen bei seinem Anblick diensteifrig hin und her zu laufen, ließen uns Aufstellung nehmen und teilten uns in Hundertschaften ein. Der Mann nahm ihre Meldungen mit der Miene eines unbestechlichen Befehlshabers entgegen, der das korrupte Wesen seiner Unterführer kennt und den

* Gesellschaft für Sport und Technik. Paramilitärische Jugendorganisation in der DDR.

ihre zur Schau getragene Beflissenheit belästigt. Auch uns musterte er unlustig, unsere jugendlichen Gesichter, unsere Jeans, Tennisschuhe und langen Haare. Als wir gezählt waren, traten unsere Lehrer ins Glied, und langsam schloß sich das eiserne Tor. Wir betrachteten scheu die unbekannte Umgebung: sandige Wege, Baracken und Kiefern, einen fremden Himmel und fremdes Land. Der Mann begann zu reden, und während er sprach, vergaß ich sein Gesicht.

Er war vom Ernst seiner Aufgabe durchdrungen. In den folgenden Tagen schlich er wie eine fauchende Katze durchs Lager, um Unbotmäßigkeiten zu erspähen. Gerüchten zufolge konnte fast alles seinen Zorn erregen: nachlässiger Frühsport, ein offener Knopf, eine unwillige Miene. Und jedesmal pflegte er zu brüllen, mit erschreckender Stimmgewalt und einer von Herzen kommenden Erbitterung. Wir hatten das unklare Gefühl, daß er uns etwas verübelte.

Ich war mit dem Lagerleben noch nicht vertraut. Die Pionier-Ferienlager waren mir verschlossen geblieben, mein Vater gehörte als freischaffender Schriftsteller zu keinem »Arbeitskollektiv« und hatte keine Möglichkeit, mich in einem gewöhnlichen Ferienlager unterzubringen. Es gab Zeiten, in denen ich darunter litt. Dem Lagerleben haftete etwas Romantisches und Beglückendes an, es gab Lagerfeuer, Pionier-Manöver und Nachtwanderungen, man war unter Gleichaltrigen und fand Freunde. Es war mit einem Wort wie in dem bekannten Lied:

> Blaue Wimpel im Sommerwind
> weh'n, wo fröhliche Kinder sind.
> Blaue Wimpel im Sommerwind
> über unserem Land.

In Gedanken versunken, die Hände in den Taschen der grauen GST-Hose, den obersten Knopf der Uniformjacke geöffnet, schlenderte ich über die Lagerstraße. Ich machte mir darüber

Gedanken, wie unser Leben in den nächsten Wochen aussehen würde, und versuchte mich zu erinnern: Ich kannte aus dem Russischunterricht noch ein anderes Lied über das Lagerleben, wir sangen es in russischer Sprache, und der Text lautete ins Deutsche übersetzt ungefähr so:

Die Pioniere im Lager stehen früh auf,
die Pioniere im Lager beginnen früh des Tages Lauf.
Der Tag begann,
die Flagge glitt den Mast hinan.
Die Pioniere im Lager stehen früh auf.

»Achtung!« schrie eine Stimme.

Ich blieb stehen. Neben mir erschien der Mann.

»Name?«

Ich nannte meinen Namen.

»Hundertschaft?«

Ich sagte es ihm.

»Ist Ihnen nicht bekannt, Kamerad, wie man die Uniform zu knöpfen hat?«

»Doch.«

»Dann versetzen Sie Ihre Uniform sofort in den vorschriftsmäßigen Zustand!« Der Mann begann zu brüllen, wie ich noch nie einen Menschen hatte brüllen hören. »Sie sind eine Schande für das ganze Lager! Durch Sie verliert Ihre Hundertschaft im Wettbewerb wertvolle Punkte! Ist Ihnen das klar?«

»Ja.«

»Dann werden Sie sich vor den Kameraden Ihrer Hundertschaft dafür zu verantworten haben! Melden Sie sich sofort beim Kameraden Pachnicke, damit er diesen Vorfall beim Morgenappell auswertet!«

»Jawohl.«

»Wo«, fragte der Mann, eine Spur weniger laut, »gehen Sie jetzt überhaupt hin?«

»Zur Küche.«

»Und was haben Sie dort zu suchen?«

»Ich bin zum Kartoffelschälen eingeteilt.«

»Warum haben Sie mir das nicht ordnungsgemäß gemeldet?« Der Mann fand seine brüllende Stimmlage wieder. »Wissen Sie nicht, wie man meldet? Wissen Sie nicht, wer ich bin?«

»Nein.«

»Ich bin der Lagerleiter! Ich bin der Genosse Steitmann! Also?!«

»Kamerad Noll von der Hundertschaft der Alexander-von-Humboldt-Oberschule meldet, daß er auf dem Weg zum Kartoffelschälen ist.«

»Merken Sie sich«, sagte der Mann, »eine unvorschriftsmäßig geknöpfte Uniformjacke ist keine Kleinigkeit! Die Kampfbereitschaft ist eine Frage der Disziplin, und die Disziplin fängt beim Schließen der Knöpfe an! Wegtreten!«

Es war schwer, uns zur »Kampfbereitschaft« zu erziehen, weil wir nicht im Ernst daran glaubten, irgendwann kämpfen zu müssen. Falls es aber tatsächlich dazu kommen sollte, war klar, gegen wen. In den Manövern, die wir im Rahmen der »Vormilitärischen Ausbildung« abhielten, wurde uns erklärt: »Der Zug erhält folgende Gefechtsaufgabe. Eine Gruppe imperialistischer Diversanten ist in unser Hinterland eingedrungen. Der Zug hat den Kampfauftrag, sie aufzuspüren und unschädlich zu machen.« Nach langem Umherrennen in Kiefernwäldern und sandigen Dünen verteilte schließlich der Zugführer, unser dicker, atemloser Englischlehrer, ein Dutzend Handgranaten-Attrappen und befahl uns, sie in eine Schonung zu werfen. Dort explodierten sie puffend: Wir hatten die Diversanten unschädlich gemacht.

All das war unvorstellbar lächerlich. Die Handgranaten-Attrappen glichen aufs Haar den Blechbüchsen, in denen Marmelade und Saure Gurken verkauft wurden, und unser Englischlehrer sah trotz der Uniform harmlos und gemütlich aus.

Auf dem Heimweg alberten wir herum, lachten und bewarfen uns mit Kienäpfeln. Wir waren fünfzehn Jahre alt. Es war alles nur Spaß.

Doch bald begannen einige von uns, die »Vormilitärische Ausbildung« ernst zu nehmen. Sie erkannten, daß sich daraus Vorteile ergaben. Schon liefen die ersten von ihnen mit einem roten Balken auf der Uniformjacke durchs Lager: Sie waren zu Gruppenführern avanciert. Der Englischlehrer zog sich erleichtert zurück, und unsere Mitschüler übernahmen das Kommando. Zu unserem Erstaunen entwickelten sie ungeahnte Eigenschaften, ihre Gesichter veränderten sich, sie klopften ungeduldig mit ihren behandschuhten Händen auf die ledernen Kartentaschen, redeten uns mit »Kameraden« an und schnauzten herum...

Es waren weder die Klügsten noch die Stärksten, die da plötzlich vor uns standen, sondern farblose, blasse Jungen, die sonst kaum ins Gewicht fielen. Ihre Väter gaben nicht viel her, sie hatten wenig Chancen bei Mädchen und bekamen keine besonders guten Zensuren. Das empörte mich am meisten: Ausgerechnet von ihnen sollte ich mich kommandieren lassen? Ausgerechnet von dem dürftigen Dietmar Griepe, über dessen Antworten wir in der Schule lachten und der einem Wiedehopf ähnelte, mit seinem blonden Schopf, seiner Vogelnase und dem schmalbrüstigen Leib, um den die Uniform schlotterte?

Griepe spürte, daß wir ihn nur ungern akzeptierten, und das stachelte seine despotischen Neigungen an. Wie alle Tyrannen trieb er es schließlich zu weit, tat sich allzu wichtig und stolzierte aufgeblasen, die Hände auf dem Rücken, neben uns auf und ab, wenn wir die von ihm befohlenen Liegestütze machten.

Eines Abends widerfuhr ihm auf der Toilette ein merkwürdiger Unfall: Er wurde von einem genagelten Stiefel in den Hintern getreten, so daß er gegen die schwarzgeteerte Wand fiel, und aus dem Dunkel hörte er eine jugendliche, noch kipplige Baßstimme raunen: »So, det fürs erste. Beim nächstenmal jibts mehr!«

Griepe zeigte diesen Vorfall nicht an; er wußte, daß es sinnlos war. Wir hätten zusammengehalten und den Attentäter nicht preisgegeben. Diese Solidarität war unsere einzige Waffe. Bedenklich war nur, daß sie allmählich abhanden kam.

Das Risiko schien einfach zu groß: Die »Vormilitärische Ausbildung« war unerläßlich, wenn man zum Abitur zugelassen werden wollte. Die GST-Funktionäre, von Griepe bis zu Lagerleiter Steitmann, hatten nicht nur das Recht, uns zu bestrafen, sie konnten, was schlimmer war, uns des Lagers verweisen, und das hieß, man hatte die »Vormilitärische Ausbildung« im kommenden Jahr zu wiederholen.

Meine Mitschüler begannen sich zu unterwerfen. Auf immer mehr Uniformjacken tauchten rote Streifen auf, und es stellte sich heraus, daß die GST auch etwas zu bieten hatte: Man konnte, die erfolgreich beendete »Vormilitärische Ausbildung« vorausgesetzt, eine sogenannte »Laufbahnausbildung« einschlagen, und darunter gab es interessante Angebote: Segelfliegen, Tauchen, Motorradfahren. Welchen Sinn sollte es haben, sich unnötig zu widersetzen? Man verdarb sich die Zukunft und ging der Vorteile verlustig, etwa der Möglichkeit, auf einem ausgedienten Armee-Motorrad herumzufahren, später vielleicht sogar in einem Trabant-Kübelwagen.

Nur ein Ausweg blieb, wenn man seine Abneigung gegen die »Vormilitärische Ausbildung« partout nicht überwinden konnte: »gesundheitliche Gründe«. Und so ergab es sich, daß ich mich am Zeigefinger der rechten Hand verletzte, nicht ernsthaft, aber doch ernsthaft genug, um weder am »Ausschwärmen zur Schützenkette« noch an der »Überwindung der Sturmbahn« teilnehmen zu können. Während meine Mitschüler mit der eigens für Jugendliche konstruierten Kleinkaliber-Variante der berühmten sowjetischen Maschinenpistole

»Kalaschnikow« Schießübungen veranstalteten, saß ich mit wenigen Gleichgesinnten im Lager und verrichtete Hilfsarbeiten: Telefonwachen, Reinigungsdienste und Botengänge.

Selbstverständlich mußte ich das Lager wiederholen, und noch einmal kam mir eine Fügung zu Hilfe: Der Sanitäter unserer Hundertschaft wurde wegen eines mysteriösen, nie geklärten »Vorfalles« seines Postens enthoben, und als man in aller Eile Ersatz suchte, erklärte ich dreist, als Sanitäter ausgebildet zu sein. Niemand machte sich die Mühe, meine Angaben zu überprüfen, und so verband ich eingeklemmte Finger, hielt Ohnmächtigen Ammoniak-Lavendel-Ampullen unter die Nase und verteilte Hustenpastillen.

Doch mir fehlte der blaue Schein, der die erfolgreich beendete »Vormilitärische Ausbildung« dokumentierte. Die GST-Funktionäre, die in Berlin die Unterlagen prüften, waren fassungslos: Ich war unterdessen Schüler der 11. Klasse, hatte mich zweimal auf Staatskosten im Lager aufgehalten und besaß diesen Schein nicht! Also fuhr ich noch ein drittes Mal dorthin. Dabei war es riskant, mich zusammen mit den Schülern der 9. Klassen an der »Vormilitärischen Ausbildung« teilnehmen zu lassen. Ich hätte, überaltert und im Lagerleben gewitzt, die Unschuld der Neulinge gefährden können. Man fand einen Ausweg und kommandierte mich »zur besonderen Verwendung« ab, wofür ich, unter Anrechnung der zwei vormaligen Aufenthalte, den blauen Schein dann doch noch erhalten sollte. Ich erwies mich dieses Entgegenkommens würdig, untergrub niemandes Unschuld und weihte die Jüngeren nicht in die Tricks der heimlichen Verweigerung ein. Jedenfalls nicht nachweislich. Wer verstehen wollte, dem genügte ein Lächeln, ein Blick, ein verstohlener Wink.

Meine Klassenkameraden bekleideten unterdessen in der GST-Hierarchie höhere Funktionen und ließen mich, einen guten Schüler, im Angesicht des nahenden Abiturs nicht hängen. So saß ich, ein geheimnisvoller Veteran mit guten Beziehungen, in der Schreibstube, in der Kleiderkammer und in der

Telefonzentrale, ohne rote Streifen zwar, aber als Kuriosum geduldet.

Unbeirrbarkeit, das lernte ich damals, gewinnt letztlich immer die Achtung der anderen. Meine dekorierten Mitschüler suchten mich als Beichtvater auf, weihten mich in die Ränke der oberen Etagen ein und baten um Rat. Mir konnten sie alles anvertrauen, ich wußte Bescheid, gehörte aber nicht dazu. Die Beziehungen unter meinen Mitschülern hatten sich verändert, sie waren nicht mehr gleichgestellt, sondern im GST-Apparat auf verzwickte Art über- und nebengeordnet; es gab Kompetenzstreitigkeiten und Rivalitäten, und die spontane Solidarität, die wir einst gegenüber »dem Ganzen« empfunden hatten, war längst zerfallen.

Zwei Jungen aus meiner Parallelklasse kamen zu mir. Sie waren als Zugführer ausgebildet, sollten jedoch infolge einer Fehlplanung oder Intrige nicht die ihnen gebührenden Posten erhalten, sondern als Gruppenführer eingesetzt werden. Ich riet ihnen davon ab, sich bei Lagerleiter Steitmann zu beschweren, und legte ihnen nahe, sich meine Lage vor Augen zu halten: Auch ich war Abiturient, hatte aber weder den roten Balken eines Gruppenführers vorzuweisen noch überhaupt die »Vormilitärische Ausbildung« abgeschlossen und verbrachte dennoch ganz nette Tage.

»Ja, *du!*« sagten die beiden. »Du spielst hier auch den Clown!« Und das wollten sie nicht. Sie hatte der Ehrgeiz gepackt. Dabei verschwieg ich ihnen, wie verdrossen ich selber, wie zuwider mir das ganze Lager war, besonders jetzt, beim dritten Aufenthalt. Ich hatte es satt, an klebrigen, wachstuchbezogenen Tischen fades Feldküchenessen herunterzuschlingen, die Nächte in eisernen Betten unter schmutzigen Decken zu verbringen, abscheuliche Toiletten zu benutzen, an deren Wände obszöne Sprüche gekritzelt waren; ich haßte den sogenannten »Hängolin«-Tee, den man uns einflößte und der, wie Gerüchte behaupteten, potenzhemmende Chemikalien enthielt, und verachtete das schlechte Deutsch und die ordinären

Manieren der GST-Funktionäre, der Hundertschaftskommandeure und des Lagerleiters Steitmann, der mindestens einmal am Tag einen seiner cholerischen Anfälle erlitt. Doch es war sinnlos, darüber nachzudenken: Ich mußte hierher fahren, alle mußten es; es gab kein Entrinnen. Und wenn ich schon mußte, dann wollte ich wenigstens so tun, als machte mir das alles nichts aus.

Noch etwas kam hinzu: Ich hatte in der Tiefe meiner Seele vor niemandem wirklich Angst. Die Funktionäre, mitsamt dem Genossen Steitmann, schienen mir zu lächerlich, um furchteinflößend zu sein, und daher begegnete ich ihnen mit blauäugiger Sorglosigkeit, pfiff leise vor mich hin, wenn Steitmann einen seiner Anfälle hatte, und ging meiner Wege. Und auch Steitmann hatte sich notgedrungen an meinen widrigen Anblick gewöhnt. Er war bestrebt, mich zu übersehen.

Die beiden Schüler aus meiner Parallelklasse trieben indessen ihren Fall auf die Spitze. Sie weigerten sich, die Funktion eines Gruppenführers zu übernehmen. »Gut«, sagte erbleichend der Hundertschaftskommandeur, »ihr habt euch selbst zuzuschreiben, was kommt.«

Am Nachmittag erschien der Genosse Steitmann. Ich hörte sein entsetzliches Gebrüll bis in die nächste Baracke. »So etwas«, schrie er, »ist mir in meiner gesamten Dienstzeit bei den bewaffneten Organen der Arbeiterklasse noch niemals untergekommen! Das ist Befehlsverweigerung! Dafür würde man euch im Ernstfall erschießen! Ihr seid die Schande des ganzen Lagers! Degradieren werde ich euch! Nicht mal als Gruppenführer lasse ich euch mitmachen! Ihr werdet noch darum bitten, überhaupt mitmachen zu dürfen!«

Als Steitmann ging, sah ich ihm interessiert ins Gesicht. Er wirkte von Herzen empört, sein Auftritt glaubwürdig. Das Engagement für unsere »Kampfbereitschaft« war offenbar wirklich sein innerstes Anliegen. Aber es schadete ihm und untergrub seine Gesundheit. Vier Jahre später las ich im

»Neuen Deutschland« eine Anzeige des GST-Zentralvorstandes: Der »Oberstleutnant der Reserve und Leiter des Zentralen Ausbildungslagers« sei »plötzlich und unerwartet« verstorben. Dabei stand es ihm auf der Stirne geschrieben, wenn er rot anlief, wenn seine Adern schwollen, wenn seine kleine, straffe Gestalt zu pittoresken Sprüngen ansetzte...

Tags darauf hielt ein nußbrauner Wolga vor dem Haus des Genossen Steitmann: eine Kommission aus Berlin, die gekommen war, »den Vorfall zu untersuchen«. Zu dieser Kommission gehörte neben unserem Schuldirektor und einem hohen GST-Funktionär auch der Genosse Peter Romanus, ein vielseitig verwendbarer Mann, dem man immer wieder begegnete, mal in dieser Funktion, mal in jener. Eine Zeitlang war er Direktor der Gerhart-Hauptmann-Schule, dann 1. Sekretär einer SED-Kreisleitung, einige Jahre sogar Parteisekretär der Kunsthochschule Berlin. Niemand wußte, was Romanus von Beruf war, ob er etwas studiert oder gelernt hatte und wo er überhaupt herkam. Er war einfach da, und wenn man ihn für eine Weile aus den Augen verlor, tauchte er unverhofft woanders wieder auf. Manche Funktionäre gehen niemals unter, sie schwimmen wie Korken auf den Wassern des sozialistischen Lebens, mögen Stürme toben, die Wellen sich überschlagen, kaum tritt Windstille ein, schwimmen sie wieder obenauf, zwar an einer anderen Stelle, aber unverändert oben.

Romanus gelang es, den Willen der beiden Befehlsverweigerer zu brechen. Die Verhandlungen dauerten mehrere Stunden, denn die Sache war heikel: Einer der Jungen hatte einen Minister zum Vater. Ein Skandal, ein Hinauswurf aus der Oberschule, bei diesem Delikt eigentlich selbstverständlich, durfte hier nur als äußerste Notbremse ins Auge gefaßt werden. Und Romanus knöpfte sich den Jungen unter vier Augen vor, redete zwei Stunden lang auf ihn ein, beschwor die Geister des Kommunismus und der »guten Sache«, sprach von »Einsicht in die Notwendigkeit«, von »Vorbildwirkung«

und »Verantwortungsbewußtsein« und schilderte beredt die Folgen weiteren Starrsinns: »Zweifelhafte Elemente«, womöglich »der Gegner«, würden sich den Fall zunutze machen, der Vater diese Enttäuschung niemals verwinden.

Am späten Nachmittag verließ der Sohn des Ministers mit Romanus in freundschaftlichem Einvernehmen die Baracke. Romanus hatte ihn der »guten Sache« erhalten, die positiven Ansatzpunkte klug genutzt und die Gemeinsamkeiten über das Trennende gestellt. Immerhin gehörte der Junge dazu: Zwei rote Balken zierten seine Schulterstücke, er hatte eine gewisse Sprosse im GST-Apparat erreicht und seinen guten Willen unter Beweis gestellt.

Mir ging er aus dem Weg, nachdem er sich mit Romanus geeinigt hatte. Ich war der Mitwisser seiner aufrührerischen Reden. Vielleicht hatte er sogar, als Romanus von »zweifelhaften Elementen« sprach, an mich gedacht.

In Steitmanns Steinhaus wurde das Arrangement besiegelt und morgens beim Appell verkündet. Die beiden Verweigerer wurden mit einer Rüge bestraft, um Steitmann Genüge zu tun, danach aber traten sie ungesäumt ihren Dienst als Gruppenführer an. Es war kein Kompromiß, sondern der vollständige Sieg des Genossen Peter Romanus, der in zartblau gestreiftem Oberhemd mit Krawatte auf dem Appellplatz herumspazierte und alles erreicht hatte, was zu erreichen war: Es gab keinen Skandal, die beiden wurden nicht von der Schule verwiesen, der Minister im fernen Berlin konnte aufatmen, sein Sohn wurde zwar gebeugt, aber er blieb als zukünftiger Kader erhalten.

Verloren hatte der Genosse Steitmann, der zu frontal, zu unüberlegt vorgegangen war. Romanus schmunzelte in seinen Schnurrbart. Er verkörperte den neuen Stil, die neue Ära. Davon kündete nicht nur seine diffizile Taktik im Umgang mit schwierigen jungen Leuten, sondern auch seine erlesene Kleidung und die modische Brille, beides am Geschmack des Westens orientiert. Damals bekam ich es zum ersten Mal mit der

Angst zu tun. Wenn Steitmann auf dem Appellplatz schreiend verkündete: »Wer sich hier nicht benimmt, fliegt aus der Schule raus und kann zusehen, wo er sein Abitur macht! Wir sitzen am längeren Hebel wie ihr!« nahm ich es nicht ernst. Auch die Ausbrüche verkaterter Hundertschaftskommandeure, das Insistieren kleiner Spitzel und die simplen Schikanen der Gruppenführer waren nicht richtig gefährlich. Aber Romanus' Cleverness und Kaltblütigkeit war von anderem Format. Mit ihrer Hilfe hatte er das Beste verbogen, was die beiden Widerspenstigen in sich hatten: jugendliche Opposition gegen absurde Verhältnisse.

Leute wie Romanus dienen dem Kommunismus auf die allerwirksamste Weise, indem sie innere Konfrontationen verhindern. Im Innern des Landes muß Ruhe herrschen, eine Atmosphäre allgemeiner, freudiger Dienstwilligkeit. Die Führer des Landes sind sich darüber klar, daß sich in jedem Menschen mit den Jahren geheimer Unwille breitmacht und daß die Millionen unterdrückter Negativkräfte unter der Oberfläche der optimistischen Aufbaustimmung rumoren. Jeder Zündfunke kann Explosionen auslösen, deshalb muß das Gros der Bürger dezent eingewickelt werden. Nur einen kleinen Teil, die schlimmsten Unruhestifter, kann man offen und brutal ausschalten, alle anderen müssen weicher verpackt werden, geräuschlos und sanft.

Sie dürfen gar nicht erst wissen, woran sie sind. Statt dessen sollen sie ihr Leben in diffusem Dämmerlicht verbringen, mit kleinlichen Sorgen, namenlosen Ängsten und latenten psychischen Krankheiten beschäftigt. Sie können notfalls fast ständig betrunken, selbstzerstörerisch und irritiert vor sich hin suchen, dürfen aber niemals die Wahrheit finden. Vor allem bei jungen Menschen ist darauf zu achten, weil sie sich noch bemühen, ihrem Leben irgendeinen höheren Sinn zu geben. Später erledigt sich das von selbst: Man wird krank, gebrochen und schuldbeladen; man hat Dinge erlebt und gesehen, die man nicht mehr verarbeiten und verkraften kann; man ergibt sich in sein Los und empfindet Bewegungen und Neuerungen dann selbst als bedrohlich.

Das höchste Gebot ist: Unklarheit. Und Leute wie Romanus dienen diesem Gebot auf meisterhafte Weise und in mannigfaltigen Verkleidungen: Sie reisen als »Persönlichkeiten« im Westen umher und geben vor, kritische Künstler zu sein; sie malen verworrene Bilder und schreiben Bücher, in denen jeder Satz wie mit Staub überzogen ist. Sie geben sich liberal und gebildet. Sie verblüffen dadurch, daß sie nicht ins Klischee passen. Sie gewinnen das Vertrauen westlicher Politiker ebenso wie das der Jugend ihres Landes: Die einen wie die anderen sind immer hoffnungsvoll und immer bereit, an eine Veränderung zum Guten zu glauben, an Demokratisierung und an ein menschenwürdigeres Leben.

Leute wie Romanus, das begriff ich damals, sind der harte Kern. Sie sorgten dafür, daß wir niemals gewannen. Und da wir immer verloren, glaubten wir schließlich, geborene Verlierer und Versager zu sein. Jeder junge Mensch braucht kleine Auflehnungen und Kämpfe, in denen er seine Kräfte spielen lassen kann. Wir wollten nur ein wenig provozieren, verschiedenes ausprobieren und zeigen, daß wir einen eigenen Kopf hatten. Doch schon der geringste Versuch spielerischer Auflehnung schlug auf uns zurück, mit einer Wucht und einer Erbarmungslosigkeit, die wir nicht verstanden und der wir nicht gewachsen waren.

Wir waren noch nicht einmal achtzehn Jahre alt und außerstande zu begreifen, wozu die GST-Lager dienten. Erst Jahre später, als ich Berichte über sowjetische Straflager las, wurde mir klar, warum das Wort »Lager« in mir nicht die gleichen Gefühle auslöste wie etwa »Zuchthaus« oder »Sklaverei«: Es war zu alltäglich. Auch ich hatte einen Teil meiner Jugend in Lagern verbracht, in vergleichsweise komfortablen zwar, in denen niemand ermordet und niemand gefoltert wurde, niemand verhungerte oder vor Schwäche starb, aber dennoch in

Lagern, mit Posten am Tor, Drahtzaun und kolonnenweisem Antreten zum Morgenappell. Die Zäune waren nicht elektrisch geladen und die Posten nicht ermächtigt, auf uns zu schießen, wir arbeiteten nicht im Steinbruch und nicht in der Taiga, und doch erweckten diese Lager das Gefühl, nicht entrinnen zu können und ohnmächtig ausgeliefert zu sein. Wir lernten Dinge tun, die uns vordem abwegig erschienen, wir lernten dulden und schweigend ertragen. Wir verloren das Bewußtsein, Menschen mit einem eigenen Willen zu sein, statt dessen fühlten wir uns als numerierte Bestandteile von Kolonnen und Hundertschaften. Wir erlernten die Lagermentalität und trainierten das Lagerleben. Für alle Lager, die da kommen mochten.

Swetlana Samuilowna Stern besitzt zwei Hochschuldiplome, ist Dozentin an der Lomonossow-Universität und verdient 150 Rubel im Monat. Sie bewohnt eine winzige Genossenschaftswohnung nahe der Metro-Station Jugo-Sapadnaja: ein Zimmer, Küche und Duschecke. Der Blick aus dem Fenster zeigt Garagen aus Wellblech, zertretenes Gras, auf dem sich am Sonntagvormittag die Wodkatrinker versammeln, ein paar windschiefe Birken und den betonierten Weg, der zum nächsten Hochhaus führt.

Swetlana trägt ihr Haar kurzgeschnitten, wie es in ihrer Jugend Mode war, als intellektuelle Frauen hoch im Kurs standen, die Volkskommissarin Alexandra Kollontai, die Genossin Krupskaja oder die Genossin Jelena Stassowa, genannt »Genossin Absolut«. Das Leben dieser Frauen bot keinen Platz für elegante Kleidung und komplizierte Frisuren, es war mit anderen Dingen ausgefüllt, mit Fragen von welthistorischer Bedeutung, und das prägte auch ihren Gesichtsausdruck: leidgeprüft, doch energisch.

Auf einem bekannten Photo ist die »Genossin Absolut« gerade dabei, Lenin etwas zu erklären: Ihre Kneifergläser blitzen energisch, ihre flach angewinkelte Hand verharrt in einer bannenden Geste. Sie war eine Persönlichkeit. Von ihr ging ein Fludium aus, dem sich niemand entziehen konnte, nicht einmal Lenin.

Swetlana verachtet Frauen, deren Leben nicht ausgefüllt ist. Darin bestehen auch ihre Vorbehalte gegenüber der Stalin-Zeit: Die intellektuellen Frauen verschwanden, die Krupskaja und die Stassowa unter Hausarrest und Alexandra Kollontai als Botschafterin auf einem anderen Stern, irgendwo im westlichen Ausland. Statt ihrer wurde ein reaktionärer Frauentyp Mode, ondulierte Gattinnen hoher Funktionäre, die Brillanten trugen und auf den Premieren im Bolschoi-Theater einander Seidenroben vorführten. Diese Gattinnen begnügten sich mit der traditionellen Frauenrolle, und daran mißt Swetlana, wie sehr Stalin die Ideen des großen Lenin verfälschte. In dieser Frage zeigte sich eben, daß er Kaukasier war.

Dann kam der Krieg. Hunderttausende Mädchen meldeten sich freiwillig an die Front, wurden Nachrichtenhelferin, Krankenschwester und Stenotypistin. Sie trugen Rotarmisten-Blusen und Stiefelchen, und die Frisuren der Lenin-Zeit kamen wieder zu Ehren, praktische Kurzhaarschnitte und Bubiköpfe, auf denen fesch das grüne Armeekäppi thronte. Es gibt keinen ehemaligen Frontsoldaten, der sich ihrer nicht erinnerte, der Sanitäterin, die ihm unter Beschuß in der Feuerlinie einen Verband anlegte, der Stenotypistin, die im Stab die Dokumente tippte. Und viele Offiziere erinnern sich dieser Mädchen auch noch aus einem anderen Grund.

Gut, es war Krieg, und den wünscht Swetlana selbstverständlich keinem Menschen. Es war eine Ausnahmesituation, eine bewegte Zeit. Dennoch, solche Zeiten haben auch ein Gutes: Die Menschen holen das Letzte aus sich heraus, überwinden ihren Egoismus und werden zu Helden. Idealismus liegt in der Luft, etwas Atemberaubendes und Mitreißendes. Man lernt, zu verzichten und sich auf das Wesentliche zu besinnen. Fast alle Menschen aus Swetlanas Generation waren so. Wenn man es recht betrachtet, war es eine Heldengeneration.

Swetlana, von Beruf Germanistin, spricht ausgezeichnet Deutsch und ist sehr belesen. Sie kennt die klassische deutsche Literatur ebensogut wie die Literatur der DDR und die fortschrittliche, gesellschaftskritische Literatur Westdeutschlands. Diese Bücher liest sie besonders gern, weil sie an ihre Jugend erinnern, in ihrer kompromißlosen Absage an Erwerbsdenken und kleinbürgerliche Zufriedenheit. Swetlana kauft ständig neue Bücher, denn, so klein ihr Zimmer auch ist, Platz für ein paar hundert Bücher bietet es schon. Und ohne Bücher könnte Swetlana nicht einen Tag leben.

Auch das Telephon spielt in ihrem Leben eine wichtige Rolle. Es klingelt früh um sechs und mitten in der Nacht, es klingelt ständig, es ist die Verbindung zur Außenwelt. Swetlanas Freundinnen, ebenso alt wie sie, wohnen in entlegenen Stadtbezirken der Neun-Millionen-Stadt. Sie müßten, um zur Metro-Station Jugo-Sapadnaja zu gelangen, beschwerliche Reisen auf sich nehmen, Odysseen in überfüllten Trolleybussen, Rempeleien auf Rolltreppen. Ein Taxi ist nicht immer zur Hand, außerdem verdienen sie nicht mehr als Swetlana, zwischen 100 und 150 Rubel, und davon kann man sich ein Taxi nur in Ausnahmefällen leisten. Moskau hat sich verändert, ist riesengroß geworden, und vieles kann man nicht mehr verstehen, Alkoholismus und Rowdytum, Erscheinungen, die belegen, wie kompliziert und langwierig die Herausbildung des Neuen Menschen ist. Swetlana und ihre Freundinnen wissen nicht genau: Scheint es ihnen nur so, weil sie alt geworden sind, oder ist das heutige Moskau wirklich ein Dschungel voller Gefahren und unkontrollierter Aggressivität?

Ich habe keines meiner Gespräche mit Swetlana zu Ende geführt, denn immer wurden wir vom Telephon unterbrochen, und jedesmal riß der Faden ab, der Faden des Gesprächs und der Gedanken. Denn was man niemals zu Ende spricht, das wird auch nicht zu Ende gedacht.

Nicht anders geht es Swetlana, wenn sie allein ist. Wenn das Telephon klingelt, greift Swetlana sofort zum Hörer und sagt:

»Ich höre.«

Pause.

»Oi, Ljenotschka! Sag, wie lebst du?«

Längere Pause.

»Oi. Das weiß ich jetzt nicht. Aber ich werde gleich nachsehen.«

Swetlana legt den Hörer zwischen die Papiere, Bücher und Zeitschriften auf ihrem Telephontischchen, sucht ihre Brille, dabei rutscht ein Stapel mit alten Heften des »Nowyj Mir« zu Boden, wo er für die nächsten Stunden, vielleicht auch Tage, liegenbleibt. Sie kramt zwischen den Briefen und Seminararbeiten auf ihrem Schreibtisch, zieht die neueste Ausgabe der »Literaturnaja Gaseta« hervor, blättert darin, findet den rotangekreuzten Absatz und spricht ins Telephon: »Ljenotschka? Ich hab es. Also hör zu. Er schreibt...«

Später: »Am Mittwoch ist übrigens eine hochinteressante Veranstaltung im Haus der Schriftsteller. Koplakow berichtet über seine Reise nach Westdeutschland... Ja, ich gehe hin. Galja auch... Oi, das ist schade. Ich werde dir alles erzählen... Ja, ich rufe dich an... Gute Nacht, Ljenotsch, gute Nacht.«

Swetlana zwinkert mit den müden Augen. Das Leben ist anstrengend, aber das ist gut so. Das wichtigste: daß man immer beschäftigt ist. Auf dem Telephontischchen brennt eine kleine Ampel, außerdem hat sie bei der Suche nach der »Literaturnaja« die Schreibtischlampe eingeschaltet. Wohin die beiden Lichtkegel nicht fallen, herrscht Schummerlicht: in den Ecken und Winkeln, wo auf dem Schrank dichtgedrängt die Kartons stehen, auf der Kommode Bündel und wollene Tücher liegen, in Zeitungspapier verpackte Gegenstände, das

Bügelbrett und die Nähmaschine, grünlich beleuchtet von einem unruhigen Mond. Swetlana mustert mit zusammengekniffenen Augen das Zimmer: hier der Eßtisch, mit Papieren bedeckt, dort der Sessel, in dem sie ausruhen würde, wenn es ihre Zeit erlaubte. Da er kaum je benutzt wird, hat sich, wie überall in Swetlanas Umgebung, auch auf seiner Sitzfläche Papier abgelagert, das weiche, wattige, schnell vergilbende Papier sowjetischer Druckerzeugnisse, zu einer schützenden Schicht, die alles überwuchert und gleichermaßen schonend verhüllt: blankpolierte Flächen, in denen man überraschend auf sein Spiegelbild stoßen könnte, Stühle, die an ausgebliebene Besucher erinnern, und den Schreibtisch, dem Leere droht. Die einzelnen Bestandteile sind kaum noch auszumachen, zusammengefaltete Ausgaben der »Prawda«, der »Iswestija«, der Zeitschrift »Kommunist«, Broschüren wie »Suche, bis du dich triffst« und »Um des Friedens willen den Krieg nicht vergessen«, Rundschreiben der Parteileitung, Briefe, Zettel mit konfusen, kaum leserlichen Notizen, dazwischen aufgeschlagene Bücher, aus denen sie irgend etwas heraussuchen wollte, sie weiß nicht mehr, was...

Soll sie Teewasser aufsetzen? Es müßte noch ein wenig Moosbeerenkonfitüre da sein oder eine halbe Zitrone... Swetlana geht die drei Schritte zur Küche, scheppert mit dem Teekessel, kehrt zurück und entdeckt auf dem grünbezogenen Stuhl neben der Küchentür ein Buch. Was ist das? Wie kommt es hierher? Richtig, es ist der große Kunstband, den Nadja aus Berlin geschickt hat...

El Lissitzky... VEB Verlag der Kunst, Dresden... Photographien: Als Schüler in Smolensk... Mit Chagall in Witebsk... Mit Ossip Zadkine in Paris, 1912... Bei der Gestaltung der »Roten Ecke« in Witebsk... Die Gruppe der Avantgardisten in Düsseldorf: Raoul Hausmann, Theo von Doesburg, El Lissitzky, Hannah Höch...

Buchumschläge: Ilja Ehrenburg »Mein Paris« ... »UdSSR im Bau« ... »Wie die Rote Armee entstand« und »Die Kunst-

Ismen. Herausgegeben von El Lissitzky und Hans Arp ...« Suprematismus: ›Die schönen Künste werden in Acht und Bann getan...‹. Plakate: Alexander Tairow »Das entfesselte Theater« ... Dann: »Prouns«.

Proun 4, Proun 5... Ja, er war auch verschwunden in der Zeit des Großen Vaters... Vierecke, Kreise, Bögen. Ein rotes Dreieck stößt in einen weißen Kreis. Rote Splitter fliegen zur Seite, weiße Stäbchen... Hier: ein kleines schwarzes Quadrat, von einer riesigen Kugel in die Ecke gedrückt.

Swetlana kennt Lissitzkys Arbeiten seit Jahrzehnten, aber heute hat sie das Gefühl, als sähe sie diese Blätter zum ersten Mal. Es geht etwas zutiefst Vertrautes von ihnen aus. Was nur?

In der Küche pfeift der Teekessel. Swetlana gießt mit schlafwandlerischen Bewegungen Absud aus dem kleinen roten Kännchen in eine bauchige Tasse, gibt einen Teelöffel Konfitüre dazu, gießt Wasser aus dem Teekessel nach. Das Quadrat, von der riesigen Kugel erdrückt. Es ist das Gefühl des Erstikkens, des Erdrücktwerdens, des Nichtentrinnenkönnens. Es ist das Gefühl, das sie bei Stalins Beerdigung hatte.

Die Menschen schoben und drängten, alle wollten in eine Richtung, Hände griffen in die Luft, hinten standen irgendwelche Lastwagen... Später hieß es, viele seien zertrampelt worden, überrannt, überschwemmt, niemals wurde bekanntgegeben, wie viele... Heute glaubt man es kaum noch, aber auf seiner Beerdigung haben sie einander totgetreten. Sie waren wie von Sinnen... Swetlana, während sie den Tee trinkt, mit geschürzten Lippen und in winzigen Schlucken, sieht sich selber in dem Menschenmeer, klein, schutzlos und verzweifelt. Warum, fragt sie sich, bin ich eigentlich dorthin gegangen? Was hatte ich auf seiner Beerdigung zu suchen? Aber alle gingen hin, alle wollten ihn sehen, niemand hätte genau sagen können, warum.

Der Tee ist heiß und stark. Das Geheimnis ist: Sie haben ihn geliebt. Er hat Millionen von uns umgebracht, wir haben um unser Leben gezittert, und dennoch haben wir ihn geliebt.

Sie blättert weiter in dem Lissitzky-Band. Gutes Papier, sauber gedruckt... War sicher nicht leicht, das Buch durchzubekommen. Swetlana weiß, wie es bei solchen Projekten zuzugehen pflegt. Lissitzky wurde jahrzehntelang nicht erwähnt. Wer ihn nicht, wie sie, noch aus den dreißiger Jahren kannte, wußte nicht, daß es ihn gab. Diese Verschwundenen wieder zum Leben zu erwecken blieb heikel: Oben saßen oft genug immer noch Leute, die mit ihrem Verschwinden zu tun hatten. So ein Buch durchzusetzen konnte eine Lebensaufgabe sein – die Krönung jahre-, manchmal jahrzehntelanger Bemühungen, kompliziertester Diplomatie, unterirdischer Rangeleien, das beglückende Ergebnis von fast lebensgefährlichen Absprachen hinter den Kulissen, der heimlichen Suche nach Gönnern, die morgen durch Feinde ersetzt sein konnten, und das mühsam Erreichte brach zusammen und begrub den Urheber unter sich.

Proun 5 A. Wieder der weiße Kreis, unten im Blatt, von oben, von rechts und von links brechen Spitzen ein. Die von der Seite sind nicht näher definiert, doch oben ist zu erkennen, was da auf den ahnungslosen Kreis hereinbricht: eine Anhäufung von Konstruktionen, scharfkantigen Körpern, undurchdringlich, dunkel und anonym. Alles lastet auf einer erst roten, weiter unten dann graugrünen Spitze. Sie trifft mitten in den Kreis, etwas oberhalb der Mitte, schräg von oben, ihn unweigerlich spaltend, zersplitternd und zerstörend.

Hat Nadja sich die Abbildungen eigentlich angesehen, bevor sie ihr das Buch schickte? Und wenn, hat sie verstanden?

Natürlich hat Nadja verstanden. Sie hat diese Zeit ja miterlebt. Es werden immer weniger, die alles miterlebt haben. Die einen haben sie geholt, die anderen sind im Krieg umgekommen. Swetlana weiß die Zeilen der Achmatowa auswendig:

> Und Städte wechseln ihren Namen, und
> die Zeugen dessen, was geschah, sind tot.
> Und niemand tauscht mit uns Erinnerungen
> und weint mit uns. Die Schatten fliehn
> und schwinden...

»Und morgens im Lehrerzimmer, wenn wieder einer nicht kam, sagte Gussew: ›Na, fangen wir erst mal ohne ihn an...‹ Dabei wußten wir alle, daß er nicht mehr kommen würde, es war halb neun, jemand mußte vor die Klasse und die Vertretung übernehmen. Und eines Morgens war *er* es, der nicht kam. Wir warteten bis acht Uhr vierzig, dann sagte Gussew: ›Ich glaube, er kommt heute nicht. Fangen wir an.‹

Er kam niemals mehr. Bis heute weiß ich nicht, wo er hingeraten ist. Nadja hat immerhin später herausbekommen, wo ihre Eltern waren und wann es passiert ist. Ich weiß bis heute nicht, wo und wann. Keine Behörde wird mir jemals darüber Auskunft erteilen: Wir waren ja nicht verheiratet. Ich lag die Nächte wach im Bett, in die Decke gewickelt, und wagte mich nicht zu rühren, wagte nicht zu weinen, nicht zu schreien...«

An Schlaf, das ist Swetlana jetzt klar, ist in dieser Nacht nicht mehr zu denken. Mittlerweile ist es drei Uhr, es wird sowieso bald hell. Also: Nadja hat alles verstanden. Aber werden es auch die verstehen, die diese Zeit nicht miterlebt haben?

Es sind nur Hieroglyphen, die Lissitzky da hinterlassen hat. Er wollte sich das von der Seele wälzen und mußte es mit Kreisen und Dreiecken darstellen – wie denn sonst? Selbstverständlich haben sie ihn trotzdem durchschaut und in der Versenkung verschwinden lassen. Sie haben ein untrügliches Gespür. Ihnen genügte schon, daß jemand das Gefühl darstellen wollte, das alle kannten. Man durfte es nicht zeigen, man durfte seine Angst nicht sichtbar werden lassen.

»Als Silberberg nicht mehr kam, später Spitalnik, dann Feinman, habe ich Angst vor meinem Namen bekommen. Stern – das ging noch, man wird Gott sei Dank selten mit dem Nachnamen angeredet. Aber Swetlana *Samuilowna* – das war schlimm. ›Guten Morgen, Swetlana *Samuilowna!*‹ Ich hatte das Gefühl, als ob sie es extra betonten: *Samuilowna.* Gestern Spitalnik, heute Feinman, morgen du.

Als der Krieg anfing, hörte das auf. An die Front gingen wir alle, ob wir nun Feinman oder Iwanow hießen, ob nun Swetlana Samuilowna oder Swetlana Petrowna. Und gekämpft haben wir auch alle. Kreiser wurde sogar Armeegeneral.«

Erst hinterher ging es wieder los, als das mit Michoëls passierte, danach das mit den Ärzten. Es heißt, selbst Kaganowitsch hätte Angst gehabt, dabei saß er im Politbüro. Die Frau von Molotow war schon verhaftet, warum sollte es da nicht auch Kaganowitsch treffen? Sogar Mechlis sollen sie umgebracht haben, vergiftet, in irgendeinem Krankenhaus...

Das rote Dreieck stößt in den weißen Kreis. Es gibt keinen Kreis, in den es nicht hätte stoßen können. Wie wehrlos ist so ein Kreis...

Swetlana beschließt, das Buch so ins Regal zu stellen, daß sie es jederzeit finden und darin blättern kann. Es ist gut zu wissen, daß diese Zeit irgendwo festgehalten wurde, für spätere Generationen. Selbst wenn es Hieroglyphen sind, man wird sie schon irgendwann entschlüsseln. Auch die ägyptischen Hieroglyphen hat man schließlich entschlüsselt. Irgendwann werden sie auch begreifen, was Lissitzky gemeint hat, und Kandinsky, Malewitsch, Kaplan, Chagall. Sie haben es ja alle miterlebt und niemals vergessen, ganz gleich, wohin es sie nachher verschlagen hat. Heute versteht das noch niemand. Alle Welt malt jetzt »abstrakt« – Papageiengeschwätz. Es wird noch viel Zeit vergehen, bis man Lissitzky überhaupt begreift.

Swetlana ist froh, daß sie dann nicht mehr lebt. »Es reicht, daß ich dabei war. Ich würde es nicht ertragen, wenn man es jetzt auch noch bloßlegte. Das ist wie mit dem Granatsplitter, den Nadja im Rücken hat: Nicht dran rühren! Sie lebt schon 35 Jahre damit, sie konnten es im Frontlazarett nicht operieren, da haben sie ihn dringelassen. Wenn man ihn heute entfernen wollte, würde Nadja das nicht überleben.«

Nein, solange sie lebt, wird sie alles in sich verschließen. Sie will nicht, daß man darüber spricht. Das bringt Unruhe, und Swetlana wünscht keine Unruhe mehr. Einmal sah es so aus, als würde man Licht in die Sache bringen: Chruschtschow hielt seine Rede, im »Nowyj Mir« erschien der »Iwan Denissowitsch«, die Leute kamen aus den Lagern zurück. »*Er* war nicht dabei. Auch Nadjas Eltern nicht; dennoch waren wir töricht genug zu hoffen. Und dann gab es doch bloß wieder ›Säuberungen‹. Es ist noch nicht soweit. Wenn man jetzt damit anfängt, alles aufzurollen, kommt etwas Schiefes, Verunglücktes heraus und trifft, wie immer, die Falschen.«

So war es unter Chruschtschow, so wird es bleiben. Und so *soll* es auch bleiben – zumindest solange Swetlana lebt.

Denn: Gräbt man es jetzt aus, vor der Zeit und solange Swetlana lebt, wird man ihr gerecht werden? Wer denn? Die heutige Jugend? Verstehen die jungen Leute, was Swetlana und ihre Freundinnen damals beseelte und warum alles so kommen mußte, wie es kam?

Swetlanas Studentinnen verstehen es jedenfalls nicht. Sie sind oberflächlich und ohne Bewußtsein, demonstrieren von früh bis spät ihre Unzufriedenheit. Dabei haben sie alles: Es ist Frieden, sie können die Schule und die Universität besuchen; die jungen Männer sind gesund, sie müssen weder in die Schützengräben vor Moskau noch dorthin, von wo man nur gebrochen zurückkehrt. Niemand ist obdachlos, niemand arbeitslos. Eine Metro-Fahrkarte kostet Kopeken; Brot, Milch, Kascha, Tee und Smetana sind billig. Fortschrittliche Literatur gibt es in großer Auswahl, sogar Übersetzungen aus dem Ausland: Böll und Max Frisch, Robert Merle und Neruda. Man stellt Schallplatten für sie her mit Tanzmusik. Jewtuschenko, sagt man, schreibt an einer sowjetischen Rock-Oper.

Müssen es denn unbedingt ausländische Textilien und Kassettenrecorder sein, West-Zigaretten und amerikanische Filme? Swetlana und ihre Freundinnen hatten einfach keine Zeit dazu, wurden vom Leben mitgerissen, von der gesellschaftlichen Arbeit, von den Ereignissen. Dafür gab es echte Freundschaft, echte Kameradschaft, echten Gemeinschaftssinn. Und Geld spielte nicht diese dominierende Rolle. »Wir waren«, denkt Swetlana, »an anderen Dingen interessiert: an der Tagespolitik, an der modernen Literatur. Wir waren engagiert und vertieften unser Wissen.«

Und heute? Worin unterscheiden sich die jungen Sowjetbürger eigentlich noch von den jungen Leuten im Westen? Swetlana hat kürzlich eine Gruppe West-Berliner Gymnasiasten betreut. Galja hatte sie gebeten einzuspringen: Sie wurde mit den jungen Leuten einfach nicht fertig. Auch Swetlana hatte Mühe. Die Gymnasiasten waren verwöhnt und desinteressiert. Nicht mal das Lenin-Mausoleum wollten sie besuchen. Dafür jammerten sie in einem fort: Gibt es hier etwas zu trinken? Können wir in eine Disco gehen?

»Wir haben hier die Jugendklubs des Komsomol. Da wird auch getanzt, gehen Sie hin, sehen Sie sich an, wie unsere Jugend ihre Freizeit verbringt. Wir werden es einrichten: Sie können alles kennenlernen.«

Sogar eine Begegnung mit Moskauer Schülern wurde organisiert, mit der 10. Klasse einer Schule mit Erweitertem Deutsch-Unterricht. Als Swetlana, der Komsomol-Sekretär und der Direktor im Raum waren, kam es zu keinem Gespräch. Swetlana sagte zu den Männern: »Lassen wir die Jugendlichen allein.« Und worüber haben sie sich dann unterhalten? Über Pop-Musik! Die Welt ist voll brennender Probleme, und sie unterhalten sich über Pop-Musik!

Wir, erinnert sich Swetlana, hätten das anders gemacht. Wir hätten uns mit ihnen auseinandergesetzt, ihnen nötigenfalls Zunder gegeben. Sie wissen so vieles nicht: über unser Land, über die Revolution, über unsere Errungenschaften. Sie verstehen nicht, warum es bei uns keine spezielle Jugendmode gibt. Warum so wenig Privatautos auf den Straßen herumfahren. Wir hätten es ihnen erklärt. Wir hatten Bewußtsein und Stolz.

Aber Swetlanas Studentinnen haben ja selbst nichts anderes mehr im Kopf als Jeans und Lippenstift. Sie kommen aufgetakelt zur Vorlesung, mit buntbemalten Gesichtern. Swetlana hat versucht, es ihnen auszureden. »Seht doch mal, Mädchen«, hat sie gesagt, »das macht euch nicht jünger, im Gegenteil. Ein junges Gesicht wirkt am besten frisch und unmittelbar. Die Schminke macht euch älter.«

Swetlana erinnert sich gut: Die Studentinnen haben nicht widersprochen, nur gelächelt. Und sich Blicke zugeworfen, als wollten sie sagen: »Laßt sie, es hat keinen Sinn.«

Das kann, meint Swetlana, doch nicht alles sein, was wir bei ihnen erreicht haben: daß sie nicht widersprechen und sich höflich lächelnd abwenden. Wir haben sie doch zu Sowjetmenschen erzogen! Sie wissen doch, welche Opfer wir auf uns genommen haben. Wie können sie das alles einfach in den Wind schlagen? Irgend etwas haben wir nicht richtig gemacht. Es geht ihnen zu gut, sie sind leichtfertig geworden. Wir müssen sie an all die Dinge erinnern, die wir erlitten, an alle Leiden, die wir durchgemacht haben. Wir müssen es ihnen immer wieder sagen. Jeden Tag.

So wird sie es halten, bis zu ihrem letzten Atemzug. Doch tief, ganz tief in ihrem Innern ahnt Swetlana, daß die Achmatowa recht hat und daß es keine Hoffnung mehr gibt:

> Und dann kommt erst das Bitterste: Wir sehen,
> daß wir in unsres Lebens Grenzen nicht
> jene Vergangenheit zu halten wußten,

daß sie uns fast so fremd geworden ist
wie die, mit denen wir die Wohnung teilen,
daß wir die Toten nicht mehr kennen, und
daß die, von denen Gott uns trennte, glänzend
zu leben wußten ohne uns...

Frauen gibt es neuerdings in Moskau, Tambow und Saratow, die den russischen Helden vor ernsthafte Probleme stellen. Der in Timonicha, Gebiet Wologda, geborene Schriftsteller Wassilij Below in der Erzählung »Schrot oder Korn«:

»Ihr Leben lang war sie aus irgendeinem Grunde scharf auf diese gräßlichen Löckchen, und die konnte ich wiederum nicht ertragen. Vor unserer Heirat hatten sie sich noch bemüht, auf diesen im großen und ganzen recht blöden Umstand etwas Rücksicht zu nehmen, und ihre Haare glatt getragen. (Ich mochte sie tatsächlich mehr mit so einer einfachen Frisur, wo das Haar schlichtweg Haar ist, nicht irgendwelches Gekringel und Gekräusel.) Doch nach der Hochzeit ließ sie sich wieder Löckchen drehen... Ich ging hoch wie immer. Von Null auf Hundert in wenigen Sekunden. Es folgte eine der üblichen idiotischen Szenen... Kurze Zeit nur, und ich schlug, um nicht Tonja zu schlagen, die Tür zu... An diesem Tag nun ging alles von vorn los:

›Ohne Locken siehst du wesentlich hübscher aus.‹

›Als ob du von Frisuren was verstehst.‹

›Aber von dir versteh ich was! Du gefällst mir besser ohne Locken, verdammt!‹

›Schrei nicht.‹

›Und wenn mir die Locken nicht gefallen, und du drehst sie dir trotzdem, bedeutet das, du willst einem anderen gefallen.‹

›Mir selber will ich gefallen.‹

›Ich mag dich nicht mit Locken, begreifst du das?‹

›Also magst du mich überhaupt nicht. Und hast mich nie geliebt.‹

Ich nahm all meine verfügbare Selbstbeherrschung in beide Fäuste und sagte: ›Das sieht uns Russen wieder mal ähnlich. Keine Französin beispielsweise würde anziehen, was ihrem Mann nicht gefällt.‹

Sie sah mich an und lächelte spöttisch: ›Bist du schon in Paris gewesen, ja? Dann müßtest du wissen, daß kein Franzose seine Frau mit solchen Lappalien belästigt. *Charmant sind sie zu den Frauen...*‹«

Das Ehepaar steht im Begriff, einen Jagdausflug zu unternehmen. Der gute Freund des Ehemannes, ihm womöglich aus gemeinsamer Militärzeit verbunden, wartet schon mit Seelentröstern: Wodkaflaschen und Jagdflinte.

»Vor der Haustür schnurchelte der Jeep, und seine zerbeulte Motorhaube zitterte.

›Na, Saschka?‹ Ich kletterte nach hinten, wo wohlverpackt die ›Blüchard‹ lag. ›Was ist Fortschritt, weißt du das?‹

›Ich weiß es.‹ Saschka hupte nach dem Fahrer, der Zigaretten holen gegangen war. ›Kommt deine Frau mit?‹

›Ja.‹

›Meine nicht. Ist das der Fortschritt? Daß die Frauen immer männlicher werden?‹«

Diese Ehe, wie Millionen Ehen in der Sowjetunion, geht in die Brüche. Tonja bleibt mit Tochter Ljalka in der Wohnung zurück und lebt dort mit einem anderen Mann. Belows Held lauert im Morgengrauen: angeblich nur, um die Tochter zu sehen. Papyrossa qualmend sinniert er über die Frauen. Ein unbekannter Jüngling hatte kurz vor der Scheidung seiner Tonja nachgestellt:

»Tonja hat dieses Nachstellen wahrscheinlich gefallen... Es schmeichelte ihrer nicht unbeträchtlichen Eigenliebe... Eine normale, wirklich anständige Frau blickt unbekannten Männern nicht in die Augen. Sie läuft normal die Straße lang... Sorin hatte sich an diesem Tage nicht beherrschen können und war in der bewußten Kneipe versackt, spät kehrte er zurück und veranstaltete mit seiner Frau ein wildes Verhör mit Ohrfeige. Sie verfrachtete ihn in die Ausnüchterungszelle. Er begann dort Krach zu schlagen. Sie zogen ihn nackt aus und banden ihn am Bett fest; die Schwestern spotteten über ihn...«

»Wiedersehen morgens« heißt diese Erzählung, in deren Verlauf sich Belows Ich-Erzähler alles mögliche durch den Kopf gehen läßt:

»Er könnte mit Gewalt in die Wohnung eindringen, Tonja beiseite stoßen, sich mit Gewalt Eingang in seine frühere Wohnung verschaffen... Sie behauptet, endlich könnte sie wieder frei atmen, ihre neue Ehe sei glücklich, es gäbe zwischen ihnen Liebe. Liebe? Herrgott... Liebe. Leute, begreift doch endlich, daß Liebe nur in der Jugendzeit gut und richtig ist. Einmal, ein einziges Mal. Da warten sie nun auf Liebe noch mit vierzig, noch mit fünfzig Jahren, *wo alles zu Ende ist*, und nennen dabei ihre Ausschweifung Liebe... Bei vielen modernen Frauen ist die Eigenliebe stärker als das Muttergefühl. Tonja macht da keine Ausnahme... Sie hat ihm immer Rückständigkeit vorgeworfen, wenn er mit ihr über Liebe und Familie stritt. Sie war der Auffassung, eine Frau habe frei und unabhängig zu sein... Die Emanzipation, überlegt Sorin, ist eine von irgendwem künstlich erdachte Sache...«

Die Helden Trifonows, Baklanows und Bitows, moderne sowjetische Großstädter und Intellektuelle, neigen zwar nicht zu derartig radikalen Ansichten, auch nicht zu nächtlichem Randalieren, aber die Lebensansprüche ihrer Frauen können auch sie nicht verstehen. Dmitrijews Frau Lena, aus der Novelle »Der Tausch«, die es fertigbringt, mit Ellenbogen alles beiseite zu drängen, was heilig ist, um eine eigene Wohnung zu ergattern, wird schon mit wenig Sympathie geschildert. Noch negativer ist das Bild der Rita aus der Novelle »Zwischenbilanz«:

»Ich schaute Rita an, die lässig, den Hals noch voller Flekken, eine Zigarette zwischen den Lippen, auf der Couch saß... mit dem hübschen, etwas blassen Gesicht, von dem man die Spuren des Verblühens, aber auch eine herrliche Reife, vegetative Neurose, Cholezystites, Vorliebe für süße Speisen und alljährliche Seebäder ablesen kann... Wir hätten nicht zwanzig Jahre zusammenleben sollen...«

Besonders reizen den Ich-Erzähler der Novelle die geistigen Ambitionen, denen Rita neuerdings anhängt:

»Beschäftigt sich mit frühem Mittelalter, mit Religionsgeschichte. Thomas von Aquino, Duns Scotus und so weiter. Rita interessiert sich für all das Zeug – aus Müßiggang... Wo sie nur konnte, trieb sie Bücher in schmutzigen, zerfledderten Einbänden auf – mystische, religiöse. Weiß der Teufel, wo sie sie ausgrub. In unseren Antiquariaten wird dieser Schund meiner Meinung nach nicht verkauft...

Ich sorgte mich um Kirills erstes Studienjahr... ›Wunderbar‹, sagte ich mit erhobener Stimme, ›und du, statt ihn von den Mädchen und Kassettenrecordern abzubringen, beschäftigst dich selbst weiß der Teufel womit...‹

›Ich beschäftige mich mit nichts Schlechtem. Meine Lektüre geht niemanden etwas an...‹

Um den Mann kümmerte sie sich nicht, der Sohn wachse auf wie Gras. ›Und die Wechseljahre, meine Liebe, die Wechseljahre. Du brauchst keinen Thomas von Aquino, sondern Spaziergänge und jeden Morgen Bürstenmassagen.‹

Aber auch diese gezielten Schläge wirkten nicht. Unsere Entfremdung und die Kälte in unseren Beziehungen verstärkten sich...«

Die Rolle, die der Frau im sowjetischen Leben zugestanden wird, bleibt ungeklärt. In den heldenhaften Vorzeiten war sie schärfer umrissen: Der im Bürgerkrieg Kämpfende ließ eine »Dulderin« zurück, die ganz mit der Beschaffung von Lebensmitteln, der Aufzucht der Kinder und dem Ausharren ausgefüllt war. Ebenfalls akzeptiert wurde eine Frauenrolle, die

Alexej Tolstoi anläßlich einer Kaufmannstochter beschreibt, die mit der Roten Kavallerie durchs Land ritt:

»In dem schwachen Mädchen verbargen sich eiserne Kräfte, es war unverständlich, wo sie sie hernahm... Sie war mager und dunkel, konnte Sprit trinken, rauchte Machorka und fluchte, wenn es sein mußte, nicht schlechter als die anderen...«

Die Neue Ökonomische Politik hielt für diese Mädchen ein böses Erwachen bereit. Den ehemaligen Bürgerkriegshelden gefielen andre Frauen:

»Zwei Stenotypistinnen in verführerischen Röcken und rosa Strümpfen liefen vorbei...«

Und die Rote Reiterin, in einem Anfall von Jähzorn und Verzweiflung, greift, wie sie es an der Front gelernt hat, zum Kavallerie-Revolver, erschießt eines der Mädchen und stellt sich der Miliz.

Ähnliche Tragödien beschreibt die Volkskommissarin Alexandra Kollontai in ihrem Buch »Wege der Liebe«. Die alten Genossinnen, nach außen hochgeachtet, blieben menschlich auf der Strecke, ihre revolutionäre Schwärmerei endete in unfreiwilliger Askese. Die Stalin-Zeit proklamierte ein neues Frauenbild: traditionell-weiblich, teils häuslich und mütterlich, teils, bei offiziellen Gelegenheiten, an der Seite des uniformierten Gatten, mondän – stets jedoch dem Manne untertan.

Tolstoi hatte zur Rechtfertigung der Bomben werfenden besseren Töchter bemerkt: »Zu ihren Gunsten muß freilich angeführt werden, daß sie höhere sittliche Anforderungen an sich stellten, als das die meisten anderen Menschen tun« – doch wen interessierte das in der Stalin-Zeit? Übrigblieben zerstörte Menschen, wie sie Wassilij Schukschin in der Erzählung »Die Brautwerbung« beschreibt:

»Im Dorf tauchte so ein Prachtkommissar auf, verdrehte der fortschrittlichen Olga den Kopf und nahm sie mit. Nahm sie mit und verscholl dann selber irgendwo...«

Die »fortschrittliche Olga« kehrt ins Dorf zurück und fungiert fortan als Priesterin des »Gewissens« und des »Bewußtseins«. »Warum«, fragt sich ein alter Bauer, »ist sie so böse, warum?«

Aus eben dieser Kaste rekrutieren sich auch Trifonows Schwiegermütter, die den »schwachen Helden« im Namen der Ideale gegen die »kleinbürgerlichen« Ritas, Lenas und Tonjas beistehen. Bei ihnen und den Frauenbildern der Revolutionszeit, bei Sofia Perowskaja und Sophie Löschern von Hertzfeld, sogar bei Rosa Luxemburg oder der Führerin der Terror-Organisation »Narodnaja Wolja«, Vera Figner, gibt es inneren Halt: Sie waren, so »fortschrittlich« sie immer sein mochten, ihren Männern, den Berufsrevolutionären, bedingungslos zu Diensten. Und wo diese Traditionen nicht sind, da treten alte Bäuerinnen auf den Plan, in Kopftüchern und mit Volksweisheiten ausgerüstet, und stehen Belows oder Schukschins Helden gegen ihre westlich verirrten Töchter und Schwiegertöchter zur Seite.

Die gestörte Beziehung zwischen den Geschlechtern, in der Stalin-Zeit sogar durch die Trennung der Schulen von Kindheit an vorherbestimmt, ist nicht nur Gegenstand der Literatur der »schwachen Helden«, sondern mehr und mehr auch schreibender Frauen. Aus ihrem Gesichtswinkel stellt sich das Dilemma anders dar. Die Schriftstellerin Soja Boguslawskaja in der Erzählung »Der Umzug«:

»So begann er zu trinken. Und stets allein. Was gab es Schlimmeres als das?

Aljona vermochte seine Tragödie nicht zu verstehen... Sie hielt ihren Mann einfach für haltlos. Und deshalb konnte sie, zu ihrem eigenen Kummer, nicht umhin, ihm ständig seine Charakterlosigkeit vorzuhalten... Ihr schien, daß nicht er, sondern sie des Mitgefühls bedurfte. Auf ihr lag die ganze Last zu Hause und in der Volksbildungsabteilung. Sie konnte vor Arbeit kaum aus den Augen schauen. Und niemand, mit dem sie sprechen, dem sie ihr Herz ausschütten konnte... Es würde keine leidenschaftlichen Zärtlichkeiten mehr geben, kein grundloses Lachen, keine Freudenausbrüche...«

Sondern nur noch:

»...diese tötende Abfolge von Aufstehen, Essenkochen, Wäschewaschen. Sie versuchte sich zu erinnern: Wann hatte das begonnen, und wer war daran schuld? Wonach hatten sie beide gestrebt, und wogegen hatten sie es eingetauscht? Wie hatten sie das nur zulassen können? Wie nur, wie? Sie wollte schreien, etwas tun. Irgendwie diesem zerstörenden Prozeß Einhalt gebieten. Doch sie vermochte weder zu schreien noch Widerstand zu leisten, ihr Denken kreiste unaufhörlich in diesem Circulus vitiosus der vor ihr aufgerissenen Wahrheit... Sie mußte das Gewohnte in sich zerbrechen und ganz von vorn beginnen. Aber wie das zu tun war – das wußte sie nicht.«

Können die Männer vor den Konflikten des sowjetischen Lebens immerhin im Wodka Zuflucht suchen, bleibt ihren Frauen nicht einmal das. Schließlich muß sich jemand um die Kinder kümmern. Sie haben sie geboren, unter Mühen großgezogen, also halten sie das Familienleben aufrecht, selbst wenn es nur noch eine Fassade ist. Der sowjetische Alltag trifft sie am härtesten. Sie stehen unter der Doppelbelastung als berufstätige Frau und Mutter, dazu kommt die Funktion als Seelsorgerin des »schwachen Helden«. Ohne es zu wollen, sind sie selbst »Dulderinnen« geworden wie ihre Mütter und Großmütter – trotz wissenschaftlicher Arbeit und Hochschuldiploms. In der Novelle »Woche für Woche« beschreibt Natalja Baranskaja den Alltag einer Moskauer Physikerin:

»*Montag.* Ich renne, haste... Ich persönlich widme mich dem Sprint. Hierhin im Trab, dorthin im Trab. In jeder Hand eine Tasche und treppauf, treppab: Trolleybus, Autobus, rein in die Metro, raus aus der Metro. Geschäfte gibt es bei uns nicht, wir wohnen schon über ein Jahr da, aber sie sind immer noch nicht fertig...«

»*Dienstag*... Und ich beeile mich... Ich renne, die Taschen mit den Lebensmitteln schlenkern hin und her und schlagen mir gegen die Knie... Ich haste über die Pfade quer durch das unbebaute Gelände, rase die Treppen hinauf...«

»*Mittwoch.* In der Pause bin ich an der Reihe, die Einkäufe zu erledigen. Lebensmittel für alle – das ist keineswegs einfach. Nicht nur, weil man viel zu schleppen hat, sondern auch, weil die Anstehenden einen bestimmt vollmeckern, und sei die Schlange auch noch so kurz. Man kauft Wurst – und schon fallen Bemerkungen wie: ›Kaufen Sie für ein Imbißbuffet ein?‹, ›Die ganze Kommunalwohnung versorgt sie, und wir können hier stehen...‹ Bei uns in Moskau sind alle stets in Eile... Die Hast überträgt sich durchweg auf jeden... Plötzlich überkommt mich ein wehmütiges Verlangen, unbeschwert, ohne Bürde, ohne Ziel zu gehen. Einfach zu gehen, nicht in Eile, gelassen, ganz langsam. Über die winterlichen Moskauer Boulevards, durch die Straßen zu schlendern, an den Schaufenstern stehenzubleiben... All das gab es einmal, aber es ist so lange, so schrecklich lange her...«

»*Donnerstag*... Im Trab zum Zimmer, die Tasche geschnappt, und wieder im Trab zur Garderobe... Ich renne zum Trolleybus, dann die Rolltreppe hinunter in die Metro und danach zum Autobus... Und ganz verschwitzt und außer Atem, stürme ich gegen neun ins Haus...«

»*Freitag*... Zwei bleischwere Taschen sind zu schleppen... In der Metro muß ich stehen – die eine Tasche in der Hand, die andere am Boden. Geschubse und Gedränge. Lesen ist unmöglich. Endlich die Metro-Station ›Sokol‹. Alles springt raus und stürzt zu den schmalen Treppen. Das kann ich nicht – die Milchtüten, die Eier. Ich zottle hinterher. Als ich zum Autobus komme, eine Schlange für etwa sechs Busse. Soll ich probieren, in einen überfüllten reinzukommen? Und die Taschen? Trotzdem versuche ich, mit dem dritten Autobus mitzukommen. Aber die Taschen machen es mir unmöglich, mich festzuhalten, mein Fuß rutscht von dem hohen Trittbrett, ich stoße mich am Knie, in diesem Moment setzt sich der Bus in Bewegung. Alles schreit, ich kreische...«

Noch etwas ist aus den Büchern sowjetischer Schriftstellerinnen herauszulesen: sexuelle Frustration. Denn weder Trifonows »schwacher Held« noch Schukschins sibirischer Sponti halten, was sie versprechen. Der Wodka ist daran schuld, aber auch ihre generelle Unfähigkeit, mit Frauen umzugehen. Die Kluft zwischen den Geschlechtern vertieft sich mit den Jahren immer mehr, die Männer bleiben auch nach der Militär- oder Studentenzeit in Cliquen und romantischen Rudeln beisammen, wo sie die jahrhundertealten Riten der russischen Männerrolle konservieren. Wassilij Axjonow in der Erzählung »Papa, lies vor«:

»Kinder wurden ihnen geboren, aber die Kinder, die Frauen und das ganze häusliche Leben waren irgendwo außerhalb jenes männlichen Moskauer Lebens, das so aussieht: Die Nachzügler hasten von der Metro zum Stadion, als würde zur Attacke geblasen, auf den Zuschauerrängen herrscht Erregung, und alle sind trunken von einem gewaltigen, berauschenden Gefühl der Solidarität. – Sie konnten nicht begreifen, warum ihre Mädels solche langweiligen Kruken geworden waren... Nur sie sind schuld an allem, die Alkas, Ninkas, Tamarkas, diese langweiligen Kruken...«

Auf beiden Seiten Enttäuschung, und der Rückzug in die Geborgenheit des eigenen Geschlechts. Unweigerlich stellen sich Begleiter ein: Suchtmittel und die latente, flüchtige Homosexualität der Kasernen und Kadettenanstalten, der Sportschulen und Internate. Der kriegerische Held praktiziert seit Jahrhunderten die »Sexualität im Vorübergehen«. Mit einem Mal, nach vierzig Jahren Frieden, zeigt sich: Die Frauen wollen mehr.

Sie wollen Zärtlichkeit, Anteilnahme und Zuwendung. Sie wollen Zwischentöne und Behutsamkeit. Doch dergleichen lernt man weder in der Kaserne noch in der Sportschule; dort geschieht zwar etwas, in verborgenen Winkeln und Umkleidekabinen, dumpf, hilflos und eilig, manchmal zaghaft, manchmal brutal, aber immer aus Not und Bedrängung, und nicht aus Lust. Und das wird später auch den Frauen zugemutet, die ihrerseits den Katechismus sowjetischer Prüderie in sich tragen. Man trifft zusammen, zeugt Kinder und weiß nicht weiter.

Und beide Seiten stößt es in die Einsamkeit zurück, umgeben von der Hektik des sowjetischen Alltags und vom geräuschvollen Leben der Bierbuden und Sportstadien. Er trifft sich dort mit »den Jungens«, und der Komment der Soldatenfreundschaften und Sportskameradschaften gleitet unmerklich in die mörderische Kumpanei der Wodkaflasche hinüber, die nicht umsonst im Jargon weibliche Kosenamen trägt: »Weißköpfchen« oder »hellköpfige Freundin«. Sie aber weint sich bei »den Mädchen« aus, und auch hier gewinnt die Portweinflasche mehr und mehr an Bedeutung.

Die Gesellschaft, die einst mit Kollektivgefühlen in die »lichte Zukunft« aufbrach, in der man Kindheit und Jugend in festen, aber auch schützenden Formationen verbringt, vom Klang schimmernder Fanfaren und von lustig wehenden Wimpeln geführt, wirft die Menschen anschließend in ein Erwachsenenleben und Alter von schrecklicher Einsamkeit. Schon die Pubertät ist dort mit einem Erschrecken verbunden, weil ein entspanntes Verhältnis zur Sexualität vom Ballast kommunistischer Moralvorschriften bedrängt wird, angefangen mit der ständigen Bevormundung durch Komsomol-Sekretäre, »Diensthabende« und andere Aufsichtspersonen, bis hin zur sinnentötenden Kleiderordnung der zimtbraunen Schuluniformen, deren einziger Farbfleck das rote Pionierhalstuch ist.

Dagegen zu opponieren erfordert Kräfte und Energien, die wiederum auf Kosten einer harmonischen Entwicklung gehen. Außerdem steht das Ende jeder pubertären Revolte schon vorher fest: der Militärdienst, perfekt organisiert und gut durchdacht. Der Tschuwasche dient in Ost-Berlin, der Bjelorusse in Afghanistan, der Aserbaidshaner in Sibirien und der Moskauer Intellektuellensohn im Nördlichen Eismeer. Und das Mädchen wartet, wie russische Soldatenfrauen seit Jahrhunderten, empfängt zwei Jahre lang Feldpostbriefe aus Gegenden, von denen sie kaum jemals gehört hat, und wenn er zurückkommt, hat er Dinge erlebt, gesehen und selber tun müssen, die sie nicht begreifen kann, und ehe sie noch zusammengekommen sind, verstehen sie einander nicht mehr.

Die Heldin der Novelle »Woche für Woche«, Natalja Baranskajas junge Physikerin, erwacht mitten in der Nacht, von unerklärlicher Angst vor Einsamkeit und Älterwerden erfüllt. Sie lauscht dem Ticken der Uhr, »die flirrend und sich überstürzend die Zeit verstreut« – und damit das Leben. Die junge Frau ahnt, daß ihr Leben vergeudet wird, sinnlos zerrieben in tausend unnötigen Nichtigkeiten, den paralysierenden Alltagsgebrechen einer nicht funktionierenden Welt.

Dabei hat sie noch Glück: Ihr Mann trinkt nicht. Dafür versucht er immer wieder, ihr die Arbeit im Institut auszureden. Weil ihm, irgendwo auch verständlich, »ein normales Leben vorschwebt«. Ebenso verständlich ist, daß sich die junge Frau an ihren Beruf klammert, selbst wenn sie, wegen der ständig kranken Kinder und der nervenzermürbenden Belastungen, wenig Erfolg hat und wenig verdient. Der Beruf bedeutet ihr alles, die letzte Hoffnung und die Gewähr, nicht endgültig in den Strudeln sowjetischen Frauenalltags zu versinken.

Wann immer ich Moskauerinnen an Bushaltestellen stehen sah, mit Netzen und Taschen behängt, nervös vom ewigen Circulus vitiosus, dennoch um modische Kleidung und Make-up bemüht, mit Frisuren, die irgendwann zwischendurch entstanden, mit Lippenstift, der nach endlosem Schlangestehen errungen war, in Importstiefeln, deren Erwerb einen Glücksfall bedeutete, und in Strumpfhosen, die kaum zu ersetzen waren, habe ich mich gefragt: Wie machen sie das?

Der Moskauer Morgen ist lärmend und hektisch, er vertreibt die Gespenster der Nacht. Swetlana spürte sein Nahen: Zuerst verschwand das grünliche Mondlicht, dann klapperten die Brotautos über den Lenin-Prospekt, kurz darauf waren die Geräusche des erwachenden Hauses zu hören.

Swetlanas Nachbar Wasjukow ging mit schweren Schritten zur Arbeit, und im Treppenhaus erhob sich Gekeif: Irgendein Kolja war betrunken nach Hause gekommen. Swetlana kannte das alles bis zum Überdruß: Jetzt kreischte die schrille Stimme der Karawajewa, die Baßstimme der »Diensthabenden« mischte sich ein, Poltern, dann Stille.

»Oi, die Menschen!« Swetlana hat ihre nächtlichen Gedanken beiseite geschoben. Das Leben geht weiter. Der Lissitzky-Band steht im Bücherregal, ein schwarzer, glänzender Rücken mit weißer Schrift, er sieht harmlos aus, und Swetlana kann kaum noch verstehen, worüber sie sich heute nacht so aufgeregt hat.

Nun wird sie frühstücken. Um neun kommen die jungen Leute aus der DDR. Swetlana hat viele ausländische Freunde, sie ist Mitglied der Freundschaftsgesellschaft UdSSR-Österreich und arbeitet nebenberuflich als Dolmetscherin. Beim Übersetzen kommt es auf mehr an als auf bloße Sprachkenntnisse, und deshalb ist Swetlana begehrt: Bezirkskomitees der Partei und der Gewerkschaft, Verbände und Institutionen bemühen sich darum, ihre ausländischen Gäste von ihr betreuen zu lassen.

Sicher, es gibt Tausende jüngerer Frauen, die dolmetschen können, Swetlana selbst hat sie ausgebildet und verbürgt sich für ihre fachliche Qualifikation. Aber die Auftraggeber schätzen an Swetlana vor allem etwas, was junge Dolmetscherinnen nicht in diesem Maße besitzen: Instinkt und Bewußtsein.

Einem Ausländer kann man nicht alles zeigen, und wenn er Fragen stellt, die man ihm nicht beantworten möchte, muß das so geschehen, daß er es nicht bemerkt. Swetlana weiß, daß man den Besuchern aus kapitalistischen Ländern jahrelang ein negatives Bild von der Sowjetunion aufgebaut hat. Sie bemüht sich, dieses Bild zu zerstreuen und den Ausländern klarzumachen: Das russische Volk ist anders, als ihr seid, es ist heldenhafter und opferbereiter als die Menschen des Westens, und nur auf der Grundlage dieser Erkenntnis kann man verstehen, was hier geschieht.

Die meisten Ausländer sind gutwillig. Verhärtete Antikommunisten scheuen die weite Reise und den mangelnden Komfort. Sollte es doch einmal Störenfriede in einer Gruppe geben, weiß Swetlana mit ihnen umzugehen. Dann ist es ratsam, sowjetischen Stolz zu zeigen. *Wir* haben die Opfer auf uns genommen, *wir* haben Europa von Hitler befreit. Vergeßt das nicht. Und wenn ihr es dennoch vergeßt und über unsere Armut die Nase rümpft, seid ihr undankbare Geschöpfe und dumm noch dazu: Seht ihr nicht, wie gern wir Russen die Entbehrungen auf uns nehmen, der Zukunft der Menschheit zuliebe? Seht ihr nicht, wie fröhlich unsere Kinder sind? Mit welchem Elan unsere Jugend in die Neuland-Gebiete fährt? Wie wir unsere ruhmreiche Geschichte ständig in uns tragen?

Es kommt darauf an, aus der Vielzahl der Erscheinungen die richtigen auszuwählen. Das Leben ist kompliziert, und drei oder vier Wochen sind eine kurze Zeit. Alles kann man den Ausländern sowieso nicht zeigen, eine Auswahl ist vonnöten, das Typische muß betont werden, das Charakteristische, wie in der Kunst. Und so stellt Swetlana mit künstlerischem Eifer Routen und Programme zusammen: Fahrten nach Susdal und Sagorsk oder in die Heldenstadt Nowgorod, Besuche in der Schatzkammer des Kreml, eine Aufführung im Bolschoi-Ballett, Stippvisiten in Kindergärten. Am eindrucksvollsten sind jedoch Begegnungen mit einfachen sowjetischen Menschen, deren Swetlana glücklicherweise viele kennt. Eine kleine Gruppe kann man zu Galja mitnehmen; dort gibt es ein russisches Essen, für die Männer auch ein Gläschen Wodka, obwohl weder Swetlana noch Galja Wodka mögen. Auch die

Denissows haben Bewußtsein und sind gute Gastgeber; ihr Sohn spielt Gitarre, und wenn er, vor dem Fenster sitzend, mit seinem jugendlichen Bariton dazu singt, Lieder von Okudshawa und Shanna Bitschewskaja, oder für anspruchslosere Gäste »Wenn es Abend wird in der großen Stadt...«, und hinter ihm flimmern die Lichter von Tscherjomuschki, dann kommt echte Rührung auf, ein Gefühl, das die Ausländer, wie sie selber sagen, in ihrer vom Konkurrenzdenken beherrschten Welt schon lange nicht mehr empfunden haben.

Viele der ausländischen Gäste, die Swetlana betreut hat, kommen wieder. Auch die jungen Leute aus Berlin, die sie jetzt erwartet, sind zum dritten Male hier, irgend etwas fasziniert sie an der Sowjetunion, sie wollen alles wissen und alles verstehen, und Swetlana wird ihnen auf ihre Art dabei behilflich sein.

Wir kamen pünktlich um neun und tranken mit Swetlana Tee.

»Kennt ihr das Marx-Engels-Museum?« fragte sie uns.

»Nein? Und das Majakowskij-Museum? Oi, das ist schlecht. Ein sehr interessantes Museum. Die Genossen dort haben das sehr anschaulich dargestellt. Man gewinnt einen lebendigen Eindruck von Majakowskijs Persönlichkeit.«

Wir verließen Swetlanas Wohnung, passierten die »Diensthabende« im Treppenhaus und gingen in Richtung Metro-Station. An der Ecke trafen wir einen Mann, um dessen Hals eine Girlande aus zwei Dutzend Rollen Klosettpapier hing. Wir hätten ihn sicher nicht weiter beachtet, wäre uns nicht wenige Augenblicke später eine Frau begegnet, die ebenfalls Klosettpapier trug, allerdings nicht um den Hals, sondern mit Packpapier umwickelt, als Paket.

Swetlana sprach die Frau an.

»Wo?« fragte sie.

»Drüben, auf dem Lenin-Prospekt. Neben dem ›Okean‹.«

»Danke«, sagte Swetlana. Sie blieb einen Moment unschlüssig stehen und zwinkerte nervös mit den Augen.

»Ach was«, sagte sie zerstreut. »Vielleicht reicht es bis heute nachmittag. Jetzt fahren wir, wie wir uns vorgenommen haben, ins Marx-Engels-Museum.«

Der Oberstleutnant betrank sich am Abend, nachdem wir gegessen hatten. Sein Schwiegervater war Mitglied des Politbüros, daher stand der Balkon voller ausländischer Spirituosen: französischer Kognak, norwegischer Aquavit, schottischer Whisky und holländischer Genever.

Zuerst tranken wir Kognak.

»Ich verstehe gar nicht, liebe Gundula«, sagte der Oberstleutnant, wobei er schwerfällig sein Glas erhob, »warum du nicht in der Partei bist.«

Die Angesprochene war eine Mittdreißigerin, die niemand von uns kannte. Sie arbeitete beim Fernsehen und hatte zu diesem Kreis Zugang gefunden, weil sie irgendwann einmal mit der Schwester des Oberstleutnants, einer Staatsanwältin, zur Schule gegangen war.

Die Frau des Oberstleutnants unterbrach ihren Mann: »Jetzt hör uff! Laß uns bloß in Ruhe!«

»Nein!« rief der Oberstleutnant, der in dem engen Wohnzimmer der Neubauwohnung herumstolperte. »Nein, das muß Gundula uns erklären, warum sie nicht in der Partei ist!«

»Na, ich bin eben nicht drin. Es hat sich noch nicht ergeben!«

»Was soll denn das heißen?«

»Ja, wirklich«, sagte ich, für mich selbst unerwartet, »Sie sollten eintreten. Wir brauchen gerade solche Leute wie Sie.«

»Wieso?«

»Ja.« Ich bemühte mich, klar und deutlich zu sprechen. »Gerade intelligente Menschen müssen in die Partei.«

Die Frau des Oberstleutnants sah mich mißtrauisch an. Sie trank wenig und versuchte, das fragwürdige Gespräch zu beenden.

»Sag mal, Klaus«, fragte sie ihren Mann, »warum ist hier eigentlich keine Musik?«

»Was soll ich denn auflegen?«

»Na, irgendwas, vielleicht Monika Herz...«

»Um Gottes willen!« rief Pröppert, der neben ihr auf dem Sofa saß, »doch nicht Monika Herz!«

»Na, dann eben was anderes.«

»Ich habe etwas mitgebracht!« sagte Pröppert, als sei ihm eine Erleuchtung gekommen. »Ich habe extra eine Schallplatte mitgebracht.«

Er ging in den Korridor und rammte den Türpfosten. Die Frau des Oberstleutnants sah ihm kopfschüttelnd nach.

»Ich werde etwas lüften«, erklärte sie. »Klaus, setz dich hin!«

Der Oberstleutnant, ein großer, sehr dicker Mann, ließ sich gehorsam auf die Konsole der Schrankwand plumpsen.

»Paß auf!« rief seine Frau.

Pröppert kam zurück, in der Hand eine buntbedruckte Single.

»Laß mal sehen!« sagte der Oberstleutnant mit schwerer Zunge. »Bonny Taylor... Kenn ich nicht. Eine Amerikanerin?«

»Sag bloß, du kennst Bonny Taylor nicht!«

»Nee, noch nie gehört.«

Bonny Taylor sang »It's A Heart Ache«. Dem Oberstleutnant schien die Musik zu gefallen. »Nochmal!« verlangte er, als die Single abgelaufen war. »Aber vorher trinken wir noch etwas...« Er ging zur Balkontür und streifte den Tisch, auf dem die Gläser standen.

»Paß doch auf!« rief seine Frau.

Der Oberstleutnant steckte seinen Kopf zur Balkontür herein und fragte: »Was wollt ihr trinken? Gin?«

»Nein«, sagte Pröppert.

»Oder das hier... Wartet mal, was ist das eigentlich? ... Dänischer Kirschlikör! Ja, den trinken wir jetzt, das ist auch endlich mal was für die Damen!«

»Na danke«, sagte seine Frau, »ich möchte nichts.«

»Aber du trinkst einen Kirschlikör, nicht wahr, meine liebe Gundula?«

Er goß ihr ein. Gundula rief: »Nicht soviel!«

Wir tranken.

»Trotzdem«, sagte der Oberstleutnant, »verrate uns mal eins: Warum bist du nicht in der Partei?«

»Ach herrje, jetzt geht das schon wieder los!«

»Ja«, sagte der Oberstleutnant, »wir lassen nicht locker. Sag mal ganz ernsthaft: Warum nicht?«

»Na, zum Beispiel, weil ich keinen Bürgen habe.«

»Aber das ist doch kein Problem! Wir alle würden gern für dich bürgen. Alle hier im Zimmer.«

Pröppert schwieg. Ich erinnerte mich in meinem benebelten Kopf an eine ähnliche Situation: an eine Parteileitungssitzung, in der meine Partei-Aufnahme zur Diskussion stand. Es gab Gegenstimmen, und mein Bürge, der wetterwendische Dozent Strieglitz, erklärte plötzlich, daß er unter diesen Umständen die Bürgschaft leider nicht aufrechterhalten könne... Da rief ein alter Genosse, ein Parteiveteran: »Übernehme ick! Die Bürgschaft übernehme ick!«

Ich erinnerte mich an diese schicksalhafte Stunde, in der über meine Zugehörigkeit zur fortschrittlichsten Kraft der Erde entschieden wurde. Ich würde dazugehören, ich würde niemals mehr allein sein, ich würde eine Wirkungsstätte finden... Und das alles, weil dieser aufrechte alte Genosse, der den grauen Karrieristen, die um ihn saßen, an Menschenkenntnis überlegen war, mich als einziger nicht verkannte. Er sah über meine absonderliche Sprache und meinen parteiunwürdigen Hang zum Individualismus hinweg und erklärte unumwunden: »Die Bürgschaft übernehme ick!«

War es jetzt soweit, daß auch ich meine erste Bürgschaft übernahm? Ich könnte die Situation schlagartig klären, wie damals der alte Genosse...

»Die Bürgschaft übernehme ich!« sagte ich laut.

»Was?« fragte die Frau des Oberstleutnants. »*Du*?«

»Warum denn nicht?«

»Aber du kennst mich doch gar nicht!« rief Gundula.

»Na und?« erklärte der Oberstleutnant. »Was macht das schon? Er hat sich ja heute abend ein Bild von dir gemacht.«

»Ach, sei doch still!« unterbrach ihn seine Frau. »Du bist unmöglich!«

Der Oberstleutnant murrte.

»Hör jetz uff!« sagte seine Frau. »Mach lieber wieder Musik an!«

Wir hörten Bonny Taylor.

»Toll!« sagte der Oberstleutnant. »Nochmal!«

Gundula mußte später hinausgehen, auch Pröppert verschwand lange im Korridor. Währenddessen berichtete die Frau des Oberstleutnants von einem Kollegen in ihrem Betrieb, der sich nicht einordnen wolle. Pröppert kehrte zurück und trank Kirschlikör, und nach dem Likör tranken wir noch irgend etwas. Später versuchte ich ein Funktaxi anzurufen, und während all dessen saß der Oberstleutnant auf der Konsole der Schrankwand und hörte Bonny Taylor. Seine Augen waren geschlossen, und er wiegte seinen massigen Oberkörper im Takt der Musik hin und zurück. Er hörte die Platte mindestens zwei dutzendmal, und er schien vollkommen glücklich zu sein.

III

Das zweite Gesicht

Ich möcht ein wenig von der alten Schule sein,
korrekt und höflich, manchmal gradezu,
doch ohne viel und indiskret zu fragen.
Ich möchte zur Gemeinheit stets
Gemeinheit sagen.

Jewgenij Jewtuschenko

Wir reisten zu fünft: Anastasia, Hendrich, Matthias und ich, außerdem die unvermeidliche Reisebegleiterin, diesmal die Genossin Elfi Tetjens von der Akademie. Sie war von unbestimmtem Alter und ohne besondere Auffälligkeiten, von einer einzigen abgesehen: Sie rauchte stark.

Rauchend saß sie in einem der Kunstledersessel des Ost-Berliner Flughafens Schönefeld und teilte uns mit: »Der Abflug verzögert sich.«

»Warum?«

»Vermutlich Nebel.«

»Ich sehe keinen Nebel«, sagte ich.

»Doch nicht hier. In Moskau.«

»Waren Sie schon mal in Moskau?«

»Nein. Ich bin sehr gespannt.«

Die Reisenden, die auf den Flug nach Varna und Burgas warteten, erfuhren über Lautsprecher, daß ihr Abflug um vier Stunden verschoben werden müsse – »aus technischen Gründen«.

»Das fängt ja gut an«, sagte Matthias.

Am Nachbartisch erhoben sich zwei Männer in Freizeitanzügen, warfen sich vielsagende Blicke zu und marschierten entschlossen zum Buffet. Dort saß schon Hendrich, vor sich ein großes Glas Bier.

Die Genossin Tetjens hatte unsere Reisepässe fächerförmig vor sich ausgebreitet: vier blaue DDR-Pässe und den roten von Anastasia, die bulgarische Staatsbürgerin war. Man hatte sie ihr gestern ausgehändigt, direkt aus dem Stahltresor der Akademie.

»Wo bleibt denn Frau Kostodorová-Singer?« fragte sie ungehalten.

Anastasia kam erst, als wir schon in der Maschine saßen. Eine sowjetische Stewardeß führte sie über das Rollfeld. Sie passierten den Rotarmisten, der mit umgehängter Maschinenpistole an der Gangway stand und einen Aeroflot-Angestellten beim Sortieren elektrischer Kabel beobachtete, die seitlich aus einer der Tragflächen hingen. Dann winkte der Rotarmist mit der Hand, und darauf wurden die Türen geschlossen, und die Gangway fuhr langsam an meinem Fenster vorbei.

Die Triebwerke begannen ohrenbetäubend zu heulen, und das riesige Flugzeug setzte sich ruckartig in Bewegung. Am Fenster flitzten kleine Häuschen und Bäume vorbei, dann standen die Bäume schräg, und ich wandte mich ab und vertiefte mich in mein Buch.

»Was liest du?« fragte Matthias.

»Tacitus. Die Annalen. Ich habe einen Abschnitt über Armenien gefunden.«

»Im Tacitus?«

»Ja. Paß auf: ›Da eben, als des Orients Streitkräfte geteilt und der Ausschlag ungewiß, ward dem Mithridates Gelegenheit gegeben, sich Armeniens zu bemächtigen...‹«

»Da reisen wir jetzt in die Antike«, sagte Matthias, als ich fertig war.

»Ja. Zum Ursprung. ›Der Boden, auf dem wir stehen, ist Heiliges Land.‹«

Wir landeten in Moskau bei strahlendem Sonnenschein. Als wir die Zollerklärung ausfüllten, erschien Raissa.

»Frau Tetjens?«

»Ja?«

»Darf ich mich vorstellen: Lewina. Akademie der Künste der UdSSR.«

»Oh, wie haben Sie uns unter all den Menschen so schnell gefunden?«

»Wir kennen uns«, sagte ich. »Guten Tag, Raissa.«

Hendrich sprach kaum ein Wort. Seine grünen Augen waren halbgeschlossen, und er stand, die Arme in die Hüften gestützt, vor dem Eingang des Hotels. Er war Meisterschüler bei dem Bildhauer Gerd Specker und stammte aus Jena. Seine Zeichnungen waren verworren und undurchsichtig. In der Akademie hieß es, er sei hochbegabt und sensibel.

Als wir nach langem Warten unsere Zimmerflucht betraten, erspähte er sofort den einzigen Schreibtisch und belegte ihn mit Beschlag. Für Matthias blieb ein winziger Nachttisch.

»Wo willst du bleiben?« fragte er mich.

»Im Salon.«

»Und wo willst du schlafen?«

»Auf dem Sofa. Ich bitte die Djeshurnaja um eine Aufbettung.«

»Warst du schon im Bad?«

»Ja.«

»Wie ist es?«

»Ganz ordentlich.«

Nebenan räumte Hendrich geräuschvoll seinen Schreibtisch ein.

»Wie findest du das?« fragte Matthias mit einer Kopfbewegung in Richtung Nebenzimmer.

»Hochbegabt.«

»Er hätte wenigstens fragen können, ob wir uns den Schreibtisch teilen wollen.«

»Dazu ist er zu sensibel.«

Matthias sagte lächelnd: »Wir werden auf ihn aufpassen müssen.«

Wir hatten an derselben Hochschule studiert und waren schon einmal zusammen gereist: ins Militärische Ausbildungslager Groß-Köris. Und beide hatten wir dort glaubwürdige Atteste vorgelegt, die uns chronische Krankheiten bescheinigten: Matthias Kreislaufschwäche, mir ein Nervenleiden.

Wenn unsere Kommilitonen ins Gelände marschierten, in gesprenkelten Overalls, den Stahlhelm auf dem Kopf, die Maschinenpistole »Kalaschnikow« über der Schulter und ein Lied auf den Lippen, wurden wir von einem mürrischen Unteroffizier in die Küche geführt, um Kartoffeln zu schälen und Marmelade in Plastiknäpfe zu füllen. Der Unteroffizier mißtraute uns. Gegen die Atteste war nichts einzuwenden, sie waren von Kapazitäten unterschrieben und ordnungsgemäß unterstempelt, aber befremdlich blieb, daß wir nicht unter unserer Untauglichkeit litten. Zugegeben, niemand kann etwas dafür, wenn er gesundheitlich nicht auf der Höhe ist. Aber muß es nicht die Mannesehre kränken, wenn alle anderen Waffen tragen, sich zu Kämpfern entwickeln, man selbst jedoch seine Tage in der Gesellschaft von Küchenfrauen verbringt?

Der Unteroffizier teilte mich eines Tages zu einer anderen Schicht ein. Er besaß Gespür und fand es angezeigt, Matthias und mich zu trennen. Er weckte mich früh um vier.

»Was soll das?« fragte ich verschlafen.

»Aufstehn!«

»Warum denn?«

»Weil Sie zur Frühschicht eingeteilt sind!«

»Seit wann?«

»Seit heute.«

»Ich habe keine Lust.«

»Was?«

»Ich sehe gar nicht ein, warum ich zur Frühschicht gehen soll. Bisher ist man dort sehr gut ohne mich zurechtgekommen.«

Der Unteroffizier packte mich am Arm und zog mich aus dem Bett.

»Ich werde dir lernen«, schrie er, »hier die Befehle zu verweigern! Denkst wohl, du bist was Beßres wie mir!«

Er versuchte mich zum Ausgang der Baracke zu zerren. Sein Gesicht war vor Anstrengung und Empörung gerötet, er schnaufte und sah sich hilfesuchend im Raum um.

»Ich bringe dich zum Kommandeur! Alle sind Zeugen!« stieß er hervor. »Du wirst dich noch putzen!«

In diesem Augenblick sprang Matthias aus seinem Bett, packte den Unteroffizier von hinten und schüttelte ihn.

»Laß ihn in Ruhe«, sagte er.

»Was?« Der Unteroffizier wandte sich um. »Hier noch helfen? Einem Befehlsverweigerer? Du willst wohl selber...«

Ein kurzes Handgemenge entstand. Der Stabsfeldwebel trat ins Zimmer.

»Genosse Unteroffizier! Was'n hier los?!«

»Die haben... Er hat...« begann der Unteroffizier.

»Wir haben geschlafen«, sagte Matthias ruhig, »da prügelt der Genosse Unteroffizier plötzlich auf uns ein.«

»Soll'n das?!«

»Er sollte zur Frühschicht... Hat den Befehl verweigert... Das können alle bezeugen.«

Der Stabsfeldwebel sah sich um. Die anderen lagen reglos, mit über den Kopf gezogenen Decken.

»Unmöglich!« sagte der Stabsfeldwebel. »Am frühen Morgen so'n Radau! Ruhe jetzt!« Und ging.

Der Unteroffizier, nach einigen Sekunden der Sprachlosigkeit, machte einen Schritt auf mich zu.

»Du wirst dich umsehen«, fauchte er. »Ich mache schriftliche Meldung. Das war eindeutig Befehlsverweigerung. Da hilft dir nichts.«

Wohlwollende Vorgesetzte vertuschten die Sache. Matthias und ich waren unentbehrlich: In unserer Freizeit gestalteten wir die Lagerwandzeitung, zeichneten Tabellen und Überschriften. Solange wir im Lager waren, verloren wir darüber kein Wort. Zwischen uns war alles klar.

Am dritten Tag bot uns die »Diensthabende« Kaviar an, schwarzen, feinkörnigen Astrachan-Kaviar, in einem Schraubglas, das etwa ein Pfund fassen mochte. Sie verlangte dafür einen lächerlich niedrigen Preis: 15 Rubel. Als wir uninteressiert auf das grünliche Glas starrten, senkte sie den Preis: auf 12, 10 und 9 Rubel, auf 8 Rubel 50 Kopeken... Aber wir waren wirklich nicht interessiert. Vor uns lag eine mehrwöchige Reise durch mehrere Städte, und wir wußten nicht, was wir mit einem Pfund Kaviar anfangen sollten.

Die »Diensthabende« ließ das Glas unter ihrer Theke verschwinden. Als sie wieder zu uns aufsah, war ihr Blick gleichgültig und kalt.

In der Halle wartete Raissa, um mit uns hinaus nach Kolomenskoje zu fahren. Als wir dort ankamen, hatte sich der Himmel verdunkelt, und ein scharfer Wind wehte uns entgegen. Vor den blechgedeckten Wohnhäusern spielten vermummte Kinder, eingepackt wie für eine Nordpol-Expedition, in wattierte Overalls aus synthetischem Stoff, Köpfe und Hälse mit Tüchern und Schals umwickelt, die kleinen Hände in Fausthandschuhen.

»Das sind die Großmütter!« sagte Raissa ärgerlich, als sie die Kinder sah. »Sie ziehen ihnen Wintersachen an, sobald es etwas kühler wird.«

Sie hatte selbst einen fünfjährigen Sohn, war aber nicht verheiratet. Wenn sie arbeitete, überließ sie ihn der Obhut der Großmutter, wie Hunderttausende Moskauerinnen.

»Eine Unsitte!« fuhr Raissa fort, sichtlich erregt. Sie und Frau Tetjens hatten sich, kaum daß wir die Metro verließen, Zigaretten angezündet.

»Ist denn das so schlimm?« fragte Matthias, der Vater von zwei kleinen Töchtern war.

»Ja natürlich. Die Kinder sind nicht abgehärtet. Diese Vermummung läßt keine Luft an sie heran. Deshalb sind sie ständig krank. Mein Wolodja ist jeden Herbst und Winter mindestens dreimal böse erkältet.«

»Das gibt es auch bei uns«, sagte Anastasia. »Diese Sitte kommt vom Dorf. Die Mütter können nicht verhindern, daß mittelalterliche Methoden angewandt werden. Ich kenne das alles.«

Wir besichtigten das Holzhaus Peters des Großen, und ich zeichnete den Glockenturm, der sich schneeweiß vor dem bleigrauen Himmel erhob.

Raissa stand neben mir, rauchte und sah mir zu.

»Raissa«, sagte ich, »wie machen wir das mit dem Puschkin-Museum?«

»Ich kann eine Führung bestellen. Kommt drauf an, was Sie sehen wollen.«

»Nein, das meine ich nicht. Wir möchten ins Kabinett, in die Sammlung der Zeichnungen, ins Archiv.«

»Wie stellen Sie sich das vor?«

»Ich war vor drei Jahren dort, mit Alexander Dawidowitsch Lazurskij. Er ist leider nicht in Moskau, ich habe gestern mit seiner Frau telephoniert. Aber er hat mich damals mit einer Wissenschaftlichen Mitarbeiterin bekannt gemacht, mit einer gewissen Galina Robertowna. Vielleicht können Sie versuchen, dort anzurufen. Sie verwaltet die Mappen der zwanziger Jahre: Sterenberg, Kustodijew, Altman, Mitrochin. Sie wird sich an mich erinnern.«

»Wer außer Ihnen will noch dorthin?«

»Auf jeden Fall Matthias, sicher auch Anastasia. Mit Hendrich muß ich erst sprechen. Wer weiß, ob ihn das interessiert.«

»Und Frau Tetjens?«

»Sie klagt oft, daß sie keine Zeit findet, sich auszuruhen. Vielleicht kann sie das an diesem Vormittag tun?«

»Ich werde sehen, was sich machen läßt.«

Am nächsten Morgen nahm mich Raissa beiseite.

»Ich habe Ihre Galina Robertowna erreicht.«

»Und?«

»Mitrochin kann nicht gezeigt werden.«

»Und Altman?«
»Auch nicht.«
»Sterenberg?«
»Der ja.«
»Was können wir noch sehen?«
»Matisse.«
»Wissen Sie etwas Genaueres?«
»Neue Zeichnungen. Ein Geschenk der Delektorskaja.* Aber nur ein paar. Die meisten sind verliehen.«
»Verliehen? An wen?«
»An die Sammlung Thyssen.«
»Und Pasternak? Bakst? Bilibin? Kaplan? Kustodijew? Lanceray?«
»Passen Sie auf. Galina Robertowna muß das vorbereiten. Einigen Sie sich mit Matthias und Anastasia. Schreiben Sie alle Namen, für die Sie sich interessieren, auf einen Zettel. Den gebe ich Galina Robertowna, und sie sagt uns dann einen Tag, an dem wir ein halbes Stündchen kommen können.«
»Das ›halbe Stündchen‹ ist hoffentlich nicht wörtlich gemeint.«
»Kann sein, kann nicht sein. Galina Robertowna muß Ihren Besuch einer Kollegin übergeben. Sie selbst arbeitet inzwischen in einer anderen Abteilung.«
»Vielleicht sollte ich die Frau von Alexander Dawidowitsch Lazurskij bitten, noch einmal dort anzurufen?«
»Nein. Was Galina Robertowna für Sie tun kann, das wird sie tun. Sie war sofort im Bilde. Sie können ihr vertrauen.«
»Werden Sie auch mitkommen?«
»Falls Sie nichts dagegen haben.«
»Natürlich nicht.«
»Ich werde noch zwei Freundinnen mitbringen, ebenfalls Mitarbeiterinnen der Akademie. Ich werde sagen, daß sie auch zu Ihrer Begleitung gehören. Und meine Freundin Ta-

* Lydia Delektorskaja war Mitarbeiterin von Matisse.

mara, die mit Ihnen nach Leningrad und in den Süden reisen wird.«

»Gut. Ich habe nur eine Frage: Warum kommen *Sie* nicht mit uns in den Süden?«

»Wir wechseln eben. Ich bin für Moskau zuständig, Tamara für die anderen Städte.« Raissa sah mich an und lächelte. »Sie werden sich gut mit Tamara verstehen.«

Erst Wochen später öffneten sich uns die verschlossenen Türen. Matthias hatte seinen Photoapparat mitgebracht, aber er mußte ihn an der Garderobe abgeben. Dann saßen wir, Raissa und ihre Freundinnen schweigend vor den aufgeschlagenen Mappen und blätterten in Sterenbergs frühen Radierungen. Das Leben der zwanziger Jahre tat sich auf, das Leben der Straßen, der Bettler, Ganoven und Prostituierten, der demobilisierten Soldaten des Bürgerkriegs, der Kommunalwohnungen, der engen Höfe, der Küchentische. Wir sahen Kaplans vergessene Leningrad-Serie und Kustodijews Lithographien vom Leben der Moskauer Kaufmannsfrauen.

Die Wissenschaftliche Mitarbeiterin fragte: »Möchten Sie noch etwas sehen?«

»Leonid Pasternak.«

Die Mappe war schmal. Sie enthielt Farbradierungen und Lithographien: Porträts von Tolstoi, Maxim Gorkij und Lovis Corinth. Dann ein Jüngling mit Locken und scharfem Gesicht.

»Wer ist das?«

Anastasia beugte sich über das Blatt: »Auf jeden Fall eine Schönheit.«

»Was steht drunter?«

Ich entzifferte: »Borja.«

»Sein Sohn!« sagte Anastasia leise und triumphierend. »Raissa! Tamara! Kommen Sie. Boris Pasternak, Ihr Nobelpreisträger. Unter Verschluß.«

»Anastasia, sei still.«

»Kommen Sie her, Raissa. Das sehen Sie nicht jeden Tag. Die unterirdischen Grüfte öffnen sich.«

Ich warf einen Blick auf die Wissenschaftliche Mitarbeiterin. Sie war angelegentlich mit dem Sortieren von Etiketten beschäftigt. Minuten vergingen.

»Und jetzt? Matisse?«

»Machen wir eine Pause«, schlug ich vor.

Auf den Bänken vor dem Puschkin-Museum, zwischen Tannen und Birken, saßen Mädchen in Pionieruniform. Aus der Eingangstür trat eine Frau. Ich erkannte sie sofort. Es war Galina Robertowna.

»Sind Sie zufrieden?« fragte sie im Vorübergehen.

»Herzlichen Dank.«

»Schade, daß ich Ihnen den Mitrochin diesmal nicht zeigen kann. Ich weiß, daß Sie ihn besonders mögen. Damals haben Sie vier Stunden über seinen Blättern gesessen.«

»Das wissen Sie noch?«

»Sicher. Sie haben skizziert... Ich erinnere mich gut...«

Galina Robertowna sah mir gerade in die Augen.

»Leben Sie wohl.«

Die beiden Kaukasier fuhren im Taxi vor, in Papier gewickelte Flaschen im Arm und in Begleitung einer blonden Frau. Morgens hatten sie im Buffet der sechsten Etage Krach geschlagen, die Buffetdame sah sich veranlaßt, den Administrator zu rufen, in der Tür des Bügelzimmers erschienen die neugierigen Gesichter der Stubenmädchen, der Administrator knallte sehr eindrucksvoll seine Faust auf den Tisch, einer der Kaukasier war langsam auf ihn zugegangen, und die »Diensthabende« hatte sich erboten: »Soll ich die Miliz rufen, Nikita Fokytsch, die Miliz?«

Jetzt kehrten sie von irgendwoher zurück, offenbar besänftigt, und gleich darauf erschien vor dem Hotel noch ein Auto: Mitjas weißer Lada Niva.

»Komm«, sagte ich zu Matthias, der einen Film in seinen Photoapparat einlegte, »er ist da.«

»Wollen wir Anastasia mitnehmen?«

»Gut. Ich rufe sie an.«

Wir fuhren hinunter, begrüßten Mitja und kletterten in seinen Wagen.

»Warte noch. Eine Kollegin aus Bulgarien kommt mit.«

»Kenne ich sie?«

»Nein. Aber sie ist okay.«

»Wie geht es euch?«

»Danke.«

»Man sieht es«, sagte Mitja grinsend und musterte Matthias' nagelneue Jeans.

Er hielt mir eine zerknautschte Zigarettenpackung hin, ich gab ihm Feuer, und er fragte: »Wie ist es mit Geld?«

»Wieviel kannst du mir geben?«

»Soviel du willst.«

»Sagen wir, zweihundert?«

»Du kannst auch dreihundert oder vierhundert haben.«

»Nein. Zweihundert reichen. Wir haben Geld von der Akademie bekommen.«

»Wir machen es wie immer. 100 Rubel sind 360 von eurer Mark. Du gibst sie Kostja in Berlin.«

»Gut. Wann bringst du mir das Geld?«

»Ich habe im Augenblick viel zu tun. Wie ist es mit übermorgen?«

»Was machen wir übermorgen?« fragte ich Matthias.

»Besuch in den Zentralen Staatlichen Werkstätten für Monumentalplastik.«

»Gehen wir da hin?«

»Vielleicht besser nicht.«

»Also übermorgen. Mitja, was kannst du uns zeigen?«

»Antiquariate?«

»Gut.«

»Dann bringe ich euch noch zum Indischen Laden am Smolenskij Boulevard.«

»Und was hast du heute abend mit uns vor?«

»Wir fahren raus. Auf eine Datscha.«

»Um diese Zeit?«

»Eine Abendunterhaltung...« sagte Mitja lächelnd. »Bei Freunden.«

»Kenne ich sie?«

»Nein. Aber Ljuba und Jakow werden kommen. Die kennst du. Außerdem zwei französische Künstler. Es wird sehr interessant.«

Die Glastür des Hotels flog auf, mit einer Wucht, daß die Tüllgardinen wippten, Anastasia trat heraus, und der vierschrötige Mann mit der Portiersmütze verneigte sich.

»Ist sie das?« fragte Mitja.

»Ja.«

»Oho! Da gehst du wohl besser nach hinten.«

Mitja stieg aus, half Anastasia auf den Beifahrersitz und ging augenzwinkernd an der Windschutzscheibe vorbei.

»Wer ist das?« fragte Anastasia.

»Mitja. Ein Freund.«

Wir fuhren eine Schleife über den Oktoberplatz, um auf die Gegenfahrbahn zu gelangen, und näherten uns der Brücke, hinter der das Hotel Ukraina lag.

»Was sind Sie von Beruf?« fragte Anastasia.

»Physiker. Arbeitslos.«

»Sagen Sie mir, warum.«

»Sie haben meine Zuzugsgenehmigung für Moskau nicht verlängert. Warum, weiß kein Mensch. Bei Jakow«, Mitja wandte sich an mich, »ist das weniger rätselhaft. Er hat den schönen Nachnamen Judin – da ist nicht viel zu machen.«

»Und wovon, verzeihen Sie die Indiskretion, leben Sie?«

»Oh, ich habe zu tun.«

Mitja überholte einen uralten Lastwagen, dessen linker

Kotflügel fehlte und der rostige Eisenfässer geladen hatte, die auf der Pritsche hin und her rollten. Es donnerte ohrenbetäubend.

»Meistens mache ich Übersetzungen aus dem Französischen. Fachtexte. Wozu habe ich studiert? Ich war sogar Aspirant.«

»In der Partei sind Sie nicht?«

»Sehe ich so aus?«

»Ich sehe auch nicht so aus«, sagte ich.

Mitja lächelte. »Wer weiß?«

»Wenn Sie nicht in der Partei sind, wie konnten Sie sich da Hoffnungen auf eine akademische Laufbahn machen?«

»Ach, das ginge schon. Kommt öfter vor, als man denkt. Aber das mit der Zuzugsgenehmigung hat mir alles vermurkst. Ich lebe schwarz in Moskau.«

»Bei Freunden?«

»Bei Freunden.«

»Wie lange?«

»Seit sechs Jahren.«

Anastasia sah ihn an.

»Glauben Sie mir nicht?« fragte Mitja.

»Doch. Ich glaube Ihnen jedes Wort.«

Ehe wir ins Atelier der Meisterschüler fuhren, gab es das übliche Hin und Her: Die Fahrer waren weder in der Garage noch im Hof der Akademie zu finden. Raissa lief los, um sie zu suchen, und wir standen ratlos in dem großen Parkettsaal, in dem ein Teil der Ausstellung von Uwarow hing. Der Vizepräsident verabschiedete sich und überließ uns der Obhut seines Akademie-Kollegen Schlestakow, eines würdigen alten Herrn mit schlohweißem Haar und buschigen Augenbrauen.

»Haben Sie die Ausstellung schon gesehen?« fragte Schlestakow.

»Nein.«

»Dann kommen Sie mit, ich zeige Ihnen alles. Ich habe Uwarow gut gekannt.«

Uwarow war vor kurzem hochbetagt gestorben; sein Leben hatte beinahe ein Jahrhundert umfaßt. Als er jung war, lebten Repin und Korowin noch, Chagall war ein unbekannter Jüngling irgendwo in Witebsk, es gab den Begriff »Emigration« nicht mehr und noch nicht wieder, man reiste nach Paris, um sich zu bilden, blieb ein paar Jahre dort und kehrte nach Rußland zurück. Das Café »Rotonde« war zur Hälfte von Russen bevölkert; dafür saßen Franzosen in den grell ausgemalten Kellern am Newskij-Prospekt und hörten die Deklamationen von Majakowskij und Blok. Mein Gott, was gab es damals nicht alles! Futurismus, Symbolismus und Suprematismus; die Achmatowa nannte sich »Akmeistin«, und die alten Realisten lebten noch, die »Wandermaler« und die Künstler der Vereinigung »Welt der Kunst«.

Uwarow hatte sich weder für den Futurismus noch für den in Paris modernen Kubismus entschieden, wenn er diese Wege auch vorübergehend ausprobiert hatte. Alle hatten sie ausprobiert. Man kam später wieder davon ab, denn Stoff für ein ganzes Leben gab das nicht her. Diese Dinge waren auch gar nicht so ernst gemeint, wie man sie später im Westen nahm. Sie waren ein Zwischenstadium, ein anregendes Experiment, eine jugendliche Tabula rasa. Der alte Repin hatte recht, wenn er fand, Majakowskij sei gar kein Futurist, sondern ein verkappter Realist, und wenn er sich solcher Mittel bediente, läge es daran, daß er und das Jahrhundert jung waren.

Die Ausstellung zeigte nichts aus dieser Periode. Wir mußten glauben, Uwarow habe zeit seines Lebens so gemalt wie als Staatsmaler und Akademie-Mitglied.

»O nein«, sagte Schlestakow, »Sie müßten sehen, was hier *nicht* ausgestellt wurde!«

Wir fragten nicht weiter. Diese Mysterien waren fast alltäglich. Jeder russische Maler verbarg etwas, in Schubladen oder dunklen Ecken seines Ateliers. Die russische Kunstgeschichte hatte Brüche und Blackouts: Erst war die Elite der bürgerlichen Kunst außer Landes getrieben und durch den Wirrwarr der Modernismen ersetzt worden, dann störten die Modernismen Stalins sowjetischen Ordnungssinn und verschwanden ebenfalls. Ihre Vertreter emigrierten zwar nicht, denn die Emigration war in der Stalin-Zeit unterbunden, doch reisten auch sie, allerdings in östlicher Richtung, viele tausend Kilometer weit, in Gegenden, deren unendliche Öde selbst den ausschweifendsten futuristischen Alptraum übertraf. Wer von dort zurückkam, verzichtete darauf, seine Abweichungen von der offiziellen Kulturpolitik publik zu machen. Und wer von der Reise verschont blieb, pries sein Glück und setzte es ungern aufs Spiel.

Übrig blieb die vom Diktator verordnete Kunstrichtung, eine Art Schablonen- und Bilderbuchmalerei, die sich dreist aus dem Fundus des russischen Realismus bediente und sogar dessen Namen für sich okkupierte, unter Hinzufügung des Adjektivs »sozialistisch«.

Hinter dieser Staffage lebte die russische Kunst. Wir wußten um dieses Jahrhundertgeheimnis, und es bedrückte uns, daß der Westen darüber nicht im Bilde war. Wir wußten von verschwundenen Malern, verschollenen Dichtern, von abhandengekommenen Lebenswerken, von malerischen Œuvres, die in Museumsspeichern, und von Manuskriptstapeln, die in »Zentralen Archiven« verstaubten, von Bildern, die dort rissen, von Zeichnungen, die dort welkten, und von nie erschienenen Büchern. Man müßte sie hinübertragen und bekanntmachen. Man müßte Brücken schlagen ...

Die Verbindungen zwischen Rußland und dem Westen waren abgerissen, die Wege verschüttet. Doch wenn man nur ein wenig nachgrub, zeichneten sich Konturen ab, ließ sich das Woher und Wohin erkennen. Sofort fiel der Einschnitt ins Auge, der erfolgt war, als *sie* kamen. Blok hatte ihn prophezeit: das »Zeitalter der Persönlichkeit« sei zu Ende, dafür breche das »Zeitalter der Massen« an. Zivilisieren müsse man die »unverbrauchten, barbarischen Massen« nicht, das sei ohnehin sinnlos, und sie würden auch ohne Zivilisation eine neue Kultur hervorbringen, eine berauschende, im Blut des großen Experiments geborene, nie dagewesene neue Kultur. Fast alle waren damals dieser Meinung: Chagall versuchte sich als ihr Kulturkommissar, Majakowskij ließ sich zu ihrem Sprachrohr machen.

Währenddessen bereiste Uwarow Europa, zeichnete und aquarellierte in Venedig und Rom und kehrte voller Hoffnung und ahnungslos nach Rußland zurück, als Chagall es verließ. Sie fuhren gleichsam aneinander vorbei: Chagall hinaus in die Welt, die ihn ehren sollte, Uwarow zurück zu ihnen, die ihn auch ehren sollten – auf ihre Art.

Das alte Akademie-Mitglied Schlestakow verweilte gerührt vor Uwarows Skizzen und Bildern, besonders vor denen, die Rom und Venedig zeigten. Darunter waren meisterhafte Pastelle: das Capitol vor nachtblauem Himmel, der Canale Grande an einem Regentag und eine Seitenstraße in Mittagsglut. Vor diesem Blatt standen wir längere Zeit. Uwarows Komposition war zu raffiniert, um sie sogleich zu durchschauen. Von weitem schien der größte Teil der Zeichnung schwarz, es waren die Schatten der engstehenden Häuser, die über allem zusammenschlugen, nur hinten zeigte sich Licht. Trat man näher heran, konnte man in der Schwärze zahlreiche Details erkennen, ein ganzes Leben: kauernde Gestalten in dunklen Türen, gerippte Fensterläden, einen einsamen Hund. Uwarow hatte seine Mittel meisterhaft beherrscht. Er war erst am Anfang. Er glaubte, als er nach Moskau zurückfuhr, daß alles noch vor ihm lag.

Schlestakow wußte, was dann geschah. Er rechnete nicht damit, daß auch wir es wußten. Erstens: Woher? Die Quellen waren versiegt. Außerdem: Warum sollte es uns interessieren? Wir waren Ausländer, und diese Dinge betrafen die Wege der russischen Intelligenz. Nicht einmal junge Russen interessierten sich sonderlich dafür. Sie liefen eher den Jeans und Kassettenrecordern nach, als sich für die verschlungenen Wege des Malers Uwarow zu interessieren, Wege, die durch das ganze Jahrhundert führten. Wie oft hatten er und Uwarow darüber gesprochen, über diese Wege und über das verschwundene Leben, und später, als sie alte Akademie-Professoren waren, über die Jugend, die achtlos daran vorübereilte.

Doch man konnte den jungen Leuten nicht einmal Vorwürfe machen. Man hatte ihnen einfach zu vieles verschwiegen. Deshalb fand auch der Westen keinen Zugang zu diesen Ereignissen mehr: Man konnte von niemandem verlangen, daß er sich durch die Ablagerungen aus Schweigen und Lügen hindurchgrub, die alles bedeckten.

Blok starb, weil sie ihn nicht zur Kur ins Ausland reisen ließen. Lenin hatte es untersagt, denn zuvor hatte Balmont seine Reise zur Flucht genutzt. Nicht einmal den alten Physiologen Pawlow ließen sie hinaus. Lenin an Sinowjew:

»Pawlow ins Ausland reisen zu lassen, dürfte kaum zweckmäßig sein, denn er hat sich früher in dem Sinne geäußert, daß er es als wahrheitsliebender Mensch, falls es zu entsprechenden Unterhaltungen käme, nicht fertigbringen würde, sich nicht gegen die Sowjetmacht zu äußern.«

War das alles überhaupt vorstellbar? Das ganze Riesenland von der Welt isoliert, Europa abgeschlossen wie ein verbotenes Zimmer? Die Grenzen des Landes dicht und undurchlässig, und alle, Blok, Majakowskij, Uwarow und er, Schlestakow, schlicht und einfach Gefangene?

Und dieser Zustand über Jahrzehnte aufrechterhalten, bis im Westen ganze Generationen herangewachsen waren, die nichts anderes mehr kannten und ihn für eine Eigenheit des russischen Nationalcharakters hielten?

Und das Unerträglichste war: Man konnte mit niemandem darüber sprechen. Nur Uwarow hatte er sich gelegentlich anvertraut, als Blok starb und Majakowskij sich erschoß, als

Chagall im Westen berühmt wurde und sie Uwarows Sohn vorübergehend verhafteten. Diese Gespräche lagen lange zurück; sie fanden im Dämmerlicht verlöschender Wintertage statt, wenn sie zwischen verhängten Bildern in Uwarows Atelier am Kiewer Bahnhof saßen und tranken. Zu dem Gefühl der Ohnmacht war mit den Jahren eine leise Selbstverachtung hinzugekommen, weil sie nicht wagten, zu ihren Studenten darüber zu sprechen. Es war schrecklich, in diese jungen, ahnungslosen Gesichter zu sehen, in denen der Wunsch nach Aufklärung stand, und sie mit Halbheiten abspeisen zu müssen: weil man zu alt war, weil man Familie hatte und weil es völlig undenkbar war, die Wahrheit zu sagen. Doch die jungen Leute mochten ihre Halbheiten nicht. Und Uwarow und er hatten das nur allzu gut verstanden: Auch sie waren einst jung gewesen und hatten Halbheiten nicht gemocht.

Außerdem: Wo lag die Wahrheit? Womit hatte das alles begonnen? Mit Bloks leichtfertigem Eintreten für die »unverbrauchten barbarischen Massen«? Oder noch früher? Mit Europas Schwäche?

Denn um 1905 herum gab es eine Hoffnung, das wußte Schlestakow ganz genau, und dort würde man irgendwann wieder anknüpfen müssen. Darin bestand die Tragödie der Kunst unseres Jahrhunderts: Ihre zarten Sprosse wurden zertreten. Sie war am Anfang einer Besinnung und Entwicklung, als ein Orkan durch Rußland und Europa tobte und alles entwurzelte, umwarf, zerstreute. Auf dem kahlen Boden, den er zurückließ, erschienen vorsintflutliche Wesen mit barbarischen Formen, die Überlebenden der Katastrophe. Vorsichtig hoben sie ihre unförmigen Köpfe und spähten umher: Wen, außer uns, gibt es noch?

Es gab kaum noch jemanden. Wer außer ihnen sollte schon Kriege und Revolutionen überlebt haben? Da kamen sie aus ihren Katakomben ans Tageslicht, beseitigten die letzten Reste der alten Gebäude, Trümmer korinthischer Säulen und Fetzen akademisch gemalter Bilder, und begannen ihre plumpen, ungelenken Tänze. Wo einst eitle Pfauen ihr Rad geschlagen, nervöse Araberpferde und Nachtigallen lebten, dort dröhnte jetzt der versteinerte Boden unter den Tritten gepanzerter Echsen. Sie holten sich Gesellschaft aus urweltlichen Höhlen und zeugten Nachwuchs, stumpfsinnig, gepanzert und unbeirrbar wie sie. Und die wenigen Überlebenden der alten Kultur mußten sich tarnen und verbergen, mußten mit ihnen leben und sich ihrem Wandel anpassen.

Dann begannen die Reptilien einander zu bekämpfen. Erst blieben sie unter sich, später ging ihre Saat auch in Europa auf: Ihresgleichen wuchs empor und überzog sie mit Krieg. Ihre Kriege waren stupide und gnadenlos wie alles, was sie taten. Sie zerwühlten mit ihren Elefantenbeinen den Boden, wälzten sich über die letzten Rabatten und Kulturpflanzungen, ihre mit Stacheln bewehrten Schwänze schlugen mit der tödlichen Monotonie von Perpendikeln auf die verletzte Erde. Die monströsen Kadaver der Unterlegenen versanken, und als eines ihrer Prachtexemplare übrigblieb, war auch halb Europa leergefegt und bot Platz für ihre Paraden und vorzeitlichen Aufführungen. Die Menschen im Westen sehen sich Horror und Science-fiction-Filme an, sie kitzeln ihre Nerven mit dem Anblick urweltlicher Monster und verwüsteter Planeten. Dabei war es unsere Gegenwart, unser alltägliches Leben.

Der Westen war schwach. Europas Intellektuelle hatten ihre Kultur nicht verteidigt, sondern waren mit fliegenden Fahnen zu *ihnen* übergelaufen. Wahrscheinlich wußten sie nicht, was bei uns vorging, vermutete Schlestakow. Wären sie sonst so leichtsinnig gewesen, alles zu gefährden, was sie uns voraus hatten und worauf wir hofften?

Vielleicht wußten sie nicht einmal, daß wir auf sie hofften. Rußland wurde undurchschaubar, als *sie* die Grenzen des Landes dichtgemacht hatten. Es gab kein wirksameres Mittel. Falls sie einen überhaupt noch kurzzeitig hinausließen, dann nur, wenn man ihnen zu Diensten war. Und Schlestakow versuchte, uns an Uwarows Auftragsbildern vorbeizulotsen. Wir waren in seinen Augen zu jung und wußten zu wenig, um verstehen zu können: Warum hatte ein Mann wie Uwarow sich dazu hergegeben, an dem Kolossalgemälde »Genosse Stalin im Gespräch mit Kulturschaffenden« mitzuwirken? Warum hatte er Shdanow und Marschall Woroschilow porträtiert? Dabei war das Shdanow-Porträt von entlarvendem Realismus: ein feistes, gerissenes Gesicht mit kalten, zupackenden Augen, kurze Wurstfinger, über der prall gewölbten Weste verschränkt. Nicht eine der hier vorenthaltenen Arbeiten konnte so viel sagen wie dieses Porträt.

Das Bild sprach gegen sie. Schon, weil sie zu dumm waren, es zu erkennen. Shdanow soll hocherfreut gewesen sein. Er sah sich gewürdigt: im Schmuck seiner Orden, als großer Mann.

Schlestakow war in dem Alter, in dem sich Gegenwart und Erinnerung vermischen. Er wirkte schon vorher zerstreut und gedankenverloren, und in den hinteren Sälen, wo die Bilder von Shdanow und Woroschilow hingen, verlor er sich gänzlich in Geistesabwesenheit.

Endlich kam Raissa. Draußen standen die Autos, zwei schwarze Wolgas mit Gardinen und ein hellblauer Kleinbus. Es gab große Umstände: Wer sollte mit wem fahren, wer in welchem Auto?

»Ippolit Ippolitowitsch!« rief Raissa, »fahren Sie bitte mit Serjosha!« und »Aljoscha, helfen Sie bitte der deutschen Dame beim Einsteigen...«

Aljoscha und Serjosha knallten die Türen der Wolgas zu und fuhren los. Im ersten Wagen saß allein und verloren Schlestakow, ein betagtes Präsidiumsmitglied im grauen Anzug, mit schlohweißen Haaren und Augenbrauen und der versteinerten Miene eines Würdenträgers. Seine mit einem schwarzen Onyxring geschmückte Greisenhand fuhr langsam über seine Stirn, als er im Schrittempo an uns vorbeigefahren wurde, seine Augen waren halbgeschlossen, verhängt wie der Fond des schwarzen Autos, in dem er saß, und so, verschleiert wie hinter Gardinen, hatte sich sein ganzes langes Leben abgespielt.

Wir fuhren durch halb Moskau, bis wir in der Nähe des Kiewer Bahnhofs hielten. Das Atelier der Meisterschüler lag im Dachgeschoß eines ockerfarbenen Hochhauses. Eine schadhafte Tür, ein eiserner Fahrstuhl, dann noch drei Stufen, und wir betraten riesige Säle. In einem war ein runder Tisch gedeckt, mit Moskauer Torten und grusinischem Wein. Die Meisterschüler begrüßten uns, zwei alte Frauen brachten den Samowar.

»Habe ich Ihnen schon erzählt, wo wir sind?« fragte Schlestakow, der am Fenster stand und zum Kiewer Bahnhof hinübersah.

»Nein.«

»Das ist Uwarows Atelier.«

»Geld wechseln?« – »Brauchen Sie Rubel?«

Wir gingen weiter.

»Change money?«

Wir waren mit den drei Jungen in der Straßenunterführung allein.

»Wir brauchen nichts«, erklärte ich. Sie blieben vor uns stehen.

»Verdammt«, sagte Matthias.

Fern, am anderen Ende der Unterführung, erschien die Silhouette einer Frau mit Kinderwagen. Dann, endlich, kam ein Mann die Treppe herunter. Wir sahen gebannt auf die sich nähernden Gestalten. Als wir uns umdrehten, waren die drei verschwunden.

Oben beschien Septembersonne die leeren Straßen. Wir traten durch ein schmiedeeisernes Tor. Vor uns lag der Gorkij-Park.

»Das ist«, schrieb Trifonow, »eine auf glühendem Asphalt

schlurfende Menschenmenge, Stimmengewirr, Fetzen von Musik... unter den Füßen Papierhüllen von Speiseeis, der Kehrricht in den Müllurnen entzündet sich von selbst, das Auseinanderfließen der Menge, das Gebrodel im Labyrinth der Alleen, der Geruch von Laub, Zigaretten, Menschenleibern, Schaschlik, fauligem Wasser im Teich...«

Auf einem hölzernen Podium sang ein schmächtiger Mann mit Fistelstimme. Als er geendet hatte, erhob sich dünner Applaus, um sogleich wieder zu verebben. Eine grell geschminkte, resolute Frauensperson betrat raschen Schrittes die Bretterbühne und verkündete in singendem Tonfall: »Es ist mir ein Vergnügen, Ihnen eine weitere Nachwuchssängerin des Zentralen Staatlichen Estraden-Ensembles vorstellen zu dürfen: Rosina Prochodkina. Rosina bietet Ihnen drei Titel dar. Zuerst: ›Ich liebe dich, Leben!‹«

Die Frau machte eine Pause und drehte sich zur Seite. Die Tür im Hintergrund öffnete sich, und ein dickes junges Mädchen erschien, verzweifelt lächelnd.

»Bitte sehr: Rosina Prochodkina!«

Durch die schmiedeeisernen Tore fluteten unablässig neue Besucher, die sich in alle Richtungen verliefen: zum Riesenrad, zu den Teichen, zu den Bretterbuden mit Eis, zu den Karussellen. Umgeben von Zuschauern, schlängelten sich auf dem asphaltierten Platz neben dem Tor Skateboard-Fahrer durch einen Slalom, der mit Pappbechern aus einer Bierbude markiert war. Ein Junge mit blonder Tolle erntete aufrichtigen Beifall für seine Schleifen und Sprünge.

Um uns waren Familien, Arbeiter, Soldaten mit ihren Mädchen, kleine Leute, die Moskauer ohne Auto und Datscha. Es war Sonntagnachmittag.

Wir passierten wieder eine Estraden-Bühne; hier sangen bezopfte Backfische das Lied »Werft, Pioniere, Brand in die Nächte!«

»Würdest du das aushalten?« fragte Matthias.

»Was? Die Lieder?«

»Nein, das alles. Diesen Park...«

»Ich gehe zu Hause auch nicht in solche Parks.«

»Die gibt es bei uns auch nicht. Aber stell dir mal vor, du wärst hier Familienvater, die ganze Woche in der Fabrik, und am Sonntag willst du mit deinen Kindern spazierengehen...«

»Ehrlich gesagt, ich kann mir das kaum vorstellen. Du?«

»Auch nur mit Mühe. Aber es muß schrecklich sein.«

»Man muß ja nicht hierhergehen.«

»Wohin denn sonst?«

»Zum Beispiel in den Wald.«

»Ohne Auto?«

»Man kann mit der Elektritschka rausfahren.«

»Na, wie du meinst. Und was glaubst du, warum sie dann zu Tausenden in den Gorkij-Park kommen?«

»Vielleicht gefällt es ihnen?«

»Was sollte ihnen hier gefallen?«

»Woher soll ich das wissen? Vielleicht das Gedränge, das Gemeinschaftsgefühl, der Lärm... So etwas haben Menschen zu allen Zeiten gemocht... Massenveranstaltungen, Stierkämpfe, Hinrichtungen, Jahrmärkte...«

»Nein, das ist es nicht. Das hier ist noch etwas anderes. Hier herrscht etwas Unfrohes, Unnatürliches...

Wir hatten das Wasserbassin umrundet und kamen wieder auf den Platz mit den Skateboard-Fahrern. Der Junge mit der Tolle trainierte verbissen, als hinge seine Seligkeit davon ab.

»Toll, wie er das macht.«

»Ja. Ich hätte Lust, ihn kennenzulernen.«

»Wozu?«

»Um zu erfahren, wer er ist. Er will irgend etwas... Er hat Ehrgeiz... Er will hier raus...«

Die Menschen begannen jetzt in die andere Richtung zu fluten, zu den Bushaltestellen und Metro-Stationen. Statt der Familien tauchten streunende Gruppen von Jugendlichen auf, und vor den Bierbuden postierten sich Milizionäre und Zivilisten mit roten Armbinden.

Wir gingen zurück ins Hotel.

Gegen Mitternacht fuhren wir in zwei Taxis vom Hotel zum Bahnhof. Tamara bot uns Äpfel an, die sie aus einer Plastiktüte mit dem Signet der Internationalen Buchausstellung hervorholte. Außerdem führte sie noch ein grünledernes Köfferchen mit sich, wie es Balletteusen und reisende Schauspielerinnen für ihre Schminke benutzen und das unsere Dokumente enthielt: Passierscheine, Genehmigungen, unsere Reisepässe und offizielle Schreiben von der Akademie, die uns in der Provinz die Türen öffnen sollten.

Es ist immer schön, nachts durch eine fremde Stadt zu fahren, noch dazu im Taxi, das von der Akademie bezahlt wird. Wir hatten Moskau von seiner angenehmsten Seite erlebt, im Hotel gewohnt, in guten Restaurants gegessen, und jetzt fuhren wir mit dem berühmten Schnellzug »Roter Pfeil« nach Leningrad, um von dort in den Süden zu fliegen. In den Hochhäusern entlang der Prospekte erloschen die Lichter: Die Moskauer mußten früh aufstehen und sich an Bushaltestellen drängen, in Metroschächten und auf Umsteigebahnhöfen der »Elektritschka«, wir aber verließen die Stadt, um das Land zu bereisen. Wir durften uns fast frei bewegen und wußten inzwischen: Schon das allein machte uns zu ganz besonderen Leuten.

Ein Gepäckwagen wurde an den Kofferraum des Taxis herangeschoben. Der Gepäckträger belud ihn, zuunterst mit meinen blauen Nylon-Koffern, dann mit Hendrichs prallen Taschen und mit Anastasias »traveller-case«. Tamara trug ihr grünledernes Köfferchen selbst.

Der Gepäckträger mußte den vollbeladenen Wagen die schräge Rampe hinauffahren. Er nahm Schwung und bewältigte die Steigung mit Eleganz. Er trug eine Mütze mit aufgenähter Nummer, und als er, den Wagen schiebend, neben mir herlief, sah ich sein Gesicht.

Es war das Gesicht eines Russen, wie es sich besser kein Bilderbuchmaler hätte ausdenken können: jung, mit breiten Wangenknochen, leicht aufgeworfener Nase und hellen Augen. Unter dem lackierten Mützenschirm lugte ein blonder Schopf hervor. Das gebräunte, jugendlich straffe Gesicht hatte etwas unendlich Gutmütiges.

So sah Jegor Prokudin aus, der ländliche Held in Wassilij Schukschins Film »Kalina Krasnaja«, oder Paschka Kolokolnikow aus dessen Novelle »Shiwjot takoi paren«. Die DDR-Übersetzer zeigten bei der Übertragung dieser Titel eine gewisse Unsicherheit, sei es aus Halbherzigkeit oder aus Unfähigkeit zu verstehen, was Schukschin meinte: Sie übersetzten »Shiwjot takoi paren« einfallslos mit »Es lebt da so ein Bursche«, obwohl »Ein irrer Typ« eher im Sinne des Autors gewesen wäre. Denn so führt uns Schukschin seinen Paschka vor: tollkühn, gutherzig, verrückt, wenn es um die Gerechtigkeit geht, empfindlich gegen jede, auch die kleinste Gemeinheit, allergisch gegen große Worte und Heuchelei.

Sein Leben spielt sich auf Altai-Gebirgsstraßen ab, er fährt einen Kipper, jagt über Pässe und Serpentinen und vollbringt unterwegs kleine Heldentaten, ohne groß darüber zu reden. Fast alle Helden Schukschins sind so, und die meisten kollidieren irgendwann mit dem »sowjetischen Leben«.

Ihr naives Gerechtigkeitsgefühl richtet sich gegen die Vertreter des Staates, gegen korrupte Kolchos-Buchhalter und unmenschliche Staatsanwälte, sowjetisch-bigotte Schwiegermütter und aufgeblasene »Beauftragte«.

Die sowjetische Literaturwissenschaft tat sich mit diesen Helden schwer und begann nach Schukschins frühem Tod erleichtert, sie nationalistisch zu interpretieren. Die russische Volksseele, ein auch bei Europas Intellektuellen beliebter Mythos, die Opferbereitschaft der einfachen Menschen, von der

Lenin sprach, und die romantische Verklärung der primitiven, hölzernen Dörfer mit ihren Ziehbrunnen und lauschigen Weihern geistern durch die Texte sonst sehr nüchterner Rezensenten. Aus Schukschin, dem Gestalter der spontanen Rebellion junger Sibirier gegen ein absurdes System, machten sie einen Nostalgiker und Apologeten des Gestrigen. Und seine Helden müssen verbrennen, wie Helden stets: zwar tragisch, aber in höherem Sinne beglückend.

In der sowjetischen Zeitschrift »Kunst und Literatur« behandelt der Kritiker Wlassow solcherart die »Filmhelden der neuen Zuschauergeneration«. Der »positive Held«, diese Erfindung der frühen Sowjetliteratur, verkörpert durch Kommissare und »Heroen der Arbeitsfront«, kann, das ist klar, dem jungen Publikum nicht länger geboten werden. Die Helden Schukschins jedoch, alltäglich, menschlich und unverfroren real, bedürfen, wenn man sie schon von der Kinoleinwand dem sowjetischen Publikum entgegentreten läßt, unbedingt eines erklärenden Kommentars. Bei Wlassow etwa so:

Jegor Prokudins »Tod am Schluß des Filmes ist... nichts anderes als Selbstmord.« (In Wahrheit wird Prokudin von Gangstern erschossen.) »Das quälende Bewußtsein des verpfuschten Lebens... dieser tragische, unlösbare Konflikt eines so unbändigen, leidenschaftlichen Menschen wie Prokudin kann nicht anders enden... weckt Bitterkeit, Zorn und Begeisterung.«

Ein Film mit ähnlicher Thematik, Otar Josselianis »Singdrossel«, wird von Wlassow zur Bekräftigung herangezogen:

»... ein Mensch mit der in unserer Zeit so seltenen Gabe der Selbstlosigkeit. In seinem unendlichen Bedürfnis, nicht nur ihm nahestehende, sondern fremde Menschen aufzumuntern, ihnen sein Mitgefühl zum Ausdruck zu bringen und ihnen nützliche kleine Freundlichkeiten zu erweisen, vergißt er ganz sich selbst... Der zufällige Tod unter den Rädern eines Autobusses kommt eigentlich nicht überraschend und verleiht der leichten, ungezwungenen... Filmerzählung einen neuen, tieferen Sinn.«

Der Gepäckträger lächelte freundlich, als wir seine Fahrkünste priesen. Das Trinkgeld ließ er in die Hosentasche gleiten, die von mir angebotene Zigarette nahm er dankend an. Er stand rauchend mit uns auf dem zugigen Bahnsteig, ehe er seinen leeren Karren zurückschob, neuen Kunden entgegen und neuen Anläufen gegen die Steigung der Rampe, den »Saal der Deputierten« nicht beachtend, und sehr lebendig. Seine breitschultrige Gestalt verschwand im Gewimmel der Bahnhofshalle.

Ich teilte das Abteil mit Hendrich. Wir legten uns auf die mit blaugeblümten Decken bezogenen Pritschen, ohne schlafen zu können. Der Zug fuhr über Stellwerke und Weichen, überwand das verworrene Schienennetz der Bahnhöfe, Nebengeleise und innerstädtischen Bahndämme und schoß endlich, wie befreit, geradewegs in die Nacht hinaus: Richtung Leningrad.

»Möchtest du noch Tee?« fragte ich Hendrich.

»Danke. Ich kann so schon nicht schlafen.«

»Wir sollten es wenigstens versuchen.«

»Hat keinen Sinn. Ich denke dauernd an zu Hause.«

»Wieso? Ist etwas Besonderes passiert?«

Hendrich schwieg. Draußen rauschte der Gegenzug vorbei. Dann sagte er: »Ich weiß nicht, was mit meinen Freunden los ist.«

Als ich schwieg, fügte er hinzu:

»Von der Jenaer Friedensbewegung.«

»Hast du etwas damit zu tun?«

»Fast alle meine Freunde sind dabei. Die meisten sitzen. Aus der Haft werden sie in den Westen abgeschoben. Einer ist tot. Soll sich aufgehängt haben.«

»Wo?«

»In der Stasi-Haft. Aber wir glauben es nicht.«

»Ich habe in Jena studiert«, sagte ich.

Hendrich gab keine Antwort. Er starrte zur Decke, über die ab und zu Lichtreflexe zitterten. Auf dem Klapptisch am Fenster klirrten die leeren Teegläser in den metallenen Untersätzen.

»Ich weiß nicht«, sagte Hendrich, »wer noch da ist, wenn ich zurückkomme. Und ob man sich noch mit ihnen treffen kann. Wer aus dem Knast kommt und nicht in den Westen will, wird rund um die Uhr bewacht.«

»Ich habe Mühe, mir das vorzustellen. Jena war ein idyllisches Städtchen... Provinziell, langweilig, verschlafen...«

»Quatsch«, sagte Hendrich. »Was meinst du, was bei uns los war! Wir haben auf dem Holzmarkt Unterschriften gesammelt.«

»War das alles?«

»Der Stasi hat es gereicht. Die Bullen haben uns hochgenommen.«

»Zu meiner Zeit hatten sie nichts zu tun. Einmal bin ich schräg über den Holzmarkt gelaufen, und sofort haben sie mir fünf Mark abgeknöpft und mich zu einer ›Verkehrsbelehrung‹ bestellt...«

»Ist heute alles anders«, sagte Hendrich. »Heute ist was los. Sie haben die Stasi aus dem ganzen Bezirk zusammengezogen, um mit uns fertig zu werden.«

»Ist dir nichts passiert?«

»Nein. Meine Frau wollte nicht mehr, daß ich hingehe. Als sie nachher zugeschlagen haben, war ich nicht mehr dabei... War auch besser so. Seit die Kleine da ist, bleibe ich meistens zu Hause... Weißt du, ich bin kein Held.«

»Ich auch nicht.«

»Ich will«, sagte Hendrich, »noch meine Figuren machen. Wir haben einen neuen Brennofen gebaut. Ich mache jetzt große Terrakotten...«

Wir schwiegen eine Weile. Dann sagte Hendrich in das einschläfernde Rattern der Räder: »Ich weiß nicht, was inzwischen los ist. Wenn ich zurückkomme, kann es sein, daß alle meine Freunde weg sind.«

Dieses Haus war und blieb geheimnisvoll, mochte es bei Tage noch so gewöhnlich aussehen, mit grünem Blechdach, kleinen Fenstern, Antennen. Matthias zeichnete es schräg von oben aus seinem Hotelzimmer. Die Zeichnung war gut. Trotzdem, etwas fehlte.

Denn nachts begab sich dort manches, das unbegreiflich blieb. Was waren das für Autos, die ständig vorfuhren und eilige Männer mit Mappen entließen? Warum knatterten Motorradgespanne in den Hof, mit Milizionären besetzt, deren schneeweißes Koppelzeug selbst im trüben Licht der Laternen leuchtete? Warum konnte man nachts, wenn alles schlief, gereizte Stimmen telefonieren hören?

Ich hatte aus dem Buffet 200 Gramm Kognak geholt und Anastasia anrufen wollen, aber sie hob nicht ab. Die Genossin Tetjens begegnete mir im Korridor, als ich am Tisch der »Diensthabenden« stand und Tee bestellte, sie sah leidend aus und lächelte gequält. Ich fragte sie:

»Wissen Sie, wo Anastasia ist?«

»Ein Ehepaar hat sie abgeholt. Im Wolga.«

Ich ging zu Matthias.

»Wollen wir einen Kognak trinken?«

»Nichts dagegen.«

Auf dem Schreibtisch lagen Zeichnungen, darunter die von dem Haus.

»Hast du in Berlin angerufen?«

»Ja. Es ist alles in Ordnung.«

»Hast du gearbeitet?«

»Ja. Und du?«

»Ich war in der Eremitage. Habe mir die Franzosen angesehen. Die Sammlung ist großartig. Sie können froh sein, daß

Fürst Schtschukin das alles für sie zusammengekauft hat. Dann habe ich versucht, ins Archiv zu kommen; war bei einem Wissenschaftlichen Sekretär, habe mich vorgestellt, er war sehr höflich, hat aber nichts versprochen.«

»Hat er dir etwas angeboten?«

»Ein Glas Tee.«

»Dann sieht es gut aus. Kaffee wäre schlechter gewesen.«

»Er war ziemlich offenherzig, hat dies und das durchblicken lassen... Ich habe ihm gesagt, daß ich Lazurskij und Schlestakow kenne, das hat ihm offenbar Vertrauen eingeflößt... Plötzlich fragt er mich: ›Wollen Sie etwas darüber *schreiben*?‹«

»Was hast du geantwortet?«

Von unten, aus der Richtung der Bushaltestelle waren spitze Schreie zu hören. Wir liefen zum Fenster und sahen auf dem regennassen Bürgersteig einen Mann liegen, den drei andere festhielten. Der Mann trug eine olivgrüne Feldbluse, Soldatenhosen und Stiefel. Er war sehr jung und sehr kräftig. Die drei hatten Mühe, mit ihm fertig zu werden. Völlig unerwartet bäumte er sich auf, kam auf die Beine und schlug wild um sich. Er hatte kurzgeschorenes Haar, und sein Gesicht war bleich. Eine Frau in rotem Bouclé-Mantel und Strickmütze kreischte durchdringend. Die drei warfen ihn wieder zu Boden, zerrten ihn in das Häuschen der Bushaltestelle, aus dem zwei Frauen mit Kopftüchern, ein älterer Mann und ein junges Mädchen entsetzt auf die Straße stoben, und dort bearbeiteten sie ihn fünf Minuten lang, keuchend, konzentriert und ohne ein Wort. Dann schleiften sie ihn an den Armen über die Straße, fünfzig Meter weit, und brachten ihn in *das Haus*.

Er war hinüber, das sahen wir, und fand trotzdem noch die Kraft zu schreien. Er schrie heiser, verzweifelt, schluchzend. Einer der drei trat mit dem Fuß nach ihm, daraufhin spannte sich sein muskulöser Rücken in der Feldbluse, um dann endgültig zu erschlaffen.

»So«, sagte ich, »jetzt brauche ich noch einen Kognak.«

»Ja. Gib her.«

»Was meinst du, was sie mit ihm machen?«

»Kommt drauf an, wer er ist. Wahrscheinlich ein Deserteur.«

Ich setzte mich in einen der Sessel.

»Wenn er wirklich ein Deserteur ist«, sagte Matthias und blickte hinaus in den Regen, »dann ist es für ihn aus.«

Von Ossip besitze ich ein Photo: Es zeigt ihn in seinem Atelier, vor Keilrahmen und einer Reproduktion von Iwanows Bild »Am Golf von Neapel«. Darunter auf einem Tisch, zwischen Gläsern mit Pinseln, steht eine Voltaire-Büste. Ossip hat die Hände in die Hüften gestützt und sieht seitlich an mir vorbei.

Er sprach deutsch, und ich wunderte mich über die vielen Wendungen des 19. Jahrhunderts, die er benutzte. Er las Fontane, Goethe und Heine im Original. In der Datscha, die er von seinem Großvater geerbt hat, befand sich eine umfangreiche Bibliothek.

In seinem Wohnzimmer umgaben uns Einbaumöbel aus hellem Holz, und hinter blitzenden Glasscheiben standen Kleinodien aus der Erbschaft des Großvaters: eine Lackdose für Zigaretten, auf der eine Troika abgebildet war, eine andere mit der Miniatur des Kremls von Nowgorod, eine Büste Saltykow-Schtschedrins und zwei persische Dolche, Klapp-Ikonen aus Bronze, mit Lapislazuli eingelegt, Tabatieren mit den Bildnissen schnurrbärtiger Offiziere und lächelnder Damen, und Empire-Tassen aus Kshel.

Der Fußboden war mit samtweicher Auslegware bedeckt, um den Couchtisch standen Ledersessel, und an den Wänden hingen Ossips Zeichnungen, auf getöntem Papier, in Bleistift und schwarzer Kreide und weiß gehöht. Die Zeichnungen zeigten das Kloster Kolomenskoje bei Moskau, den Prager Hradschin und das Weimarer Schloß Belvedere.

Ossip war der Meinung, die modernen Künstler malten »gemischt«, das heißt nicht klar und geistreich genug. »Ich«, sagte er und sah mich aus seinen blanken Augen entschlossen an, »habe mich vollkommen der Handzeichnung zugewandt. Druckgraphik, Malerei – überall kann man etwas verbergen und gemischt arbeiten. In der Handzeichnung nicht. Seid ihr übrigens in Moskau zum Zeichnen gekommen?«

»Kaum. Wir werden erst im Süden arbeiten. In Moskau waren Empfänge, Gespräche, Atelierbesuche.«

»Bei wem?«

»Bei Wolkonskij und seinen Meisterschülern.«

»Wolkonskij ist ein sehr pünktlicher Maler.«

»Pünktlich?«

»Nun... Sehr... akkurat... Er kann etwas. Gar nicht gemischt. Wo wart ihr noch?«

»Bei Schlestakow.«

»Auch ein guter Maler.«

»Er ist Mitglied des Präsidiums. Fährt einen Wolga mit Gardinen.«

»Das macht nichts. Trotzdem malt er gut. Manche sind nur nach außen Mitglied des Präsidiums.«

»Auch Koplakow?«

»Ich glaube nicht. Koplakow ist ein alter Stalinist. Weißt du, wie wir ihn nennen? *Der Mann mit den toten Händen.*«

»Ich fand ihn nicht unsympathisch.«

»Vor dir als Ausländer wird er sich immer von seiner besten Seite zeigen. Er ist sehr klug. ZK-Mitglied, im Präsidium des Verbandes, Vizepräsident der Akademie, und das alles seit langem. Dazu gehört allerhand.«

Pawlina trat ein.

Sie trug einen großen Teller mit Plinsen, und Ossip wurde in die Küche geschickt, um die Vorspeisen zu holen.

Wir aßen ohne Eile Weißbrot mit Stör und Kaviar, dann

kalte Pasteten mit Smetana und anschließend heiße Plinsen mit Butter. »Trinken wir jetzt auf unsere Frauen«, sagte Ossip.

»Und das nächste Glas auf die Kinder«, schlug ich vor. »Wie alt ist Katja jetzt?«

»Drei.«

»Geht sie in den Kindergarten?«

»Nein. Die Kinder werden dort ständig krank. Wir überlegen, ob Pawlina ihre Dozentenstelle aufgeben muß. Bisher haben wir noch die Kinderfrau. Hoffentlich bleibt es dabei... Mit diesen Kinderfrauen ist es übrigens ein zweifelhaftes Vergnügen. Unsre mischt sich in alles ein, gibt gute Ratschläge von früh bis spät, läßt Volksweisheiten los... Sind Pawlina und ich anderer Meinung als sie, dann zischelt sie vor sich hin:

Die Frau und der Mann –
ein Satansgespann.«

Ich lachte. »Ist sie euch wenigstens eine Hilfe?«

»Wie man's nimmt. Wenn sie in der Küche war, müssen wir hinterher eine halbe Stunde lang aufräumen.«

»Kann ich mir vorstellen«, sagte ich. »Gestern ist mir im Gostinyj Dwor folgendes passiert:

Ich hatte Hunger und ging ins Buffet. Der Tisch war schmutzig, Kefirgläser, irgendwelche Teller... Ich nehme das alles und trage es zur Klappe. Zum Glück kommt gerade die Frau vorbei, die das Geschirr einsammelt. Oben auf ihrem Wagen lag der Lappen. Sie murkste da ewig an den Nachbartischen herum, mir riß die Geduld, und ich fand, darauf kommt es nun auch nicht mehr an – wischst du den Tisch selber ab. Ich nahm den Lappen in die Hand und ließ ihn augenblicklich fallen. Er triefte vor Fett.«

Ossip lachte.

»Das sind«, sagte er, »die ›werktätigen Massen‹. Das ist ihre Art zu wirtschaften.«

»Ja, ja«, erwiderte ich, »der Fortschritt. Bei euch hat man erfolgreich die Alte Ordnung beseitigt, den Kapitalismus...«

»Der Kapitalismus ist nicht alt.«

»Sondern?«

»Jung. Und er ist auch nicht dekadent. Das alles ist Unsinn... Sie sind mit ihren sozialen Problemen viel besser fertig geworden als wir... Weißt du was? Meine Freunde und ich – wir sind für Amerika.«

Im Morgengrauen flogen wir bei strömendem Regen von Leningrad nach Moskau-Scheremetjewo. In der Ersten Klasse saßen Mexikaner, darunter ein nervöser junger Mann mit Sombrero, den Anastasia »faszinierend« fand. Wir landeten in Moskau bei verhangenem Himmel, nahmen uns Taxis und fuhren stundenlang durch die Stadt, erst durch Neubaugebiete, dann durchs Zentrum; als wir an der Lenin-Bibliothek vorüberfuhren, riß die Wolkendecke, und die plötzlich strahlende Sonne ließ Autodächer und Kirchtürme gleißen, wir kamen nach Domodedowo und standen an einem Tor aus Maschendraht, das direkt aufs Rollfeld führte, man brachte uns in den Ausländer-Wartesaal, wo Amerikaner schweigend die Auslagen des Beriozka-Ladens musterten; wir wurden über das Rollfeld zur Maschine geführt und, an wartenden Armeniern und Russen vorbei, als erste eingelassen, obwohl wir als letzte kamen.

Dreiviertel fünf überflogen wir den Kaukasus: schneebedeckte Gipfel über blau-braunen Felswänden, weiße Felsen, die gefaltetem Papier glichen, und tiefe Schluchten, in denen winzige Häuschen an blauen Flüssen lagen. Dann landeten wir in Jerewan.

Der Flughafen von Jerewan bot keinerlei Attraktion, wenn man von einem Gepäckträger absah, der unsere Koffer vom Gepäckwagen auf die Rampe schmiß. Als mein blauer Nylonkoffer durch die Luft segelte und dumpf aufschlug, schepperte es.

»Das waren die Gläser aus dem Hotel in Leningrad«, sagte ich zu Matthias.

»Vergiß sie. ›Der Herr hat's gegeben – der Herr hat's genommen‹.«

»Trotzdem. Sie hatten diesen schönen Goldrand...«

Die Genossin Tetjens war vor Erschöpfung außerstande, länger ihre Haltung zu wahren. Sie lag mit geschlossenen Augen in einem der abgeschabten Kunstledersessel und fächelte sich mit einem Reiseprospekt Kühlung zu.

Ich sprach sie an: »Auf wen warten wir hier eigentlich?«

Sie schüttelte nur den Kopf.

»Hast du die beiden Jungs vorn im Flugzeug gesehen?« fragte Matthias mit halber Stimme.

»Die zuletzt eingestiegen sind?«

»Ja. Das war KGB – da wette ich.«

»Woran willst du das erkannt haben?«

»An den Anzügen. Die waren aus dem Westen.«

»Es kann sich auch um Verdiente Künstler oder Wissenschaftler handeln, die Devisenkonten besitzen.«

»Nein. Verdienter Künstler ist man hier ab siebzig. Das waren Verdiente KGB-Leute.«

Die Genossin Tetjens hing in ihrem Sessel, reglos und apathisch, aber Anastasia trat uns unter dem Couchtisch mit den Füßen, zog die Augenbrauen zusammen und schüttelte den Kopf.

»Sie spitzt die Ohren – seht ihr das nicht?« flüsterte sie.

Wir warteten allein im leeren Ausländer-Wartesaal, ohne zu wissen, auf wen. Tamara war nicht zu sehen. Ich rauchte träge, und Hendrich, die Arme in die Hüften gestemmt, stand in der Mitte des Saales und sah sich mit vorgeschobenem Unterkiefer im Kreis um. Als wollte er sagen: »Nu, was is'n hier los?«

Endlich erschien Tamara, gefolgt von drei Männern, die uns

überschwenglich begrüßten. Die Genossin Tetjens setzte sich ruckartig im Sessel auf und lächelte mechanisch. Die Männer stellten sich vor und nannten Titel wie »Sekretär des Verbandes« und »Vorsitzender der Sektion Junge Künstler«. Dann kam der Gepäckträger und trug unsere geschundenen Koffer hinaus zu drei nagelneuen Autos. Der »Vorsitzende der Sektion Junge Künstler«, ein großer junger Mann in Bluejeans und amerikanischen Cowboy-Stiefeln, fragte Tamara nach ihrem Namen.

»Tamara Wladimirowna«, lispelte sie.

»Also«, verkündete der Vorsitzende: »Tamarotschka.«

Anastasia zog die Augenbrauen hoch.

Tamara stieg ins Auto des Vorsitzenden, außerdem noch ein uns unbekanntes dickes junges Mädchen.

»Wer ist denn das?« fragte Matthias.

»Das ist eine gewisse Ljudmilotschka«, antwortete Anastasia, »oder Ljudmilotsch – ganz, wie ihr wollt –, die zufällig in unserem Flugzeug saß und ebenso zufällig die Tochter der Leiterin der Auslandsabteilung der Moskauer Akademie ist.«

»Aha. Und weshalb hängt man sie uns an?«

»Weil sie Ferien hat, das Kind, versteht ihr nicht?«

»Die Ferien sind vorbei.«

»Nicht für Ljudmilotschka. Sie ist bei der Aufnahmeprüfung an der Hochschule durchgerasselt, und die Mama meinte, südliche Sonne, südlicher Frohsinn und nicht zuletzt«, Anastasia lächelte uns bezaubernd an, »*charmante Gesellschaft* würden ihren Kummer lindern.«

»Ich bin nicht charmant«, sagte ich.

»Das werden wir sehen.«

»Und wer bezahlt ihre Reise?«

»Das wird man schon arrangiert haben. Wo sechs satt werden, werden auch sieben satt. Ein Gedeck mehr oder weniger fällt nicht ins Gewicht. Mit der Zeit werdet ihr Ljudmilotschka schätzen lernen. Sie bleibt vier Wochen mit uns zusammen.«

Am Rand der Chaussee standen Händler hinter Pyramiden aus Pfirsichen, riesigen Birnen und Granatäpfeln. Daneben Blecheimer mit feuerroten Gladiolen und Gläser mit Honig. Vor den fernen Bergen lagen ockerfarbene steinige Hügel mit Reihen von Pappeln, die sich sanft im Abendwind bewegten.

»Da kommen jetzt auf vier Künstler drei Begleitpersonen«, stellte Matthias fest.

»Dabei wird es nicht bleiben«, sagte Anastasia. »Der Armenische Künstlerverband wird für weitere Begleiter sorgen.«

Die Händler verschwanden, es folgten Vorstadtsiedlungen aus wellblechgedeckten niedrigen Häusern, dazwischen staubiges Grün. Dann begannen die Straßen breiter und die Häuser höher zu werden. Der Mann am Steuer sagte:

»Wir sind in Jerewan.«

Anastasia auf russisch: »Was ist das für ein Haus dort auf dem Hügel?«

»Die Kognak-Fabrik. Sie werden sie besichtigen.«

»Mit Probe?«

»Natürlich.«

Auf den Terrassen von Pavillons saßen junge Männer an kleinen Tischchen und tranken Mocca aus winzigen Täßchen. Die jungen Männer waren westlich gekleidet und saßen malerisch auf ihren Kaffeehaus-Stühlen.

»Siehst du irgendwo eine Frau?« fragte ich Matthias.

»Nein.«

»Das ist so im Süden«, sagte Anastasia. »Ljudmilotschka wird auch ohne euch die charmantesten Bekanntschaften machen.«

Wir näherten uns einem runden Hochhaus von verblüffender Architektur. Die Fassade bestand aus wabenförmigen Balkons, und die weitläufige, flache Vorhalle war von Palmengruppen flankiert.

»Ihr Hotel. Der ›Palast der Jugend‹«, sagte der Mann am Steuer.

Wir fuhren auf Serpentinen den Berg hinauf. Die Häuser

entlang der gewundenen Straße waren armselig und baufällig, mit Wellblech und Dachpappe gedeckt und gingen ineinander über wie ein kubistisches Muster. Sie überzogen ganze Hügelketten und schienen nicht zu enden. Vor den Häusern spielten Kinder. Derbe Frauen mit langen Kopftüchern standen am Straßenrand und sahen uns nach.

»Bitte sehr: Der ›Palast der Jugend‹.«

Auf dem Parkplatz standen ein Reisebus von »Inturist«, einige Limousinen und zwei staubige Jeeps. Das Innere der Halle war imposant; Palmengruppen auch hier, Plastiken aus Marmor und Bronze, Sitzecken mit gelben Ledersesseln, aluminiumgerahmte Fenster und Türen, die auf Terrassen und Wandelgänge führten.

»Warten Sie bitte«, sagte Tamara an der Seite des Vorsitzenden mit den Cowboy-Stiefeln, »ich muß zur Rezeption.«

Ljudmilotschka blieb bei uns. Sie war weißhäutig, aschblond und für ein Mädchen ihres Alters von erstaunlichem Phlegma. Sie zog eine Schnute, und ihre Augen waren verhangen.

»Geht es Ihnen besser?« fragte die Genossin Tetjens.

»Ah«, sagte Anastasia leise zu uns, »man hat Freundschaft geschlossen.«

»Danke... Ein wenig...«

»Was hat sie denn?« fragte ich die Genossin Tetjens.

»Ihr ist schlecht – infolge des Fluges.«

»Dann darf ich Ihnen«, wandte ich mich an Ljudmilotschka, »vielleicht ein wenig Eau de Cologne anbieten? Bitte, hier ist mein Flakon.«

Ljudmilotschka bog sich in ihrem Sessel, zeigte beim Lächeln kleine, weit auseinanderstehende Zähne und verdrehte vielsagend die wasserhellen Augen.

»Danke... Sehr freundlich«, wisperte sie, »aber... ich mag kein Eau de Cologne.«

»Abgeblitzt«, sagte Anastasia.

Sie schlenderte durch die Halle, groß, dunkel, verschlossen.

Mißmutiges Schweigen machte sich breit. Wir warteten. Tamara kam nicht zurück.

Wir warteten anderthalb Stunden. Anastasia hatte ihre französische Windjacke auf die Brüstung der Terrasse gelegt, und als sie sich zehn Minuten später nach ihr umsah, war die Jacke verschwunden.

»Das ist fatal«, sagte sie. »Die Jacke gehört meinem Mann. Ich habe sie ihm aus Paris mitgebracht. Er hängt sehr an ihr.«

»Meinst du, daß es Sinn hat, sie zu suchen?« fragte ich.

»Nein. Ich war dumm. Ich kenne das alles von zu Hause – ich hätte besser aufpassen müssen.«

»Wann warst du denn in Paris?« wollte ich wissen.

»Vor drei Jahren. Mein Vater lebte damals noch. Er war Vizepräsident des Verbandes und konnte reisen. Nach langen Mühen hat er es auch mir möglich gemacht.«

Wir sahen schweigend über die Stadt. Im Hintergrund ragte aus Dunstwolken der Doppelgipfel des Berges Ararat.

»Außerdem fördert die Tochter von Todor Shiwkow* die Künste. Sie bezahlt jedes Jahr einem jungen bulgarischen Künstler ein Stipendium für Paris.«

»Und das warst du?«

»Nein, mein Bruder.«

»Wie lange durfte er bleiben?«

Anastasia sah sich um. Dann sagte sie: »Er ist gleich nach Amerika weitergereist. Jetzt lebt er in Kalifornien.«

»Habt ihr Kontakt?«

»Nein.«

»Warum nicht?«

»Ich kann es mir nicht leisten.«

»Meinst du, er kommt dort zurecht?«

»Was denn sonst.«

»Bist du sicher?«

»Ich weiß es genau.«

* Bulgarischer Staats- und Parteichef.

»Woher?«

»Man hat seine Verbindungen. Und nun lassen wir das. Das ist kein Thema für eine Hotelterrasse, wo weiß Gott wer zuhören kann.«

Der Fahrstuhl war überfüllt. Außer uns fuhren noch junge Damen mit üppigem Haar, betäubend duftend, nach oben, ins Tanz-Café. Wir arbeiteten uns zur Tür durch, Entschuldigungen murmelnd, als auf der Anzeigetafel die Nummer unserer Etage erschien.

»Bitte sehr!« sagte Tamara. »Ihre Zimmer.«

Hinter uns schloß sich die Fahrstuhltür, und die Mädchen in den weißen Petticoats und roten Ballerina-Schuhen entschwebten.

»Welche Zimmernummer haben Sie?« fragte mit kehliger Stimme die »Diensthabende«, eine üppige Mittfünfzigerin, die neben der Fahrstuhltür hinter einer Theke saß.

»503, 504, 505, 506«, las Tamara von einem Zettel ab.

Die »Diensthabende« ging mit watschelnden Schritten zum Zimmer 505 und schloß es auf, danach 506.

Anastasia, ehe sie in ihre Tür trat, fragte mich: »Gehen wir zusammen essen?«

»Wenn du möchtest?«

»Hol mich in einer Stunde ab.«

Hendrich schlüpfte in Zimmer 504.

Die »Diensthabende« versuchte, 503 aufzuschließen, aber von innen steckte ein Schlüssel.

»Es scheint belegt zu sein«, sagte sie obenhin.

»Aber das Zimmer wurde uns zugewiesen!« Tamara war empört.

»Ein Irrtum«, sagte die »Diensthabende«. »Wer hat es Ihnen denn zugewiesen?«

»Der Administrator.«

Die »Diensthabende« ging schwerfällig zur Theke zurück, zog umständlich das Telephon zu sich heran und wählte eine

Nummer. Aus dem Apparat schnarrte eine Männerstimme. Die »Diensthabende« hörte zu, dabei musterte sie uns von Kopf bis Fuß. »Tsché«, sagte sie und legte auf.

Dann wandte sie sich auf russisch an uns.

»Sie können Ihr Zimmer gleich beziehen.« Sie ging entschlossen zur Zimmertür und donnerte mehrmals mit der Faust dagegen: »Otkrytije!«

Nach fünf Minuten fragte eine verärgerte Stimme mit deutschem Akzent: »Was ist denn nun schon wieder?«

»Sie müssen Ihr Zimmer verlassen. Eine deutsche Delegation!«

Die Tür öffnete sich einen Spalt, und ein halbnackter junger Mann sah uns an.

»Was soll das?«

Ich zuckte die Schultern.

»Wo kommst du her?« fragte der junge Mann auf deutsch.

»Aus Berlin.«

»Ost oder West?«

»Ost.«

»Ich bin aus Köln. Tut mir leid... Aber wie stellt ihr euch das vor?«

»Das ist eine Delegation«, schnatterte die »Diensthabende«, »Gäste der Regierung. Verlassen Sie das Zimmer.«

»Und wo soll ich hin?«

»Hören Sie«, sagte ich zur »Diensthabenden«, »das ist doch idiotisch. Findet sich denn in dem ganzen Riesenhotel kein anderes Zimmer für mich?«

»Ich muß mich erkundigen.«

»Schlaf weiter«, sagte ich zu dem jungen Mann aus Köln. »Ich werde schon etwas finden.«

»Okay. Viel Spaß.«

Die »Diensthabende« kam nach einer halben Stunde mit der Nachricht zurück, Zimmer 509 sei frei. Sie eilte zur Tür, riß sie auf, und ich betrat einen Korridor, links ein Bad, rechts Einbauschränke, geradeaus ein Zimmer mit verglaster Front, davor ein Balkon, und vom Balkon ein Blick über die ganze Stadt.

Unten flimmerten Lichter, erklang Musik, hupende Autos rasten über Serpentinen, Busse überholend, auf den Boulevards schlenderten Menschen.

»Haben Sie etwas zu verkaufen?« begann die »Diensthabende« hinter mir mit schmelzender Stimme.

»Wo kann man hier essen?« fragte ich.

»Im Restaurant oder im Buffet, ganz wie Sie wollen. Das Buffet kann ich Ihnen besonders empfehlen. Es wird von meinem Neffen geführt.«

Wir entschieden uns für das Restaurant.

Dort ging es hoch her. Armenische Männergesellschaften mit Tamadar, von Kellnern umschwirrt.

»Offenbar bist du hier die einzige Frau«, sagte ich zu Anastasia.

»Fast«, erwiderte sie. »Sieh mal, wen wir dort haben.«

An einem Ecktisch, von Männern umgeben, saß Ljudmilotschka.

»Wie schnell sie aufgetaut ist, unsere Ljudmilotschka... Ihre Mama hatte ganz recht.«

Ein jüngerer Mann, dicklich, mit Stirnglatze, führte Ljudmilotschka zur Tanzfläche. Sie drehten ein paar Runden, dann begleitete er sie zum Tisch zurück. Als sie sich auf ihren Stuhl setzen wollte, fuhr sie, kurz aufkreischend, wieder hoch: Dort hatte schon eine Hand gelegen. Sie verdrehte die Augen und bedachte den Mann, zu dem die Hand gehörte, mit einem schelmischen Blick. Der Dickliche mit der Stirnglatze sprang auf. »Sie werden sich noch prügeln ihretwegen«, sagte Anastasia. Doch der Zwischenfall endete friedlich: Sektflaschen wurden entkorkt, und die fünf Männer am Tisch stießen mit Ljudmilotschka an.

»Sie kann sich nicht entscheiden... Schwer, bei dieser Auswahl... Der Dicke ist ein Trottel. Der mit der Adlernase –

nein… Der Weißhaarige ist nicht mehr ganz beisammen… Wahrscheinlich wird der Goldjunge mit dem Ohrring das Rennen machen…«

»Hier ist die Karte«, sagte ich zu Anastasia. »Was möchtest du essen?«

»Es scheinen Mäuse im Zimmer zu sein«, sagte Matthias am Morgen, »meine Plastiktüten sind angeknabbert.«

»Im Bad sind Schaben.«

»Typisch. Unten sind sie noch nicht mit dem Bauen fertig, und hier oben löst sich alles wieder auf. Sie haben großzügig über die Kleinigkeiten hinweggesehen. Wenn der Fußboden im Bad nicht die richtige Schräge hat, ist es eine Frage der Zeit, wann der Sanitärtrakt vermodert.«

Vor der Eingangshalle wartete ein hellblauer Kleinbus. Hendrich saß allein auf der hinteren Bank und polierte seine Fingernägel am Jackett-Aufschlag. Anastasia stieg ein und ließ sich auf ihren Sitz fallen.

»Sind wir heute ohne Begleitung?«

»Sie holen diese Ljudmilotschka«, sagte Hendrich.

»Muß sie getragen werden?«

»Es soll ihr nicht gutgehen.«

»Kein Wunder.«

»Wieso?« fragte Hendrich.

»Sie ist gestern abend versumpft«, antwortete ich.

Hendrich sah mich einen Moment verständnislos an, dann begann er schallend zu lachen.

Zwischen Tamara und der Genossin Tetjens wankte Ljudmilotschka dem Kleinbus entgegen, mit leidend verdrehten Augen und halbgeöffnetem Mund. Der Fahrer und ein Herr vom Armenischen Künstlerverband halfen ihr ins Innere des Fahrzeugs. Tamara flüsterte mit dem Fahrer.

»Fahren Sie bitte nicht so schnell«, schloß sie.

»Warum?« fragte Hendrich.

»Sie sehen doch! Ihr ist nicht gut!«

»Nu hörn Se mal«, polterte Hendrich, »sie ist doch hier nicht die Hauptperson! Wenn's ihr ne gutgeht, soll sie zu Hause bleiben!«

»Herr Hendrich«, erwiderte die Tetjens scharf, »ich muß mich über Sie wundern.«

»Nein«, sagte ich wütend. »Wir müssen uns über *Sie* wundern. Das ist *unsere* Reise, verstehen Sie? Nehmen Sie mir den Hinweis nicht übel, aber Sie sind nur zu unserer Begleitung mitgeschickt worden. Die junge Dame aus Moskau hat hier, soweit ich weiß, gar keine Aufgabe. Sorgen Sie bitte freundlicherweise dafür, daß sie nicht allzusehr dominiert.«

Die Genossin Tetjens schwieg. Tamara schaltete sich begütigend ein.

»Selbstverständlich. Ich werde Ljudmilotschka fragen, ob sie mitfahren möchte oder nicht.«

»Aber beeilen Sie sich«, rief Hendrich, »wir warten schon wieder eine halbe Stunde.«

Geflüster. Wir hörten: »Werden Sie es allein auf Ihr Zimmer schaffen?«

Anastasia drehte sich zu mir um, bedeckte die Augen mit der Hand und sagte gequält: »Die machen mich langsam wahnsinnig. Die Tetjens war schon in Leningrad kaum zu ertragen. ›Au, mein Knöchel!‹, ›Ach, mein Magen!‹, ›Oh, mein Kopf!‹... Von früh bis spät... Ich habe mir die Reise anders vorgestellt. Ohne diese Begleitmusik.«

Schließlich stieg Ljudmilotschka aus, nicht ohne Hendrich und mir einen Blick zuzuwerfen, in dem schmerzliche Enttäuschung geschrieben stand. Kaum war sie entschwunden, zwinkerte uns Tamara vertraulich zu.

»Ersparen Sie uns«, sagte Anastasia ungerührt, »in Zukunft dergleichen Auftritte!«

Tamara wandte sich beleidigt um.

»Können wir fahren?« fragte der armenische Herr.

Tamara zuckte die Schultern, die Tetjens schwieg.

»Fahren Sie!« sagte Hendrich jovial.

In Etschmiadsin, so kündigte uns der armenische Herr an, werde er heute eine Ausstellung eröffnen, in seiner Eigenschaft als Sekretär des Künstlerverbandes. Wir würden dort die bekanntesten Künstler Armeniens treffen: Tschubarjan, Sardarjan, vielleicht auch Nalbandjan.

»Wer sind Tschubarjan, Sardarjan und Nalbandjan?« fragte mich Matthias.

»Ich kenne nur Nalbandjan, und der hat unter seinen Kollegen nicht den besten Ruf.«

Ich erzählte, was ich von Alexander Dawidowitsch Lazurskij wußte: Nalbandjan habe Lenin- und Stalin-Bilder gemalt, sei hoch dekoriert worden und erwarte seither, in alle Lexika aufgenommen zu werden: als »Nalbandjan der Große«.

»Wir werden auf dem Weg nach Etschmiadsin«, übersetzte Tamara die weiteren Ausführungen des armenischen Herrn, »das Kloster der Heiligen Ripsineh besuchen. Sie und ihre Schwester Gayaneh retteten die Bibel vor den Heiden.«

»Heiden? Was für Heiden?« rief Hendrich.

»Die späteren Moslems«, erklärte der Herr, »Aserbaidshaner und Türken. Unsere Nachbarn«, fügte er verächtlich hinzu.

Er war klein, schmächtig und glatzköpfig, bis auf einen Kranz weißer Löckchen, die wie Vogelflaum im Fahrtwind flatterten. Seine pechschwarzen Augenbrauen waren zusammengewachsen und seine Nase scharf gebogen.

»Dort drüben liegt der Berg Ararat, den die Türken besetzt halten«, erklärte er.

Wir blickten durch den morgendlichen Dunst über steinige Hügel, auf denen Pappeln in gerader Reihe wie Wächter standen, hinüber auf türkisches Gebiet.

»Wir sind unmittelbar an der türkischen Grenze. Unsere Flugzeuge fliegen hier manchmal eine kleine Schleife, um die Türken daran zu erinnern, daß es unser Land ist.«

Tamara übersetzte diesen Satz nicht. Der Chauffeur, ein Hüne mit eisengrauem Haar, lachte beifällig.

»Samoljot«, sagte Matthias.

»Wie bitte?« fragte Tamara.

»Samoljot. Sie haben gerade ein Flugzeug abgeschossen, das eine Schleife geflogen ist.«

»Ich versichere Ihnen«, warf Tamara ein, »daß so etwas vollkommen ausgeschlossen ist.«

»Wollen wir das beste hoffen«, sagte Anastasia, »zum Glück sind sie sanftmütiger, als sie tun. Trotzdem bin ich froh, daß ich einen Deutschen geheiratet habe.«

»Warum denn das?« fragte Matthias.

»Du kennst orientalische Männer nicht...«

Der Kleinbus hielt. Die Kirche der Heiligen Ripsineh lag in einem Garten oberhalb der Chaussee, umgeben von Aprikosenbäumen und rotblühender Iris. Sie war aus rotem Tuffstein erbaut und warf einen scharfumrissenen Schatten auf den danebenliegenden Friedhof.

»Gibt es in Ihrer Kirche auch Nonnen?« fragte Anastasia den Sekretär.

»Nein, Madame, Nonnen gibt es bei uns nicht. Sehen Sie, die Frau soll sich um den häuslichen Herd kümmern. Auch den Kindern widmen wir viel Aufmerksamkeit. Man hat unserem Volk in diesem Jahrhundert viel angetan. Wir müssen wieder stark werden. Die türkischen Massaker dürfen nicht ungesühnt bleiben.«

Auf Tamaras Hals entstanden rote Flecke. Sie ließ ihre zornsprühenden Augen vom Sekretär zu Anastasia schweifen, die diese Antwort provoziert hatte. Anastasia sagte zu Matthias: »Bitte. Jetzt weißt du, was ich meine.«

Tamara auf deutsch:

»Diese Antwort ist nicht typisch. Das wissen Sie.«

Anastasia antwortete: »Sie kennen diese Mentalität sehr gut. Ihre Leute nutzen das aus.«

Tamara drehte sich abrupt um und ging durch das Spalier aus Aprikosenbäumen zum Kleinbus zurück.

Als wir weiterfuhren, herrschte Schweigen. Nur die Genossin Tetjens klagte leise über Schmerzen im Fußknöchel. Tamara nickte kurz und saß dann wieder starr, die verschränkten Hände im Schoß.

Der Sekretär fragte: »Wollen Sie einen Imbiß einnehmen?«

»Wo?«

»Auf dem Markt von Etschmiadsin. Wir kaufen Früchte und Lawasch. Wein haben wir im Auto.«

»Keine Frage!« rief Hendrich. »Fahren Sie zum Markt.«

»Sehen Sie«, der Sekretär wies aus dem Fenster, »unsere Straßen sind geschmückt. In einigen Tagen beginnt ein religiöses Fest, zu dem wir viele im Ausland lebende Armenier erwarten.«

»Tamara, was sagt er?« fragte Hendrich.

»Ich habe nicht zugehört.«

»Sind Sie hier nu unsere Dolmetscherin oder was?«

»Entschuldigen Sie.«

»Die armenische Kirche«, übersetzte sie die weitere Rede des Sekretärs, »ist die älteste Staatskirche der Welt. Im dritten Jahrhundert nach Christi bekehrte Bischof Gregor der Erleuchter den König Tiridates zum Christentum. Man legt offenbar Wert darauf zu betonen, daß die Armenische Kirche älter als die römisch-katholische und die russisch-orthodoxe ist. Das Oberhaupt, der Katholikos, war lange mit dem Heiligen Stuhl überworfen. Erst unter Johannes Paul II. hat sich das geändert...«

»Wie ist es dazu gekommen?« fragte sie auf russisch den Sekretär. »Geschah das nicht durch Vermittlung *unserer* Kirche?«

Der Sekretär murmelte etwas Unverständliches.

»Die Versöhnung wurde«, wandte sich Tamara wieder an uns, »durch den Moskauer Patriarchen herbeigeführt. Die Armenier sind stolz auf ihre Kirche, weil sie eine Trägerin ihrer Kultur ist.«

»Sie übersetzen nicht korrekt«, bemerkte Anastasia, »von Kultur war überhaupt keine Rede.«

»Bitte, dann übersetzen Sie.«

»Er meint, sie wären stolz auf ihre Kirche«, sagte Anastasia zu Hendrich, »weil sie Trägerin ihres *Nationalgefühls* ist.« Überall am Rand der Straße waren Bilder des Katholikos zu sehen, eines lebensfroh lächelnden alten Mannes mit Pfirsichwangen, schwarz gekleidet, eine schwere Kette um den Hals, in der Hand einen goldenen Hirtenstab. An einer Kreuzung hing ein Bild von Andropow, daneben, ein wenig größer, der Katholikos. Der Sekretär zeigte wortlos dorthin und zwinkerte uns zu.

Die Eröffnung der Ausstellung fand auf der Treppe eines palastartigen Gebäudes statt, unweit der Residenz des Katholikos. Der Sekretär ließ den Wagen so halten, daß wir auf dem Weg dorthin noch an zwei Kirchen vorbeikamen: aus Basalt und Tuff, von Friedhöfen und Nebengebäuden umgeben und von Autos umringt. Aus einer Kirche war Gesang zu hören, wir traten ein und erlebten eine Kindstaufe. Die Familie war aus der ganzen Welt zusammengekommen: amerikanische Damen, französische Herren; direkt an der Tür stand ein dicker Mann mit Melone, neben ihm ein Greis mit goldenem Monokel und weißen Handschuhen, auf einen Spazierstock gestützt. Als Hendrich, der träumend zur Kuppel aufsah, ihn versehentlich anstieß, machte der Alte Front und sagte mit knarrender Stimme: »Pardon! Man sagt Pardon, mein Herr!« Und wandte sich wieder der Taufe zu.

Ein Geistlicher sang und gestikulierte. Es hatte sich erwiesen, daß der ausländische Pate selbst noch ungetauft war, und der Geistliche winkte nach hinten, von wo eine Frau mit Kopftuch eilends einen Eimer mit Wasser herbeischleppte. Der Taufpate mußte die Krawatte abbinden, sein Hemd öffnen und die goldene Kette, die er um den Hals trug, ablegen, das Wasser wurde in ein Becken geschüttet, das in die Basaltwand eingelassen war, und währenddessen dauerte der Gesang fort. In den Augen des Greises mit dem Monokel glänzten Tränen.

Der Park der Residenz war voller Besucher. Damen in grauen Pariser Nachmittagskostümen standen vor Chatschkaren, uralten Grabsteinen mit plastisch gearbeiteten Inschriften und Ornamenten, und notierten mit Montblanc-Füllern in ledergebundene Notizbücher. Ein kleiner Geistlicher in schwarzer Soutane plauderte, die Arme vor der Brust verschränkt, mit alten Männern in Tscherkessenröcken, die große hölzerne Rosenkränze in den Händen hielten. Junge Klosterschüler bewachten das Cabriolet des Katholikos, eine Staatskarosse aus den fünfziger Jahren, grünmetallic gespritzt, mit cremefarbenen Polstern, und posierten vor den Kameras der Ausländer.

Auch unterhalb der Treppe des Ausstellungsgebäudes fand sich eine mondäne Gesellschaft ein. Oben gruppierten sich Herren um den Künstler, dem die Ausstellung galt, darunter auch unser Sekretär. Neben ihm stand ein Mann in weißem Sommerhemd, das die ins Oliv spielende Bräune seines Gesichts noch hervorhob. Eine junge Dame, schwarzhaarig, mandeläugig, Blumen im Arm, mit der uns der Sekretär flüchtig bekannt gemacht hatte, sagte in rührend schlechtem Russisch zu uns: »Der Herr neben dem Sekretär ist Professor Tschubarjan, Akademie-Mitglied und einer der bekanntesten Künstler Armeniens. Er hat davon gehört, daß Sie hier sind, und möchte Sie kennenlernen. Dort ist seine Frau.«

Eine kleine, dicke Dame in geblümtem Kleid, den Kopf voll weißer Pudellöckchen, winkte energisch.

»Gehen Sie zu ihr«, sagte die junge Dame. »Sie möchte Sie begrüßen.«

Die kleine Dame sprudelte sofort los: »Ich weiß, wer Sie sind. Sehr erfreut... Tschubarjan... Guten Tag, meine Herren! Guten Tag, Madame! Sehr erfreut... Nach der Eröffnung kommen Sie bitte mit zu uns. Leider wußte ich nicht, daß ich Sie heute schon treffen würde, und konnte nichts Vernünftiges vorbereiten... Nitschewo! Sie sind meine Gäste!... Ich will nichts hören... Wie war noch Ihr Name? Kostodorová-Singer?... Viel zu lang, da kommen wir kaum dazu, uns zu unterhalten... Ihr Vorname? Anastasia? Ein Zarenname... Auch zu lang. Ich nenne Sie Nastja... Und nun hören Sie... Wer ist das? Ihre Dolmetscherin? Wird auch eingeladen... Tschubarjan... Hören Sie! Nach der Eröffnung treffen wir uns an Ihrem Auto... Da werden wir alles regeln...«

»Wir haben nicht mal Geschenke dabei«, sagte ich zu Anastasia.

»Können wir nachholen. Die heutige Einladung ist nur improvisiert. Sie lädt uns bestimmt in einigen Tagen wieder ein. Offiziell.«

Der Sekretär klopfte an das vor ihm stehende Mikrophon. Die kleine Dame fragte Tamara: »Ist das eine Tochter von Kostodorov, dem bulgarischen Maler? Den kennen wir... Oh, still, er fängt an.«

Der Sekretär redete feurig, wie vorhin im Auto, und wieder fielen die Namen Tschubarjan, Sardarjan und Nalbandjan, außerdem der Name des weltbekannten Malers Sarjan, dessen Bilder wir in der Moskauer Tretjakow-Galerie gesehen hatten, und der Name Aiwasowskij, dessen Bild »Die neunte Woge« ich seit meiner Kindheit von einer Briefmarke kannte. Der Sekretär betonte die symbolische Bedeutung der heute eröffneten Ausstellung: am Vorabend des großen Kirchenjubiläums, zu dem Landsleute aus der ganzen Welt erschienen seien.

Nach ihm sprach ein russisch aussehender Mann mit farblosem Gesicht und Brille, dann Tschubarjan, und als er in südlich brausendem Beifall geendet hatte, eilte die junge Dame mit den Blumen nach vorn, überreichte sie dem Maler und küßte ihn unter großem Applaus auf die Wange. Anschließend wurde er von Schulmädchen in sowjetischen Pionier-Uniformen umringt.

»Kommen Sie bitte, der Künstler möchte Sie kennenlernen...«

»Ich freue mich sehr, deutsche Künstler zu sehen... Wenn Sie Fragen zu meinen Bildern haben, stehe ich zu Ihrer Verfügung... Herr Israeljan... Unseren Sekretär kennen Sie... Herr Professor Petrosjan. Herr Popow vom Partei-Komitee, Herr Professor Tschubarjan.«

»Gukas!« rief die kleine Dame. »Das sind die jungen Leute aus Deutschland... Nein, das ist die russische Dolmetscherin... Hier, das ist Nastja. Weißt du, wer sie ist? Die Tochter von Kostodorov...«

»Oh«, sagte Tschubarjan und ließ die großen Augen rollen, »das nenne ich eine Überraschung. Frau Kostodorova, ich kenne Ihren Vater. Wir haben uns in Paris kennengelernt. Kommen Sie zu uns, wenigstens auf eine Erfrischung. Wir haben nichts vorbereitet, aber ein schattiges Plätzchen, ein wenig Obst und ein Gläschen Kognak werden sich finden.«

Um uns herrschte Gedränge, Blitzlichter flammten auf, ein Mann mit einem Notizblock drängte sich zu Tschubarjan vor.

»Nachher!« rief die kleine Dame. »An Ihrem Bus!«

Eine halbe Stunde später fuhren wir, eine sechzehnköpfige Gesellschaft, in dem für zehn Personen zugelassenen Kleinbus in Richtung Jerewan. Unterwegs hielten wir mehrmals an, um jemanden aussteigen zu lassen: erst einen Schüler Tschubarjans, dann die junge Dame, die den Blumenstrauß überreicht hatte, dann den Sekretär, dann noch andere Leute, die man nach Jerewan mitgenommen hatte. Der Bus war von Stimmengewirr erfüllt; die kleine Dame erklärte, was draußen zu sehen war; Tamara redete wie aufgezogen; sogar das Lachen der Genossin Tetjens war zu vernehmen; und als wir endlich vor Tschubarjans Haus in Jerewan hielten, waren wir hungrig und durstig und bester Laune.

»Anusch!« rief die kleine Dame durch den Korridor, dann verschwand sie seitlich hinter einer Portiere.

Im Korridor standen zwei Bergere-Sessel neben einem englischen Mahagoni-Tisch. Über dieser Garnitur hingen Graphiken von Faworskij und Marino Marini, von Altman, Korowin und Henry Moore, und eine Zeichnung von Anastasias Vater, vor der Anastasia gerührt stehenblieb.

»Er ist gestorben«, sagte sie zu Tschubarjan.

»Ich weiß. Später müssen Sie mir alles erzählen.«

»Das ist Anusch!« Frau Tschubarjan schob ein junges Mädchen in den Korridor und blickte uns erwartungsvoll an.

»Anusch ist siebzehn. Sie macht das Abitur.«

Anusch war brünett wie ihr Vater und hatte seine großen dunklen Augen. Ihr schwarzes Haar war schulterlang und ihr Lächeln schüchtern und freundlich zugleich. Sie trug ein rotes Kleid mit goldenem Gürtel.

»Und nun«, rief die kleine Frau Tschubarjan, »zu Tisch!«

In einem Zimmer, durch dessen geöffnete Fenster der blühende Garten zu sehen war, stand eine weißgedeckte Tafel, die, für uns unerklärlich, in Windeseile hergerichtet worden war. In Kristallschüsseln prangten Pfirsiche, Birnen und Weintrauben, auf Platten lagen Schinken und rosige Wurst, Käse, Süßigkeiten und geschnittene Melonen, kalter Braten und Salat aus frischen Tomaten.

»Nehmen Sie fürlieb... Es ist nur improvisiert. Anusch bringt noch Mocca... Möchten Sie Kognak oder Wodka aus Maulbeeren? Und die Damen? Ein Glas Wein?«

»Wir sind sehr glücklich...« lispelte Tamara, »danke...« Sie sprach das Wort »danke«, »spassibo«, mit gespitztem Mündchen aus: »passiba«, wie immer, wenn sie Herzlichkeit ausdrücken wollte.

Hendrich nahm sie beim Arm und sagte: »Nu, Tamara, hörn Se uff, Sie haben noch nischte gegessen und bedanken sich schon.« Und lachte lauthals.

Tschubarjan goß die Gläser voll und erhob sich.

»Sie gestatten, daß ich auf Sie trinke, liebe Freunde, und auf die Kunst, die uns allen am Herzen liegt. Sie sind jung, das Leben liegt vor Ihnen. Lassen Sie uns das erste Glas auf die Jugend trinken, auf die Ihre und auf die meiner Tochter Anusch, und glauben Sie mir: Es gibt im Leben keine schönere Zeit.«

Auch Frau Tschubarjan trank ein Gläschen Maulbeer-Wodka, und nun sah auch die Genossin Tetjens keinen Grund, sich länger zu zieren. Matthias erwiderte Tschubarjans Toast, und wir begannen zu essen.

Tschubarjan erhob sich nochmals: »Erlauben Sie mir, Ihnen eine Geschichte zu erzählen. Wir Armenier reden viel, am liebsten über uns – nehmen Sie das für eine Eigenart aller kleinen Völker, vor allem solcher, die in der Geschichte Unglück hatten. Üben Sie Nachsicht, wenn wir manchmal etwas hitzig sind, auch dafür gibt es Gründe. Unser Volk ist alt und hat wechselnde, zumeist traurige Zeiten erlebt. Das lastet uns allen auf dem Herzen.

Als ich ein junger Mann war, so alt wie Sie, arbeitete ich an meiner ersten großen Skulptur. Sie wollte und wollte nicht gelingen, und ich war verzweifelt, weil ich noch nicht wußte, daß diese Qualen das tägliche Brot jedes echten Künstlers sind. An einem Sommernachmittag legte ich mein Werkzeug aus der Hand, verließ meine Werkstatt und wanderte auf die Hügel über Jerewan. Und als ich von oben die Stadt sah, wurde mir alles klar.

Unsere Stadt war damals klein und bestand zum größten Teil aus erbärmlichen Hütten, die im Staub des Sommertages fast untergingen. Und dennoch spürte ich das nicht zu besiegende Leben, den Willen und den Mut der Menschen. Nichts kann diesen Lebensmut brechen, seit Tausenden von Jahren, und auch Sie werden Erfolg haben, solange Sie guten Mutes sind und einen klaren Kopf behalten. Sie werden sehen, daß man im Laufe eines Menschenlebens vieles erreichen kann. Deshalb üben Sie Geduld. Lassen Sie sich nicht beirren und niemals die Freude am Leben nehmen. Erlauben Sie mir, auf die Geduld zu trinken, unsere beste Tugend.«

Später saßen wir mit Moccatassen in Tschubarjans Kabinett, unter Wandborden mit Vasen und Krügen, zum Teil dreitausend Jahre alt: Ausgrabungen aus der antiken Stadt Urarte.

Wir hielten nur kurz, Tamara eilte, wie überall, sogleich ins »Kommissions-Geschäft«*, wir gingen in ein Landwarenhaus, wo Anastasia kopfschüttelnd giftgrüne Pullover, graue Wollsocken und unförmige Strickjacken durch ihre Hände gleiten ließ und, als ich neben sie trat, aufgebracht zu mir sagte:

»Man müßte die Onkelchen in Moskau zwingen, diese Hervorbringungen selbst anzuziehen. Wenigstens für einen Tag.«

Unten wurde Hendrich von jungen Männern umringt, sofort erschien auch Tamara, und die jungen Männer wandten sich ab. Als uns der staubige Kleinbus auf der Chaussee wieder forttrug, entfaltete Tamara ein Exemplar der »Komsomolskaja Prawda«. Sie überflog die Zeitung, dann reichte sie mir eines der Blätter und bemerkte:

»Bitte. Hier ist *Ihr Freund.*«

Welcher Freund? In der Ecke des grauen Zeitungsblattes entdeckte ich das mürrische, undurchdringliche Gesicht des sowjetischen Schriftstellers Valentin Katajew.

Tamara besaß ein ausgezeichnetes Gedächtnis. Irgendwann hatte ich gesagt, daß ich Katajews Bücher gelesen hätte und daß sie mir gefielen. Tamara hatte nur das Gesicht verzogen und kurz erklärt: »Ein käuflicher Mensch.«

Sie waren unduldsam mit ihren Schriftstellern. Katajew hatte sich in Tamaras Augen zu sehr mit *ihnen* eingelassen, und das wurde offenbar als Todsünde angesehen, stillschweigend, ohne groß darüber zu reden.

Doch mich interessierten Katajews Bücher, vor allem seine letzten, in denen der alte Schriftsteller in Erinnerungen versank und die Schleier des Vergessens lüftete. Er legte unterirdische Kanäle bloß, die in die Vergangenheit und in die Zukunft führten. Versunkene Gestalten erstanden auf: der Emigrant Iwan Bunin, Stalins Opfer Babel, Soschtschenko und Mandelstam, Jurij Olescha und der Nobelpreisträger Boris Pa-

* Second-hand-Laden, in dem es auch gebrauchte Waren aus dem Westen zu kaufen gibt.

sternak – das Figurenensemble der gepeinigten russischen Literatur unseres Jahrhunderts, die man nach Kräften verborgen hatte und die jetzt wie eine untergegangene Goldgaleere ans Licht gehoben wurde.

Mit seinem Goldschatz war das Schiff der humanistischen Literatur nach dem Rammstoß durch einen Panzerkreuzer gesunken, und heute zeigte sich, daß im Innern des Wracks alles überdauert hatte: Man öffnete die morschen Planken und fand, geblendet von seinem unerwarteten Glanz, das Gold unversehrt.

Um die Hebung des Schatzes darstellen und gleichzeitig gegen die sowjetische Zensur sichern zu können, erfand Katajew, ein Mann von der höfischen Schläue des alten Fürsten Kutusow aus Tolstois Roman »Krieg und Frieden«, eine verzwickte, verschlüsselte Schreibart mit Decknamen, Einschüben, Finten und getarnten Wahrheiten, immer wieder von verbalen Huldigungen an die Sowjetmacht unterbrochen. Die Huldigungen glichen den routinierten Verbeugungen eines Kammerherrn, die vorgeblich von Herzen kommenden Erklärungen an die Kommunisten berechneten Floskeln.

Am Herzen lag ihm, je älter er wurde, etwas ganz anderes: Erinnerungen an die Adelsgesellschaft seiner Geburtsstadt Odessa, Offizierssäbel mit dem roten Band des Annen-Ordens, Kaleschen, hübsche Lyzeumsschülerinnen, Kameraden aus dem Kadettenkorps, Palisandermöbel, Villen und Datschen. Und in einer der Villen wohnte der Lehrer und Abgott des jungen Adligen Katajew, zu dem er, wann immer es seine Zeit erlaubte, hinauslief, durch blühende Gärten und über warme Kieswege, unter dem Arm die wachstuchbezogenen Hefte mit den Manuskripten seiner Jugend. Der Mann, der dort in einem Vorort Odessas lebte und schrieb, hieß Iwan Bunin.

Kein russischer Schriftsteller war so antibolschewistisch eingestellt wie Bunin, vom ersten Tage an. Seine Ablehnung der Revolution kam von Herzen. Er sah im »Roten Oktober«

niemals etwas Grandioses, sondern nur, was der deutsche Soziologe René König angesichts der Novemberrevolution empfand: »Diese Revolution brachte nicht das ›Proletariat‹ auf die Barrikaden, also die Arbeiterschaft, sondern nur die Proleten von rechts und links, das Lumpenproletariat, angeführt von durch den Krieg aus der Bahn geworfenen Männern, die nicht begreifen wollten, daß der Krieg vorbei war: kleine Lumpen, große Gauner, Wirrköpfe und ganz einfach zahlreiche Kanaillen, die unter dem Schutz der Parole Revolution marodierten und wie Vandalen alles zusammenschlugen, was ihnen in den Weg kam... Das Erlebnis dieser Tage war für mich eine Art von metaphysischem Erschrecken, das ich immer wieder empfunden habe, wenn der Mob in Aktion trat... Bei längerem Nachdenken wurde dieses Erlebnis nur immer erschreckender, denn ich mußte mir bald eingestehen, daß alle diese lausigen Nutznießer der Gegenwart schon vor jener sogenannten Revolution dagewesen waren...«

So sah es auch Bunin, und er verachtete die Intellektuellen, die die Revolution herbeigesehnt hatten:

> Mit satten, schwatzgewandten Mündern
> sind sie so dreist, auf Jesu Bußgewand
> sich zu berufen, wenn sie laut verkünden:
> Zum Heerbannführer sei nun Rußland
> auserkoren, weil – wie sie gelesen –
> so voller Demut sei, so rein sein Wesen.

»Bunin«, schreibt Katajew, »spürte hellhörig das Nahen der Revolution, doch er fürchtete sie und hat sich bis an sein Lebensende nicht mit ihr aussöhnen können... Und so erstand ein neuer Bunin vor mir, ein Abkömmling aus einem altrussischen Jenseits. Man braucht sich nur die Titel von Bunins Gedichten aus dieser Zeit ins Gedächtnis zu rufen: »Mongolische Horde«, »Die Enthauptung«, »Der Kuttenmann«, ... und man ahnt, wie es damals in Bunin aussah:

»Fürst Wseslaw ward gelegt in Eisen...«
»Der Höhle Finsternis und Kälte...«
»Ein Sarg die Ruhstatt, dürftig mein Gewand,
Stärk mich im Glauben, Herr der Welten!«

Bunin, Nobelpreisträger für Literatur des Jahres 1933, starb als Emigrant in Paris. Die Auflagen seiner Bücher, so Katajew nach Angaben des ebenfalls im Pariser Exil lebenden russischen Malers Pawel Nilus, waren niedrig: »Iwans Auflagen? Na hören Sie, fünfhundert, höchstens achthundert Exemplare...«

»Bei uns hätte er Hunderttausende... Warum ist er emigriert? Was hat er damit gewonnen?«

»Die Freiheit und die Unabhängigkeit.«

Katajew flicht eilig ein Bekenntnis ein: »Auf einmal wußte ich, das Kostbarste, was einem Menschen gegeben ist, das Land, in dem er wurzelt, und die Revolution, hatte Bunin für das Linsengericht einer angeblichen Freiheit und Unabhängigkeit fortgeworfen...«

Katajew ist klar, daß er nicht die Wahrheit schreibt. Es ging nicht um ein »Linsengericht«, es ging um Abscheu. Denn Bunin liebte die »Massen« nicht, er weigerte sich, diesen Begriff überhaupt anzuerkennen. Er teilte auch nicht die überspannten Empfindungen seiner Zeitgenossen beim Anblick von Moskauer Arbeiterkneipen, ihm blieb Majakowskijs »Verliebt euch unterm Kneipenrauch-Himmel!« fremd und zuwider. Er sah dort andere Bilder: »In dem Lärm, in der Enge, in dem heißen Dunst saß ich da und sah in die wulstigen, roten Gesichter, die fuchsigen Bärte, das rostige, räudige Tablett, das vor mir stand, beladen mit zwei weißen Teekännchen, deren Deckel mit nasser Strippe am Henkel befestigt waren. Eine Beobachtung des Volkslebens...«

Bunin glaubte auch nicht, daß Majakowskij und Blok tatsächlich so empfanden, wie sie schrieben. Bloks berühmtes Revolutionspoem »Die Zwölf« fand er geschmacklos. Zu Katajew: »Und Sie sind natürlich begeistert?... Wie tief muß ein Dichter gesunken sein, um solche vulgären, holprigen Knüppelverse zu fabrizieren:

> Der Wanja? Führt die Katja aus,
> Ja, die hat Rubelchen im Haus...

Zu einem solchen Tiefpunkt hat es die russische Literatur noch nie gebracht. Dabei ist Blok doch wirklich ein Dichter...«

Bunin war mutig, er besaß Zivilcourage. So, wie er es ablehnte, sich mit grobschlächtigen Versen den »Massen« anzudienen, vertrat er seine Ansichten auch öffentlich: »... was haben wir in den letzten Jahren nicht alles mit unserer Literatur angestellt, wen nicht nachempfunden, wen nicht nachgeahmt... Buchstäblich jeder Winter brachte uns ein neues Idol; wir ließen Dekadenz, Symbolismus, Neonaturalismus über uns ergehen, Pornographie, auch schonend ›Geschlechtsproblem‹ genannt, Gotteskämpfertum, Mythenschöpfertum, den sogenannten mystischen Anarchismus, den ›Flug in die Ewigkeit‹, Sadismus, Snobismus, ›Negierung der Welt‹... und haben es schließlich zum ordinären Krawall unter der Bezeichnung ›Futurismus‹ gebracht. Und das soll keine Walpurgisnacht sein?«

Die Bolschewiki waren an diesem Chaos interessiert, auch wenn Stalin es später gleichschaltete. Die »Walpurgisnacht« der bürgerlichen Kunst mußte gefördert, die Verwirrung in den Köpfen der Intelligenzija erhalten werden – dann würde, zunächst noch von Symbolismus und Futurismus garniert, auch der Leninismus eine Bresche finden. Die ihn vertraten, wußten sich Manns genug, die anderen »Ismen« später auszuschalten.

Nichts ist dem kommunistischen System dienlicher als verworrene Köpfe. Die humanistische Kunst, die Bunin vertrat, bemühte sich um »intransigente Wahrheit«, und das war vom ersten Tage an die größte Gefahr für das »Reich der Zukunft«. Nebel mußte die Welt verhüllen – sie nannten ihn »Rauch nach den Bränden«. Diffuse Hoffnungen mußten die Menschen erfüllen – sie nannten sie »Liebe zur Sache«. Und sie gestatteten nicht, daß man sich dem entzog, nicht einmal durch Indifferenz.

René König fand nach seinem Schock über die Novemberrevolution in Deutschland Halt bei Saint-Simon: »Mit diesen Erlebnissen bahnte sich bei mir früh eine widersprüchliche Einstellung zum Phänomen Revolution an, die ich erst viel später verstehen lernte, als ich mich mit der Stellung von Henri de Saint-Simon und Auguste Comte zur Revolution von 1791 beschäftigte... Damit hatten sich Saint-Simon und Comte ganz bewußt von allem radikalen Jakobinertum wie auch vom restaurativen Konservativismus abgewandt. Ihre Weltformel stand jenseits der Alternative ›Le Rouge et le Noir‹ im Sinne Stendhals...«

Gerade darin aber bestand das Wesen kommunistischer Einwirkung auf die Persönlichkeit: *Sie zwang zur Alternative.* Mittlerpositionen und vornehme Zurückhaltung haben Kommunisten in den von ihnen beherrschten Territorien noch niemandem nachgesehen, höchstens nach außen, zum Zwecke der »Desinformazija«. Intellektuelle, die ihnen nicht eindeutig zustimmten, waren in ihrem Vokabular »schwankend« und »wankelmütig« und mußten mit der Gefahr leben, in einer der zahllosen Kampagnen beseitigt zu werden, die dem Pikieren und Selektieren des Personalbestandes galten – besonders unter so prominenten, so risikoreichen, aber auch wehrlosen Menschen wie Künstlern.

Verlocken konnte Bunin in diesem Reich nichts. Er scheute sich nicht, konservativ zu sein, mochten auch seine Freunde und Schüler in Scharen zu den Erweckern Groß-Rußlands überlaufen: »Zum Heerbannführer sei nun Rußland auserkoren...«

Die Romane und Gedanken Turgenjews, Tolstois, Gontscharows waren zu wertvoll, um von jungen Barbaren beiseite geschleudert zu werden, die Denkansätze des Jahres 1905 zu vernünftig und auf lange Sicht zu hoffnungsvoll, um angesichts pubertärer Gewalt von ihnen abzulassen. Bunin kapitulierte nicht vor den »Tatmenschen« und »einseitigen Fanatikern«, wie Pasternak später Lenins Leute charakterisierte, sondern blieb dem vitalen, wenn auch im Augenblick ohnmächtigen Humanismus und damit sich selber treu.

Das bedeutete: Sowjet-Rußland verlassen. Toleranz, das war vom ersten Tage an klar, würden die neuen Herren nicht walten lassen. Lenins Freund Trotzkij hatte es bereits formuliert: »Es ist vollkommen klar, daß die Partei auch auf dem Gebiete der Kunst nicht einen einzigen Tag sich an das liberale Prinzip halten kann: laissez faire, laissez passer...«

Wozu dann noch bleiben?

Bunins Tragödie, wie die vieler großer Künstler: Er kam zu früh. Seine Ahnungen wurden von kaum jemandem verstanden, weil die Katastrophen, die er voraussah, erst als feiner Streif am Horizont erschienen. Weil selbst die hellsichtigsten der jüngeren Dichter erst Jahre später begreifen würden, was Bunin gemeint haben könnte – und da war es zu spät: Es gab keinen in Rußland lebenden Dichter Iwan Bunin mehr. Ein einsamer Emigrant saß in Paris, und die ihn, in Rußland geblieben, jetzt gern gehört hätten, vernahmen seine Stimme nicht mehr.

Sein Schüler Katajew wurde zu alt, um es je zu verwinden. Er widmete Bunin seine verworrenen Bücher, verehrte ihn, der längst tot war, zwischen den Zeilen, kramte alte Erinnerungsstücke hervor: bekritzelte Zettel, handsignierte Bücher, in denen die Tinte verblaßt war, und schwelgte im Glück, ihn gekannt zu haben – er, der sowjetische Staatsschriftsteller Katajew, Iwan Bunin, den Gegner der Revolution.

Auf Paris-Reisen folgte er kaum sichtbaren Spuren, suchte Überlebende und betrat erschaudernd die ärmliche Wohnung, in der sein Meister gelebt hatte und in der nun seine Witwe saß, uralt und hinfällig und bei seinem Anblick in Tränen ausbrechend. Ein letzter Besuch auf dem Russischen Friedhof, Gedankensplitter, die plötzliche Erinnerung an eines von Bunins Gedichten:

So glüh denn, sprühe, Farbenschimmer,
du unauslöschlich ew'ger Stern
an meinem Grabe, das für immer
vergessen ist von Gott dem Herrn.

Und zurück nach Moskau, um, selbst schon ein Greis, »Das Gras des Vergessens« zu schreiben und im »Nowyj Mir« abdrucken zu lassen.

The bells of Sardarapat
ring out tragedy and faith...

Separatistische Armenier, Daschnaken und georgische Menschewiken gründeten 1918 eine antisowjetische Regierung, den Transkaukasischen Sejm. Auch aserbaidshanische Kreise standen dieser Regierung nahe; man versuchte, sich von Rußland abzukoppeln. Doch es kam zu Spannungen innerhalb der Allianz: Georgier, Armenier und Aserbaidshaner hatten zu lange unter Fremdherrschaft gelebt, um jetzt ihren überkompensierten Nationalstolz bändigen zu können.

Im Süden lauerte das Türkische Reich und machte sich die Schwäche zunutze. Der englischsprachige Katalog des Armenischen Volkskunde-Museums in Sardarapat erläutert, was weiter geschah: »Infolge der unklugen Politik des Transkaukasischen Sejm fand die Türkische Armee Gelegenheit zum Einmarsch... Die Verteidigung von Sardarapat leitete Oberst Daniel-Bek Purinjan, ein Held des Russisch-Türkischen Krieges von 1914–17. Er führte seine Truppen an das linke Ufer des Araxes.

22. Mai 1918, mittags. Die Schlacht von Sardarapat begann. In Etschmiadsin und Umgebung rief der berühmte Wissenschaftler Garegin Hovsepjan die Bürger zum Kampf gegen die Eindringlinge auf. Im ganzen Land, von Etschmiadsin bis Sewan, vom Araxes bis zum Berg Aragats, läuteten ununterbrochen die Kirchenglocken…«

Zunächst mit Erfolg: »Die Front der türkischen Zehntausend-Mann-Division ›Gelibolu‹ brach zusammen. Am Abend wurde Sardarapat zurückerobert. Die türkischen Truppen flohen in Panik.« Dann kehrte der Feind zurück, mit überlegenen Kräften. Der größte Teil Armeniens wurde besetzt und befriedet.

Verloren ging auch der Berg Ararat, das armenische Nationalheiligtum. Sein schneebedeckter Doppelgipfel ist bei fast jedem Wetter zu sehen, auch von der Hauptstadt Jerewan aus, und es gibt Armenier, denen dieser Anblick keine Ruhe läßt. Die Erde von Sardarapat trägt heute das Armenische Museum für Volkskunde. Mit der Schlacht, die hier stattfand, entschied sich auch das weitere Schicksal der Armenier im nicht von den Türken besetzten Teil: Ihr Land fiel an die Sowjetunion.

Das Museum, aus rotem Tuff erbaut und innen mit cremefarbenem Tuff verkleidet, ist Tag für Tag von Musik erfüllt. Sie ist in jedem Winkel des Hauses zu hören, leise und unablässig, als wollte sie das Läuten der Glocken fortsetzen, das einst aus den Kirchen und Gebirgsklöstern über Flüsse und Berge drang, um den Kampfgeist der Armenier zu wecken.

Das Licht fällt von oben in die Bogengänge und liegt sanft auf Vitrinen und Bildern. Goldene Gürtel mit faustgroßen Schließen schimmern auf Samt, daneben Brasselets, Ohrringe und Kolliers von märchenhafter orientalischer Pracht, mit Rubinen, Amethysten und Malachit besetzt, die Fassungen filigran. Im Ausland lebende Armenier rechnen es sich zur Ehre an, dem Museum kostbare Stücke zu stiften. In Paris werden Gewänder genäht, nach alten Bildern und Vorlagen, ihre Knöpfe mit Rubinen besetzt, die Borten mit Gold. Auf einem Täfelchen steht: »Geschenk von Charles Bagramjan, New York 1976.«

»Eigentlich schrecklich«, sagte Matthias, als wir das Museum verließen, »das ganze Volk in alle Winde verstreut.«

»Und das Land geteilt«, fügte ich hinzu.

»Ja«, sagte Tamara, »das ist ihre Achillesferse.«

»Können Sie das nicht verstehen?«

»Warum? Sie sind selbst schuld. Was mußten sie diesen Sejm gründen? Damit haben sie die Türken ins Land gelockt. Sonst würde uns heute«, sie machte eine Handbewegung in Richtung des Berges Ararat, »alles gehören.«

Auf dem Weg zum Auto trafen wir Anastasia, die, einen Skizzenblock in der Hand, mit alten Frauen sprach.

»Zeichnest du?« fragte Matthias.

»Schon fertig. Die Mädchen«, sie wies auf die alten Frauen, »wollten erst nicht. Ich mußte sie lange überreden.«

»Madame!« wandte sich eine der Alten an Anastasia, »mich wolltest du auch zeichnen!«

»Und warum jetzt auf einmal?«

»Mein Enkel... ich will es ihm schicken.«

»Wo ist er denn, der Enkel?«

»In Deutschland, als Soldat.«

»Sieh mal an! Und wo?«

»Warte, ich habe hier einen Brief.« Die Alte kramte ein zerknittertes Kuvert unter ihren Umschlagtüchern hervor.

Anastasia gab es an uns weiter, ohne von ihrem Skizzenblock aufzusehen.

»R. Tigranjan...«, entzifferte Matthias, »... dann eine Feldpostnummer.«

»Viel ist es ja nicht, was dein Enkel uns da wissen läßt«, sagte Anastasia. »Hat er dir nicht geschrieben, wo er stationiert ist?«

»Er schreibt, er ist dort, wo man Kartoffeln erntet. Weißt du, Madame, wo das ist?«

»Überall! Überall ernten sie jetzt Kartoffeln in Deutschland. So. Fertig. Gefällt es dir?«

Die Alte kniff die Augen zusammen und betrachtete Anastasias Zeichnung. Die anderen alten Frauen sahen ihr über die Schulter.

»Das Tuch...«, sagte die Alte. »Kannst du das Tuch noch richtig zeichnen, das Muster?«

»Wenn du willst.«

»Danke. Jetzt ist es gut.«

»Warum muß denn unbedingt das Muster zu erkennen sein?«

»Er hat es mir doch geschenkt. Ehe er ging. ›Leg es um, Großmutter‹, hat er gesagt, ›dann denkst du an mich.‹«

»Das stimmt«, bestätigte eine andere Alte, »so hat er gesagt.«

»Grüß ihn von mir, deinen Enkel«, sagte Anastasia. »Sag ihm, er ist ein netter Junge.«

»Wie war es da drin?« fragte sie, als sie mit uns weiterging, »habt ihr alles gesehen?«

»Schwer zu sagen...« antwortete ich, »irgendwie bedrükkend und heiter zugleich.«

»Tamara geht mir auf die Nerven«, warf Matthias ein.

»So? Dabei wißt ihr das Beste noch gar nicht.«

»Eine Herzenssache?«

»Ja.«

»Sie hat sich«, vermutete ich, »in Hendrich verliebt.«

»Weit gefehlt. Sie hat mir eröffnet, der Direktor sei hinter ihr her.«

»Hat er ihr einen Antrag gemacht?«

»Viel subtiler. Sie kam gestern abend vollkommen aufgelöst zu mir und bat mich, in ihrem Zimmer zu übernachten. Ich fragte: ›Wie stellen Sie sich das vor?‹ Sie darauf: ›Ich schlafe auf dem Fußboden. Ich habe solche Angst. Er hat nachts an meiner Tür gekratzt.‹«

»Hört sich nicht gut an«, sagte Matthias.

»Ich habe versucht, ihr das auszureden«, fuhr Anastasia fort. »Aber ich fürchte, da ist nichts mehr zu machen.«

»Nein, ihr steht der Sinn nicht nach Erinnerungen, sie hat es eilig. Verworfen wird die Perlenkette, verworfen der Smaragdhalbmond. All das legt man nicht an. Das Genie muß verstehen, sich zu beschränken, vor allem: auszuwählen. Auswahl ist die Seele der Poesie.«

Katajew hat seine Auswahl getroffen: Erinnerungen. Zunächst an Bunin, in »Das Gras des Vergessens«. Nun folgen Erinnerungen an Babel und Pasternak, Bulgakow und Soschtschenko, Majakowskij und Jessenin. Katajew nennt sie: »Meine Diamantenkrone«.

Niemand kann einem einundachtzigjährigen Schriftsteller verwehren, seinen Lorbeer zu flechten. Noch dazu, wenn es so unendlich vielen Fingerspitzengefühls, so vieler Absicherung, so vieler Delikatesse bedarf. In Peredelkino, einem Datschenvorort von Moskau, in dem berühmte Schriftsteller mit KGB-Generälen Zaun an Zaun leben, macht sich der alte Mann ans Werk.

Eile ist geboten. Die Erinnerungen kommen wie Sturzbäche, wie Lawinen. Die Schichten, die sie freilegen, beherbergen neue Erinnerungen. Es ist unmöglich, alles der Reihe nach zu erzählen, so viel Zeit ist nicht mehr. Es können nur Mosaiksteine sein, doch dafür sind es Brillanten; nur Ausgrabungen, dafür werden sie dem Fund der Bibliothek des Assurbanipal gleichen; Spotlights, dafür werden sie dem Blitz ähneln, als Zeus der Semele erschien.

Er darf seine Schätze nicht allzu offen ausbreiten, und wenn überhaupt, dann immer nur für Augenblicke, genau so lange, daß sie der Leser erkennt und begreift, doch nur so kurz, daß sie nicht höheren Orts Mißmut und womöglich ebenfalls Erinnerungen auslösen: an unerlaubte Reden, unterdrückte Bücher, verbotene Nobelpreise. An Selbstmorde, Schwäche, »Verrat«.

Als erster verschwand Jessenin. Er nahm sich, vermutlich betrunken, in einem armseligen Hotelzimmer das Leben. Seine Ehe mit der amerikanischen Tänzerin Isadora Duncan war gescheitert, er kehrte, aus verschiedenen Gründen, nach Rußland zurück. Dort lebte die alte Mutter. Ein Photo zeigt sie und ihren Serjosha beim Tee. Er liest ihr Gedichte vor, sie blickt ihn zärtlich an, und zwischen ihnen steht wie ein Sinnbild der Samowar. Jessenin hinterließ ein Abschiedsgedicht:

> Sterben ist in diesem Leben nicht gerade neu,
> doch das Leben ist ja auch nicht neuer...

Das durfte, aus der Feder eines der populärsten Dichter Rußlands, unmöglich im Raum stehenbleiben. Majakowskij sah den »sozialen Auftrag« vor sich, Jessenin zu widerlegen. Der Selbstmord konnte nachteilige Folgen für die Dichtkunst haben, als Mitgestalterin des »Neuen Lebens«. Um so mehr, als dieses Gedicht existierte: »Doch das Leben ist ja auch nicht neuer...«

Lenin war tot, und im »Rat der Volkskommissare« saßen seine Nachfolger: Trotzkij, Lunatscharskij, Stalin. Vieles vereinte, vieles trennte sie. Auch die Stellung zur russischen Literatur. Der Genosse Lunatscharskij, als Verehrer der Modernen Kunst, hatte selbst ein Theaterstück geschrieben, in dem er Goethes »Faust« fortzusetzen versuchte. Fausts Apotheose im zweiten Teil:

> Solch ein Gewimmel möcht ich sehn,
> auf freiem Grund mit freiem Volke stehn...

hatte sich in Lenins Sowjet-Rußland erfüllt. Also mußte Faust im dritten Teil als Verantwortlicher auftreten, natürlich in prominenter Position. DDR-Literaturwissenschaftler interpretierten es später so: »Faust tritt hier als Statthalter auf. Er muß die Erfahrung machen, daß kein Mächtiger, nicht einmal er, Schöpfer und geistiger Souverän der Stadt, das Recht hat, den Untertanen die Freiheit des Denkens und Entscheidens vorzuenthalten.«

Lunatscharskij starb 1933 eines natürlichen Todes. Bis dahin bekleidete er die attraktive, aber auch heikle Funktion eines Patrons der Literatur. Ihm gegenüber war Jessenins Selbstmord fast so etwas wie ein Akt der Undankbarkeit.

Majakowskij hatte das Gefühl, daß man ihn und andere Gönner wieder versöhnen mußte. Außerdem, so in seinen privaten Notizen: »Zielsetzung: Das Ende Jessenins uninteressant machen. An Stelle einer Verschönung des Todes Schönheiten anderer Art setzen, da die arbeitenden Menschen alle Kräfte für die Revolution brauchen ... und *verlangen*, daß wir den unbeschwerten Frohsinn des ungeheuer schweren Marsches in den Kommunismus besingen ...«

Er selbst ging mit gutem Beispiel voran:

Romantische Welt!
Du wirst zerstampft!
Tötet das Alte!
Macht aus Schädeln Ascher!

Das Gedicht über Jessenins Tod wurde für Majakowskij ein schwieriger Fall. Denn er hat Sergej Jessenin geliebt, wie nur ein begabter Dichter einen anderen begabten Dichter lieben kann; doch zwischen ihnen spielte sich auch das ewige Geplänkel ab, mit dem begabte Dichter ihre Beziehungen gestalten. Man blieb per Sie, und Majakowskij rang schon bei den ersten Zeilen mit der Frage: Sollte er Jessenin mit Serjosha anreden oder nicht?

Er entschied sich dagegen. Den Grund verrät er in seinen Notizen: »Ich habe mich Jessenin gegenüber nie so plump vertraulich ausgedrückt.« Die persönliche Anrede, mit der das Gedicht »An Jessenin« unbedingt beginnen sollte, fiel daher kühler aus als beabsichtigt:

Sie sind fort,
wie man so sagt,
in jene Welt.
Nachts und Nichts.
Sie fliegen,
Sterne schlürfend.
Zappenduster dort
mit Vorschuß und Getränk:
Nüchtern.
Nein, Jessenin,
ganz
im Ernst gesprochen:
Weinen
näher mir als Lachen liegt...

Er muß es dazusagen, sonst könnte der Leser auf andere Gedanken kommen. Majakowskijs Angst vor Gefühlen gegenüber Menschen war so ausgeprägt, daß er lieber zynisch wirkte, auch wenn er es gar nicht so meinte. Später schrieb er selbst darüber:

Trat ich
bebenden Hauchs
dem eignen Lied
auf die Kehle...

Doch zu derartigen Betrachtungen war jetzt keine Zeit. Der »soziale Auftrag« mußte erfüllt werden. Majakowskij bleibt bei der tragisch umflorten Großspurigkeit, die er in diesem

Falle für passend hält, und kommt langsam zum gesellschaftlichen Hintergrund:

Plagiatoren sind erfreut:
Der Nächste bitte!
Gruppenweise
schreitet man
zur Selbstexekution.
Doch warum
erhöht ihr denn
die Selbstmordziffer?
Steigert
lieber doch
die Tintenproduktion!

Der Schmerz, den Majakowskij anläßlich von Jessenins frühem Tod zweifellos empfand, ist auch mit der größten Mühe nicht mehr ausfindig zu machen. Aber »die arbeitenden Menschen *verlangten*, den unbeschwerten Frohsinn des Marsches in den Kommunismus zu gestalten ...«

Unserm Volk,
dem Sprachenschöpfermeister
ist ein sing-
und trinkfroher Gesell
gestorben.

Nach dieser Würdigung von Jessenins Rolle im russischen Volksleben folgen unverständliche Ausfälle gegen seine Verehrer:

Auch Ihr Denkmal
ist noch nicht errichtet –
wird's
ein Werk aus Erz,

ein Marmor-Mal? –
doch schon sind
vor des Gedenkens Gitter
aufgeschichtet
Souvenirs vergilbt
und Widmungen, banal.
Und Ihr Name
wird in Schnupftüchlein gesabbert...

Und schließlich, nach Betrachtungen über die Rolle der Dichtkunst beim Aufbau des »Neuen Lebens«, die Aufhebung von Jessenins Abschiedszeilen:

Sterben
ist in diesem Leben
nicht gerade schwer.
Leben baun
ist schon
bedeutend schwerer.

Vielleicht dachte Majakowskij, als er sich wenige Jahre später in seinem Zimmer am Lubjanskij Projesd erschoß, an Jessenin, der ihm vorangegangen war. Denn auch Majakowskij hinterließ ein Abschiedsgedicht:

Lebt wohl! Ich mach Schluß! Doch bitte
verurteilt mich nicht! Was ich tu
entspricht meinem wahren Wesen...

Ein Dichter, der diesen Zeilen widersprochen hätte, fand sich nicht. Lunatscharskijs Gattin, Natalja Rosenöl, suchte Worte: »... eine himmelschreiende Ungereimtheit... eine gräßliche Insinuation... Wie hatte es nur dazu kommen können... Was sollte man der Jugend sagen...«

Und Lunatscharskij selbst setzte sich hin und schrieb eine

Trauerrede, wenn ihm und seiner Gattin schon nicht die Gabe verliehen war, ein Gedicht »An Majakowskij« zu schreiben. Darin hieß es: »Wir sind nicht alle wie Marx, der gesagt hat, daß Dichter unendlich viel Liebe brauchen. Nicht alle verstehen wir das, und nicht alle haben wir verstanden, daß Majakowskij unendlich viel Liebe nötig hatte, daß man manchmal nichts so sehr braucht wie ein von Herzen kommendes Wort...«

Katajew, an seinem Schreibtisch in Peredelkino, erinnert sich an alles. Sein phänomenales Gedächtnis läßt die Details wieder auferstehen, die Stimmungen und Situationen. Er weiß, wie das armselige Hotelzimmer aussah, in dem Jessenin sich umbrachte, und wie der spärlich möblierte Raum, in dem Majakowskij ihm nachfolgte. Er erinnert sich an den letzten Abend in Majakowskijs Leben, denn sie haben ihn gemeinsam verbracht. In Katajews Wohnung fand eine Abendgesellschaft statt, auf Majakowskijs Wunsch, als wollte er, wie Bulgakow, ein anderer Solitär aus Katajews »Diamantenkrone«, den Teufel sagen läßt, »unter Saitenklängen in die andere Welt eingehen, umgeben von trunkenen schönen Frauen und übermütigen Freunden«.

Doch Majakowskij war erkältet und bedrückt. Als er nach Hause ging, geschah etwas Erschreckendes: »Er drängte sich zwischen uns beide, schob Liwanow zurück und näherte mir sein längliches Gesicht mit den starken, schrägen Backenknochen. Übermenschlich groß und bronzeschwarz stand er vor mir im trüben Halbdunkel der Diele. Ich hatte es noch nie so nah gesehen und erschrak nun fast vor diesem Antlitz. Er sah mir kurz in die Augen, wie durch ein Vergrößerungsglas, zärtlich, hastig, Verzweiflung im Blick, und schon spürte ich die stachlige Berührung seiner unrasierten Wange. Es folgte ein Kuß seiner wuchtigen, zum Küssen weniger als zum Reden geeigneten Lippen, und dann, zum ersten Mal per Du – was mich seltsam und erschreckend berührte, denn wir hatten uns nie geduzt –, sagte er: ›Sei nicht traurig. Mach's gut...‹

... Sehr spät am Vormittag weckte mich ein wiederholtes Läuten...«

In einer Bierhalle in der Nikolskaja-Straße verbrachte Katajew den Nachmittag von Majakowskijs Todestag, in der Gesellschaft von Babel und Olescha. »Begreift doch«, sagte Babel, »wir sind alle schuld... Den Arm hätten wir um ihn legen, ihm etwas Liebes, Herzliches sagen müssen, damit er spürt, daß wir ihn lieben. Elementares Mitgefühl brauchte er. Und wir haben versagt. Wir meinten, er wäre aus Bronze... Dabei war er ein Mensch...«

Babel einige Jahre zuvor: »Der Abend flog zum Himmel auf wie ein Vogelschwarm, die Finsternis stülpte mir ihren nassen Kranz über den Kopf. Die Kraft schwand mir, ich beugte mich unter dem Grabeskranz, schritt weiter und erbat vom Schicksal die einfachste Kunst – die Kunst, einen Menschen zu töten...«

Katajew weiß das alles. Die Zitate müssen geschickt placiert werden, so über den Text verstreut, daß der aufmerksame Leser versteht, ohne daß die Zusammenhänge allzu offensichtlich werden. Er erspart sich und dem Leser auch nicht Majakowskijs:

> Tötet das Alte!
> Macht aus Schädeln Ascher!

obwohl er weiß, wo die Aschenbecher aus Schädeln und Lampenschirme aus Menschenhaut später auftauchten: auf dem Schreibtisch der deutschen KZ-Kommandeuse Ilse Koch. Er kennt die unterirdischen Verbindungen, über die man heute nicht gern spricht, weder in Moskau und Peredelkino noch in Marburg und West-Berlin. Nichts in diesem Jahrhundert existierte losgelöst, alles hatte seine Ursachen und Folgen. Er, Katajew, kann das Jahrhundert überblicken – es ist jünger als er.

Babel verschwand einige Jahre darauf. Darüber kann man

nicht schreiben, weil zwar Ilse Kochs Wirkungsstätte stillgelegt ist, nicht aber der Archipel GULag. Dort kam auch Mandelstam um. Katajews Blick schweift zurück in die zwanziger Jahre: Moskauer Lebensmittelgeschäft. Majakowskij, in Begleitung Katajews, kauft ein.

»In diesem Augenblick betrat Ossip Mandelstam den Laden. Von kleinem Wuchs, stak er in einem sehr geräumigen pelzgefütterten Mantel... Er war in Begleitung seiner Frau, die eine Einkaufstasche trug... Majakowskij und Mandelstam erkannten einander gleichzeitig. Stumm grüßten sie und sahen einander wortlos an. Majakowskij giftig, von oben herab, Mandelstam aufreizend selbstbewußt, von unten hinauf... Ein reservierter Händedruck, und man trennte sich, die beiden hatten kein Wort miteinander gewechselt. Majakowskij sah ziemlich lange dem sich entfernenden Mandelstam nach. Plötzlich warf er mir einen Blick zu, funkelnder noch als sonst, dann rezitierte er, mit einer durchs ganze Geschäft schallenden und doch vor Bewunderung schmelzenden Stimme... die Schlußzeile von Mandelstams ›Dekabristen‹:

Und alles sich verwirrt,
und niemand kann man sagen,
wie süß zu wiederholen sei,
wo alles sich verwirrt,
von Kälte fortgetragen,
dies: Rußland, Sommer, Loreley.«

Von den »Säuberungen« der dreißiger Jahre blieben Bulgakow, Soschtschenko und Pasternak verschont, auch Katajews Bruder, der sich Petrow nannte und gemeinsam mit Arnold Fajnsilberg, genannt Ilja Ilf, den weltberühmten Roman »Die zwölf Stühle« schrieb. Jewgenij Katajew-Petrow kam im Zweiten Weltkrieg als Frontberichterstatter um.

Inzwischen lebt niemand mehr. Bulgakow starb schon 1940, nachdem er im verborgenen den Roman »Der Meister und Margarita« beendet hatte. Sein Held, der »Meister«, wird ein Opfer des Funktionärs Latunskij, der für Awerbach steht, der wiederum Majakowskij attackiert hatte – als »Abweichler«, der Gefahr lief, sich »vom linken zum rechten Mitläufer« zu entwickeln. Sonst verband Bulgakow mit Majakowskij so gut wie nichts. Auch über das »*Verlangen* der arbeitenden Menschen« dachte er anders.

Aus dem Roman »Der Meister und Margarita«:

»Eine klangvolle und sehr eindringliche Baritonstimme sagte aus der zweiten Loge:

›Bürger Artist, es wäre trotz allem wünschenswert, daß Sie den Zuschauern unverzüglich ihre Tricks enthüllen... Die Zuschauermasse verlangt eine Erklärung.‹

Der Bariton gehörte niemand anderem als dem Ehrengast des heutigen Abends, Arkadij Apollonowitsch Semplejarow, Vorsitzender der Akustischen Kommission für die Moskauer Theater.

›Die Zuschauermasse‹, unterbrach ihn der freche Ulkmacher, ›hat, glaube ich, gar keinen solchen Wunsch geäußert. Aber ich will Ihre hochgeschätzte Forderung berücksichtigen und werde darum jetzt zur Entlarvung schreiten. Gestatten Sie vorher noch eine winzige Nummer?‹

›Warum nicht?‹ antwortete Semplejarow gönnerhaft, ›aber unbedingt mit Entlarvung.‹

›Sehr wohl, sehr wohl. Gestatten Sie also zu fragen, wo waren Sie gestern abend?‹

Bei dieser unangebrachten und wohl auch taktlosen Frage wechselte Semplejarow die Farbe.

›Arkadij Apollonowitsch war gestern abend auf einer Sitzung der Akustischen Kommission‹, sagte seine Gattin sehr von oben herab, ›aber ich verstehe nicht, was das mit der Magie zu tun hat?‹

›Oui, Madame. Selbstredend verstehen Sie das nicht. Was nämlich die Sitzung betrifft, so sind Sie im Irrtum. Arkadij Apollonowitsch fuhr zwar zu der erwähnten Sitzung, die übrigens für gestern gar nicht anberaumt war, aber er entließ seinen Fahrer vorm Gebäude der Akustischen Kommission an den Klaren Teichen (das ganze Theater war mucksmäuschenstill), dann fuhr er mit dem Autobus zur Jelochowskija-Straße, um die Schauspielerin Miliza Andrejewna Pokobatko vom Kreiswandertheater zu besuchen, und verbrachte bei ihr so ungefähr vier Stunden.‹

›Aua!‹ rief eine mitfühlende Stimme in der völligen Stille. Semplejarows Nichte brach plötzlich in ein tiefes und furchtbares Gelächter aus.

›Jetzt geht mir ein Licht auf!‹ rief sie. ›So was hab ich schon lange geahnt. Nun ist mir auch klar, warum diese unbegabte Person die Rolle der Luise bekommen hat!‹

Sie holte plötzlich aus und hieb ihren kurzen und dicken lila Schirm Semplejarow über den Schädel.

›Das, meine Damen und Herren, ist ein Beispiel für die Entlarvung, die Arkadij Apollonowitsch so aufdringlich verlangt hat.‹ . . .«

Der Teufel sitzt, während seine Dämonen diese Vorstellung im Moskauer Staatlichen Variete-Theater arrangieren, mit Frack und schwarzer Halbmaske, im Hintergrund der Bühne auf einem vergoldeten Stuhl, um die Moskauer der Sowjet-Ära zu studieren. Der Conférencier des Staatlichen Varieté-Theaters dringt in ihn:

»›Der ausländische Artist bringt seine Begeisterung für Moskau zum Ausdruck, das in technischer Hinsicht gewachsen ist, aber auch für die Moskauer.‹ Hier lächelte er zweimal, zuerst ins Parkett, dann hinauf zum Rang.

›Habe ich Begeisterung ausgedrückt?‹

›In keiner Weise, Messere, Ihr habt keinerlei Begeisterung ausgedrückt.‹

›Was also redet dieser Mensch?‹

›Er spinnt einfach . . .‹

›. . . Was sollen wir mit ihm machen?‹

›Den Kopf abreißen!‹ sagte jemand rauh vom Rang.

›Was haben Sie gesagt?... Den Kopf abreißen? Das ist eine Idee! Behemoth!... Mach du das!...‹

Etwas ganz Unerhörtes geschah. Der schwarze Kater... duckte sich panthergleich, sprang Bengalskij gegen die Brust und von hier auf den Kopf. Laut knurrend krallte er die puschligen Pfoten in die schüttere Haartracht des Conferenciers, heulte wild auf und riß mit zwei Drehungen den Kopf von dem dicken Hals los.

Die zweieinhalbtausend Menschen im Theater schrien wie mit einer Stimme auf. Das Blut aus den Halsarterien spritzte in dicken Strahlen hoch und tränkte Vorhemd und Frack. Der enthauptete Körper machte mit den Füßen ein paar plumpe Scharrbewegungen und sank sitzend zu Boden. Im Saal gellten hysterische Frauenschreie... Der Kopf schrie verzweifelt, daß es durchs Theater hallte:

›Einen Arzt!‹

›Wirst du wieder solchen Blödsinn quatschen?‹

›Nie wieder!‹ röchelte der Kopf.

›Um Gottes willen, quälen sie ihn nicht!‹ übertönte plötzlich eine Frauenstimme den Lärm, und der Magier wandte sich der Stimme zu.

›Sie meinen also, meine Damen und Herren, wir sollen ihm verzeihen?‹

›Verzeihen, verzeihen!‹ riefen erst vereinzelte Stimmen, vorwiegend weibliche, dann fielen im Chor die Männer ein.

›Was befehlt ihr, Messere?‹

›Hm‹, antwortete dieser nachdenklich, ›sie sind Menschen wie andere auch. Sie lieben das Geld, aber das war schon immer so... Ein bißchen leichtsinnig sind sie vielleicht... Manchmal klopft Barmherzigkeit in ihrer Brust... Gewöhnliche Menschen. Erinnern an die von früher, bloß die Wohnungsfrage hat sie verdorben.‹ Laut befahl er: ›Setzt ihm den Kopf wieder auf.‹«

Auch Boris Pasternak schrieb einen berühmten Roman, »Dr. Schiwago«. Das Buch wird von Katajew mit keinem Wort erwähnt. Pasternak ist einer der schönsten Brillanten der »Diamantenkrone«, er soll nicht herausgebrochen werden. Der Leser sieht sein sprühendes Licht, auch wenn »Dr. Schiwago« ungenannt bleibt. Er und Soschtschenko sind die letzten Überlebenden, beide, wie Katajew behutsam schreibt, »ungerechtfertigt in Ungnade gefallen«: Pasternak eben wegen »Dr. Schiwago«, Soschtschenko wegen »Kosmopolitismus«. Er saß, wie Anna Achmatowa, in Leningrad, am Leben zwar, doch stumm.

Katajew: »Er erschien in meinem Hotelzimmer, unverändert schlank, hager, korrekt, ein echter Petersburger, fast unberührt von der Zeit, abgesehen von seiner verschlissenen Kleidung und dem Schuhwerk – den Zeugen beginnender Armut... Er war zurückhaltend wie immer, aber merkwürdig bedrückt, als hätte er schon einen Blick auf die andere Seite des Daseins geworfen, von der es kein Zurück gibt, kein Zurück... Ich schlug ihm vor, nach alter Gewohnheit zum Newskij-Prospekt zu fahren und die bekannte Konditorei ›Nord‹ aufzusuchen, die wegen ihrer kosmopolitischen Bezeichnung jetzt den ur-russischen Namen ›Sewer‹ erhalten hatte... Er machte ein beunruhigtes Gesicht. ›Weißt du‹, sagte er, ›in letzter Zeit bemühe ich mich, nicht unter Menschen zu gehen. Ich werde umringt, gemustert, bemitleidet...‹«

Katajews Buch nähert sich dem Ende, fast ist es getan. Draußen, vor dem Zaun in Peredelkino, geht ein Spaziergänger vorüber, ein Nachbar, pensionierter General. Schriftsteller kann man nicht pensionieren; Katajew schreibt. Ein Gedicht von Pasternak muß abgeschrieben und eingeflochten werden, sorgfältig verpackt und versteckt. Am besten in einer Reminiszenz an den Zweiten Weltkrieg, denn das wird immer goutiert, besonders jetzt, da der Große Vater und Große Sieger wieder untergeschoben wird.

Also: Eine Nacht während der Belagerung Moskaus durch die Deutschen. Darin eingerahmt Pasternaks Gedicht:

Die Mordnacht brennt auf meiner Brust.
Die Zeit wird diesen Schmerz nie lindern.
Herodes gleich an blut'ger Lust
beging er Massenmord an Kindern.
Bricht eine beß're Zeit einst an,
dann sind die Zeugen längst verschwunden...

Nein, Katajew lebt noch, hat auch Pasternak überlebt. Er kann Gedichte zitieren und kann sich darauf verlassen, daß der Leser versteht, wer gemeint ist.

Seine Frau klopft an die Tür: Das Essen steht bereit. Na, dann wollen wir mal essen. Kurios: Wörtlich so hat Solshenyzin gedacht, als er im Flugzeug, von KGB-Leuten umgeben, Kaffee und Gebäck serviert bekam. Er wußte nicht, wo sie ihn hinbringen würden, direkt aus dem Lewortowo-Gefängnis. Wo auch immer, wir müssen leben. So lange, bis alles geschrieben ist. »Na, dann wollen wir mal essen.«

Die Enkelin bittet, mit ihr spazierenzugehen. Heute nicht, heute müssen wir arbeiten. Zurück ins Arbeitszimmer. Er ist einundachtzig Jahre alt. Er muß schreiben.

Letzte Paris-Reise. Bunins Grab, letzte Begegnung mit Vera Nikolajewna Bunina... Nein, sie war schon tot. Das war die vorletzte Reise. Vera Nikolajewna starb kurz nach Katajews Abflug. Als hätte sie nur noch auf ihn gewartet.

Katajew war immer gern in Paris. Als Staatsschriftsteller ließ es sich einrichten. Das hatte er auch mit Babel gemeinsam: die Liebe zu Paris.

»Unter jedem Vorwand bemühte er sich, ins Ausland, nach Paris zu kommen. Am wohlsten fühlte er sich an einem winzigen quadratischen Mittelfußtisch direkt auf dem Bürgersteig, vor einem Café auf den Grands Boulevards, wo man stundenlang unter einer roten Markise bei einer kleinen Tasse

Mocca sitzen, die Passanten beobachten und sie in Gedanken wie in einem Roman der ›Menschlichen Komödie‹ gestalten konnte.

Möglicherweise sah er sich als französischer Schriftsteller, als glänzender Stilist, vielleicht sogar als einer der vierzig Unsterblichen... Unter der hohen Kuppel des Institut de France am Ufer der Seine hätte er sich zu Hause gefühlt...«

Besonders liebten sie den Park Monceau: »Es war die Welt Maupassants... Die breitschultrige Büste dieses wackeren, hübschen Franzosen mit dem normannischen Schnurrbart... stand auf einer Säule, an deren Fuß eine Dame ruhte, mit schlanker Taille und einer Puffärmelbluse. Sie hielt ein aufgeschlagenes Buch in der Hand und war über den Zeilen von Maupassant in selbstvergessene Träume versunken... Dieses Ensemble im schwülen Dämmerlicht einer hemmungslos blühenden Kastanie war im Laufe der Zeit nachgedunkelt, und wir kannten jede Falte des weiten Schlepprockes ebenso genau wie den fünffingrigen Schatten eines einzelnen Kastanienblattes, der auf der geraden Stirn des Schriftstellers lag, und inmitten des blühenden Flieders, des Weißdorns, der Päonien und japanischen Kirschen, die von den Sonnenstrahlen durchglüht wurden, und getrennt von der geräuschvollen Stadt durch eine Mauer aus Lautlosigkeit und Windstille, fühlten wir uns in das Land versetzt, das wir nach vielen Enttäuschungen schließlich doch erreicht hatten.«

Er hätte statt »Enttäuschungen« ein stärkeres Wort wählen können, doch er möchte niemanden brüskieren, weder höheren Orts, wo man sich wohl nicht die Mühe machen wird, »Meine Diamantenkrone« zu lesen, aber ein internes Gutachten darüber anfordern kann, noch Leser und Kritik.

Zwar ist der Genosse Latunskij-Awerbach-Kugelman selbst in den »Säuberungen« untergegangen, aber er hat Nachfolger hinterlassen: immer an künstlichen, desinformierenden Kontroversen interessiert, um eine vitale Literaturkritik zu markieren, und immer bereit, Abweichungen zu »entlarven« und zu rügen. Und wenn das nicht, dann wenigstens dem lesenden Sowjetmenschen und dem ahnungslosen Ausland zu erklären, wie »das neueste Werk unseres Schriftstellers« zu verstehen sei.

Zurück in den Park Monceau, zum Denkmal Maupassants: »Diesmal hatte sich hier etwas verändert. Anfangs konnte ich nicht begreifen, was es eigentlich war. Doch dann merkte ich, daß unweit der traumverlorenen Dame unter der Büste Maupassants noch eine Skulptur stand, die dort früher nicht gewesen war.« – Babel.

»Er saß an einem kleinen Mittelfußtisch, vor sich eine Tasse, wie unter der Markise eines Cafés, und schaute mit den erstaunten Kinderaugen des dem Untergang Geweihten durch die Brille.«

Katajew hat eine feinere Art gefunden, seine Meinung zum Schicksal der russischen Literatur dieses Jahrhunderts auszudrücken. Er wird sich hinter dem Visionären verschanzen, hinter einer Verklärung, selbst für die Nachfolger des Genossen Latunskij-Awerbach-Kugelman unantastbar, weil überirdisch. Sein Buch über Bunin, »Das Gras des Vergessens«, hatte er dem 50. Jahrestag der Oktoberrevolution gewidmet, wie einst Goya die aufrührerischen »Capricchos« der spanischen Königin überreichte. Ein solches Geschenk kann man nicht zurückweisen, die Königin Maria Luisa nicht, mag es auch Karikaturen auf sie enthalten, und die sowjetische »Öffentlichkeit« nicht, selbst wenn es die Würdigung eines Feindes der Sowjetmacht darstellt. Diesmal wird sich Katajew die höfische Demutsgeste ersparen. Vielleicht ist er dessen leid, vielleicht ist sein Rücken zu steif geworden, um sich nochmals zu bükken – er ist einundachtzig Jahre alt.

Er wird, sowjetischer Ordensträger, seinen Jugendfreunden Denkmäler errichten: den russischen Dichtern des 20. Jahrhunderts, ihren Selbstmorden und Verzweiflungstaten, ihren »Maßregelungen« und Deportationen, ihrem stummen Tod in Moskau und Leningrad, in Jelabuga und auf dem Archipel

GULag. Er wird an den Höhenflug und an den Sturz, an den Rausch und die Ernüchterung erinnern. Und nur hier, in der Nähe von Bunins Grab auf dem Russischen Emigranten-Friedhof und neben der Büste Maupassants, können diese Denkmäler stehen. Mögen die irdischen Gräber unauffindbar sein, *hier* ist »das Land, das wir nach so vielen Enttäuschungen schließlich doch erreicht hatten...«

Jurij Olescha: »Er war schlafend dargestellt, klein, mit angezogenen Beinen, ein junger Gymnasiast mit festem Kinn, er trug eine Titus-Frisur und war in überirdische Träume versunken, um ihn aber, wie er selbst einstmals geschrieben hatte, ›... flogen Insekten. Die Stengel erbebten. Die Vögel, Fliegen, Käfer hatten eine durchsichtige Flugarchitektur, dennoch ließen sich punktierte Linien erkennen, Skizzen von Bögen, Brücken, Terrassen – eine sich schnell verändernde Stadt, die jede Sekunde ihre Form wechselte...‹«

Verschlüsselt genug. Das normale menschliche Leben, mannigfaltig und beweglich, in der »steinernen Epoche« erstarrt. Und nur sichtbar, wenn man die Augen schloß und in überirdische Träume versank...

Bulgakow: »Arm in Arm mit Mephisto, ... weiße Gestalt im Federhut, eine kleine Mandoline in der Hand, die Füße in Tanzpose...«

Chlebnikow: Barfuß. »Ein Bettler...«

Dann Jessenin: »In Zylinder und seidengefüttertem Umhang, den Rohrstock wie ein Rapier vorgestreckt, das mädchenhafte Gesicht voller Schrecken...«

Und Majakowskij: »Ein knabenhafter Selbstmörder.«

»Ich hätte gern«, schreibt der Einundachtzigjährige, »von jedem einzelnen Abschied genommen, aber es gelang mir nicht mehr. Mir war plötzlich, als berührte die Sternenkälte der Ewigkeit das schüttere graue Haar und brachte es zum Flimmern wie eine Diamantenkrone... Dann verbreitete sich die Sternenkälte allmählich durch meinen absterbenden Körper, ließ langsam, aber beharrlich den Blutkreislauf stocken und hinderte mich am Weiterschreiten...«

Doch der Park Monceau entschwindet, löst sich auf wie die unerreichbar-lockenden Früchte über dem Haupt des Tantalus, den die Götter straften. Und verwandelt sich in den Wald von Peredelkino, jenen einzigartigen Datschenvorort, in dem Schriftsteller und KGB-Generäle Zaun an Zaun wohnen. Denn hier, nicht in Paris, wo die Standbilder der Freunde stehen, ergreift die Sternenkälte auch Katajew und macht ihn »zu einem Standbild aus dem kosmischen Stoff...«

Hier oben war nichts zu hören als der Wind. Die Berge umlagerten schweigend ein hügeliges Plateau, das mit trockenem, gelblichem Gras bewachsen war. Weit hinten, von den vorwärtskriechenden violetten Schatten fast erreicht, duckten sich zwei langgestreckte, strohgedeckte Schafställe. Um diese Jahreszeit waren sie verwaist; die Herden weideten noch oben im Gebirge.

Durch die leere, lichtüberflutete Landschaft näherte sich eine winzige Gestalt. Sie kam näher und näher, ohne größer zu werden. Am Fuß des Berges, auf dem ich saß, verschwand sie aus meinem Blickwinkel und tauchte einige Zeit später hinter der nächsten Hügelkuppe auf. Es war eine Frau, gekleidet in ein Popeline-Kleid mit aufgedruckten Mohnblumen, das Gesicht unter der leise wippenden Krempe eines Strohhutes verborgen.

Sie setzte sich, auf meinem Hochsitz angelangt, mit dem Rücken zu mir ins Gras. Nachdem sie ein paarmal geseufzt hatte, begann sie zu sprechen.

»Gefällt es Ihnen?«

»Es ist phantastisch.«

»Wie finden Sie Armenien?«

»Wunderschön. Es ist nur schwer, die Berge zu zeichnen, irgendwie *aussichtslos*...«

»Warum?«

»Sehen Sie, die Berge waren lange vor uns da und werden uns überleben. Wenn ich sie ansehe, denke ich, ihnen ist es völlig egal, ob hier ein Mensch sitzt und sie zu zeichnen versucht. Sie werden hier immer stehen, ob ich sie nun zeichne oder nicht.«

»Gerade das ist ein Grund, sie zu zeichnen und zu bedichten.«

Ich lachte.

»Nein«, sagte sie, »im Ernst. Zeichnen Sie das, was unvergänglich ist. Wir haben vieles versäumt. Ich liebe die Künstler, die uns daran erinnern, daß wir sterblich sind... Kennen Sie den Vers aus dem Notenbüchlein der Anna Magdalena Bach:

Schreib dieses Wort in Herz und Brust:
Bedenke, daß du sterben mußt«?

»Sie beschäftigen sich mit Bach?«

»Mit deutschen Komponisten. Ich bin Übersetzerin. Jetzt arbeite ich an der Übersetzung eines Buches ›Das sozialistische Musikschaffen in der DDR‹.«

»Da kann ich Ihnen nur von Herzen wünschen, daß Sie diese faszinierende Arbeit bald hinter sich bringen.«

»Sie werden in Ihrem Leben auch Arbeiten dieser Art erledigen müssen.«

»Ich versuche es zu vermeiden.«

»Bleiben Sie dabei. Lassen Sie sich nicht umstimmen. So viele Künstler haben sich umstimmen lassen, sind käuflich geworden...«

»Wen meinen Sie? Katajew? Sie machen es sich zu leicht.«

»Ach, lassen wir Katajew beiseite. Er ist alt. Sein Leben war traurig genug. Alle Freunde tot. Und was für Freunde!«

»Wen meinen Sie dann?«

»Sehen Sie, es gibt in Moskau einen jungen Komponisten, er heißt Alfred Schnittke. Ein Deutschrusse. Ein sehr talentvoller Mensch. Neulich war ich in einem Konzert mit anschließender Diskussion. Werke von Schnittke und von einem gewissen Schalamanow. Beide sehr talentvoll. Und hinterher sprach Schnittke. Wir waren beeindruckt. Er weiß alles. Alles, verstehen Sie? Aber er trifft nicht den Ton, den sie hören wollen. Wissen Sie, was ich meine?«

»Natürlich.«

»Und dann sprach dieser Schalamanow. Er wußte, was sie hören wollen. Und hat es ihnen gesagt: sowjetisches Musikschaffen, große Traditionen, Roter Oktober – Sie kennen das alles. Er ist so alt wie Sie. Und schon: käuflich.«

»Er will sich keinen unnötigen Ärger machen.«

»Niemand will sich ›unnötigen Ärger‹ machen. Aber die Käuflichkeit ist ein schleichendes Gift. Erst sagt man etwas, dann nehmen sie einen beim Wort. Es ist noch nichts. Sie sagen nur: ›Sprechen Sie hier, sprechen Sie dort.‹ Oder: ›Tun Sie dies für uns, tun Sie jenes.‹ Und wissen Sie, was dann passiert?«

»Ich kann es mir denken.«

»Wirklich? Ich glaube, Sie können es sich nicht denken. Denn dann sagen sie: ›So. Jetzt hast du dies und jenes getan, und jetzt *gehörst du zu uns.* Wissen Sie auch, was *das* heißt?«

»Nein.«

»Wenn man dazugehört, kommt man nicht mehr hinaus. So einfach ist das.«

Ich zeichnete schweigend. Die violetten Schatten erreichten die Schafställe und begannen, ihre weißgetünchten Wände zu verdunkeln.

»Und dann passiert folgendes«, sagte die Stimme in meinem Rücken, »dann spricht sich das herum. Das ist das schrecklichste.«

»Was spricht sich herum?«

»Daß man zu ihnen gehört.«

Ich strichelte, über mein Blatt gebeugt. Es war fast unmöglich, die Berge zu zeichnen. Sie verkörperten eine andere Dimension. Man mußte versuchen, das darzustellen.

»Sie sind«, sagte die Stimme, »von unserem Land beeindruckt. Aber Sie wissen nicht, was hier wirklich passiert.«

»Was denn?«

»Man erwürgt uns. Jeder talentvolle Mensch wird erwürgt. Wenn wir hören, der und der ist talentvoll, ein Dichter, ein Komponist, ein Maler, dann warten wir darauf: Verkauft er sich – oder wird er erwürgt?«

»Und wie soll das enden?«

»Das fragen wir uns auch. Wir haben die Hoffnung verloren. Früher dachten wir, einzelne würden es schaffen.«

»Was meinen Sie?«

»Durchzukommen, ohne käuflich zu werden – oder, daß man sie erwürgt. Als ich ein junges Mädchen war, liefen wir zu Jewtuschenko. Was war das für eine Stimme! Eine Hoffnung! Ein Talent! Kennen Sie ihn? Kennen Sie seine Gedichte?

> Wir fanden in uns selber soviel Stärke,
> und starke Lust und starke Liebe sind
> uns grad so nötig wie den Händen Werke,
> den Flügeln Himmel und den Segeln Wind.

Und was ist er heute? Ein käuflicher Mensch.«

»Woher wissen Sie das?«

»›Woher wissen Sie das?‹ – Wir wissen es eben. Es ist stets dasselbe.«

»Nein. ›Die Zeiten ändern sich, und wir ändern uns mit ihnen.‹ Ihr Land wird sich besinnen. Es ist zu groß, zu aufgebläht. So einen Zustand kann man auf Dauer nicht halten. Man wird zur Vernunft kommen.«

»Wer?«

»Vielleicht Andropow.«

Die Stimme in meinem Rücken schwieg. Ich schraffierte Schatten, die in komplizierten Linien den Hügeln folgten. Die Stimme sagte kaum hörbar:

»Aber *er* war es doch, der die Psychiatrischen Kliniken eingerichtet hat...«

»Das wußte ich nicht.«

»Sie wissen vieles nicht. Seien Sie froh. Sie sind Künstler, sensibel, ein talentvoller Mensch. Wenn Sie es wüßten, würden Sie daran krank werden.«

»Es können nicht alle krank werden. Ich für meinen Teil denke nicht daran.«

»Wenn Sie jemals so eine Klinik von innen sehen müssen, werden Sie Ihren Optimismus verlieren. ... Denn es wird zu Katastrophen kommen.«

»Ich kann Ihre Weltuntergangsstimmung nicht teilen. Fühlen Sie sich so dekadent?«

»Wir sind dekadent.«

»Wer ist ›wir‹?«

»Das spielt keine Rolle. Überhaupt haben Sie dieses Gespräch nur geträumt. Glauben Sie weiterhin an unsere ›Besinnung‹.«

»Woran ich glaube, ist meine Sache. Ich finde, Sie hatten in den letzten siebzig Jahren genug Blutvergießen. Soll das alles wieder von vorn anfangen?«

»Es wird Zusammenstöße geben. Vielleicht auch Krieg.«

»Etwas anderes können Sie sich wohl nicht mehr vorstellen?«

»Wenn Sie wüßten, was ich weiß... Dennoch: Wie sagt man bei Ihnen? – ›Dein Wort in Gottes Ohr‹.«

Die Stimme schwieg. Dann sagte sie übergangslos:

»Ich wollte Ihnen nur sagen, daß ich Ihnen Glück wünsche. Ihnen, Anastasia und den anderen. Was auch geschieht.«

»Danke. Auch ich...«

»Adieu.«

Ich hörte das Rascheln der trockenen Gräser. Dann Stille. Als ich mich umwandte, sah ich das mohnrote Kleid hinter der Hügelkuppe verschwinden. Die Gestalt entfernte sich, war noch lange zu sehen und löste sich in den violetten Schatten auf, die allmählich das Tal erfüllten.

Am nächsten Tag, in einem mohammedanischen Dorf, als der Kleinbus hielt und wir wie geblendet auf der staubigen Straße standen, von Kindern bestaunt, zwischen Hunden und Hühnern, berührte Tamara leicht meinen Arm.

»Sie führen Tagebuch«, sagte sie, »ich weiß es. Über unser Gespräch, ich bitte Sie, kein einziges Wort.«

»Ihre Sorge ist überflüssig.«

»So?«

»Ich habe alles im Kopf.«

Vor seiner Verhaftung durfte Ossip Mandelstam noch einmal verreisen, auf Fürsprache Bucharins, der damals noch nicht als »Rädelsführer der bucharinistischen Rechtsopposition« liquidiert worden war.

In Deutschland, das Mandelstam sehr liebte, herrschte der Nationalsozialismus, und Mandelstam schrieb:

> Und ich weiß alles: Meiner deutschen Brüder Hälse
> und auch der lila Kamm der Loreley
> werden dem Gärtner-Henker nun die Freizeit füllen.

Auch Italien war faschistisch, die Welt sah trübe aus:

> Kalt ist es in Europa. Finster in Italien.
> Die Macht ist widerlich, wie des Quacksalbers Hand.
> O ließe öffnen sich, und möglichst schnell,
> zur Adria das weite, hohe Fenster!

Also auf nach Süden, in der Hoffnung, ein offenes Fenster zu finden. Mandelstam reiste nach Armenien.

Die sowjetischen Behörden gestanden Dichtern solche Reisen zu: gelegentlich sogar ins Ausland oder, was ein ähnliches Privileg bedeutete, in eine der südlichen Sowjetrepubliken. Das Besingen des »Neuen Lebens« erforderte gesunde Nerven. Wurde ein zunehmender Hang zur Depression beobachtet, konnte es geschehen, daß die Moskauer Zentrale zur Reise drängte.

Lenin an Gorkij, 5. Juli 1919: »Lieber Alexej Maximytsch! Es scheint mir wirklich so, als säßen Sie schon zu lange in Petrograd. Immer nur an einem Ort, das ist nicht gut. Man wird müde und aller Dinge überdrüssig. Wie ist's – wollen Sie nicht ein bißchen verreisen? Wir werden das einrichten...«

Gorkij fuhr nach Italien. Armenien war fast ebensogut. Der Boden der Antike gab sich preis, gerade waren die Ruinen der Stadt Swartnots auferstanden: Säulen mit ionischen Kapitellen und Trümmer frühchristlicher Reliefs, die den armenischen Adler zeigten. Ferner stand, unweit von Jerewan, der Römertempel Garni seit zwei Jahrtausenden fast unversehrt vor dem geschlossenen Massiv der Berge.

Mandelstam sah das alles. Er stand – wie jetzt wir – in der hellen Mittagssonne vor den Säulen von Swartnots. Sein Auge notierte Schatten, die wie schwarzgetuscht auf den freigelegten Fundamenten lagen, das Grün südlicher Pflanzen, das die Steinquader zu überwuchern drohte, die Geheimnisse der geöffneten Erde.

Er reiste zum Sewan-See und bestieg die Höhen der Landzunge von Sewan. Er sah die Kirche aus rotem Tuff, die Grasbüschel auf ihrem Turm, die kannellierten Dächer und den Sprung, der von dem schmalen, schießschartenartigen Fenster mit Rundbogen schräg nach oben, dem Vierecksmuster der Steine folgend, zum Dachfirst führt. Er sah das spärliche Gras und die vom Regen ausgewaschenen Rinnen im kalkigen Boden.

Er sah nicht: den Drahtzaun, der einen Teil der Landzunge absperrt und hinter dem sich ein Datschenkomplex des ZK befindet. Und die Wracks aufgegebener Schiffe, die gespenstisch, hundert Meter vom Ufer entfernt, ihre verrosteten Aufbauten aus den weißen Kämmen der Wellen starren lassen. Als auch der Wasserspiegel des Sewan-Sees zu sinken begann, wurde die Schiffahrt eingestellt.

Wir fuhren, nachdem wir Sewan verlassen hatten, noch stundenlang am Seeufer entlang. In einem Landwarenhaus hatte ich für 1 Rubel und 25 Kopeken eine weiße Jockei-Mütze aus Baumwolle gekauft, die über dem Mützenschirm das Emblem der Weltmeisterschaft im Gewichtheben zeigte. Die Weltmeisterschaft war für Mitte Oktober anberaumt, schon wurden überall Mützen, für einen Rubel sogar Plastiktüten mit ihrem Zeichen verkauft, doch sie fand dann nicht, wie geplant, in Jerewan, sondern in Moskau statt.

Der Kleinbus, in eine Staubwolke gehüllt, raste neben der Bahnlinie in Richtung Aserbaidshan. Der Fahrer fuhr die Strecke sicher wie im Schlaf. Am Ende der Welt, wo der schwarze Strand beginnt, hinter kilometerlangen Terrains des ZK mit Datschen, Villen und Hubschrauber-Landeplätzen, besitzt der Armenische Künstlerverband ein Gästehaus. Uns zuliebe hatte man die Saison verlängert. Das Personal, für zwei weitere Wochen in Dienst genommen, erwartete uns in der Tür. Der Direktor wies hinunter zum Strand.

Der See war grün. Gegen die stählernen Wände einer gestrandeten Barkasse schlugen die Wellen. Wir wandten uns um und sahen das Haus, einen Klotz aus Basalt mit einem Balkon über die ganze Front, hinter dem, wie Tamara erklärte, unsere Zimmer lagen. Fünfzig Meter entfernt stand der Zaun, der das Gelände begrenzte, dann folgte Geröll, nichts als Geröll.

Anastasia sagte: »Ich fahre zurück.«

»Bitte«, wandte Tamara ein, »essen Sie erst einmal. Dann werden wir weitersehen.«

»Denken Sie, satt empfinde ich anders?«

»Nein, nein. Aber tun Sie dem Haus die Ehre an... Man hat schon serviert. Der Direktor erwartet uns.«

»Und wenn. Ich will hier weg. Was sollen wir hier? Was gibt es hier zu sehen?«

»Steine!« rief Hendrich munter, »Steine! Hier kann ich endlich Steine zeichnen...«

Wir schliefen unruhig. Der grelle Schein einer Bogenlampe fiel durch das Fenster zur Rechten, und hinter der Balkontür brüllte der See. Am frühen Morgen hörten wir das Geräusch eines auf den Strand laufenden Bootes. Matthias, eine Decke umgehängt, sah hinunter und rief mich mit leiser Stimme auf den Balkon. Im frostigen Morgenlicht waren Männer mit Pelzmützen zu sehen, die Kisten an Land schleiften. Dann erschien der Koch, ein feister junger Mann in gewürfelten Hosen. Der Blechverschluß eines »Weißköpfchens«, einer Wodkaflasche, wurde abgerissen und eine zerdrückte Zigarettenschachtel herumgereicht.

»Mysteriös«, sagte Matthias. »Scheint ein Schmugglernest zu sein.«

»Was soll es denn hier zu schmuggeln geben?«

Matthias zog die Decke enger um seine Schultern und flüsterte: »Forellen natürlich. Sewan-Forellen!«

Unten begannen Verhandlungen. Der Koch öffnete eine der Kisten und wies auf den Inhalt, der nicht zu erkennen war. Ein Bursche mit Pelzmütze stellte sich dicht vor ihn hin, hob seine Pranke und spreizte die Finger. Der Koch schüttelte den Kopf. Der mit der Pelzmütze bog den Daumen ein, wieder kreiste die Wodkaflasche, und nach langem Besinnen bog er auch den Zeigefinger ein. Daraufhin schlug der Koch mit der flachen Hand auf den Kistendeckel.

Am Horizont begannen sich die Wellen gelblich zu färben: Die Sonne ging auf.

Eine Stunde später war alles von gleißendem Licht überflutet: das Wrack der Barkasse, das taufeuchte Balkongitter und der schwarze Strand, in dem die Eindrücke der Kisten und die Spur des Bootes zu erkennen waren. In dem mit Sesseln möblierten Wohnraum, der vor unseren Zimmern lag, erschien, vom Morgenlicht rosig angehaucht, ein junges Mädchen in weißem Servierschürzchen: »Der Direktor bittet Sie zum Frühstück hinunter.«

»Wie haben Sie geschlafen?« fragte der Direktor im Speisesaal.

»Schlecht«, antwortete Anastasia.

»Haben Sie gefroren?«

»Auch das.«

»Warten Sie, es gibt gleich eine stärkende Suppe aus Hammelfleisch. Und dazu, zwecks besserer Bekömmlichkeit, ein Glas Wodka...«

Und wir fuhren im Kleinbus hoch in die Berge, durch Täler, in denen Schafherden reglos im Sonnenlicht standen, einmal wurden Kühe langsam über die Straße getrieben, zottige Hunde umsprangen den Bus, und Männer mit hohen kaukasischen Mützen sahen uns schweigend durchs Fenster an. Wir fuhren weiter, hielten an Brunnen, aus denen Quellwasser rann und wo Lastwagen auf kleinen Plateaus standen, deren Fahrer sich durstig über das Wasserrohr beugten; später kamen winzige Dörfer mit weißgetünchten Hütten und goldgelben Heuschobern, aus denen schwarze Stangen ragten; dann, plötzlich und vollkommen unerwartet, eine größere Stadt. Weißbärtige Männer zu Pferde kamen uns entgegen, schwarz gekleidet, mit hohen Stiefeln und engen Gürteln, Molokanen, Angehörige der russischen »Milchtrinker«-Sekte, die es vor hundertfünfzig Jahren hierher verschlagen hat.

»Und nun«, übersetzte Tamara die über die Schulter geworfene Ankündigung des Direktors, »sind wir gleich in Aserbaidshan.«

Der Kleinbus erklomm mit letzter Kraft, wie es schien, einen mit Schotter gedeckten Platz, den Wellblechhütten umstanden, und hielt. In die plötzliche Stille drangen Geräusche: das Knistern eines offenen Feuers und die Stimmen von Männern, die mit Schaschlik-Spießen davorstanden. Ein Greis mit Kochmütze stocherte in der Glut.

Wir aßen Schaschlik, Tomaten, Auberginen und Weißbrot und tranken Wodka dazu, wir überboten den Direktor in blumigen Trinksprüchen und stießen auch mit den Gästen am Nebentisch an, mit Milizoffizieren und einer rothaarigen Frau. Wir fuhren weiter im schaukelnden Bus, himmelhohe Pässe und Straßen hinauf, und vermieden es, in die Tiefe zu blicken.

Tamara, mit gerötetem Angesicht, bat: »Anastasia, sagen Sie noch einmal das Gedicht auf... Von Jelisaweta Petrowna... In Zarskoje Selo.«

Anastasia rezitierte lächelnd:

Pjotr Welikij, O!
Prijechal w Mo-
skwu, welikij gorod.

Und Tamara, wie damals in Zarskoje, lachte Tränen darüber, legte den Kopf in den Nacken und wiederholte: »Pjotr Welikij, O!... Ich kann nicht mehr, oi, ich kann nicht mehr!« Und Frau Tetjens, obgleich sie kein Wort verstand, lachte mit. Die Heiterkeit dauerte an, wurde aufs neue angefacht durch entgegenkommende dicke Männer auf Eseln oder schiefe Häuser und noch mehr dadurch, daß der Direktor sich verwundert umwandte und verbindlich lächelte. Tamara packte Frau Tetjens am Arm, wandte ihr das erhitzte Gesicht zu und lachte Tränen.

Als wir uns Stunden später wieder dem Sewan-See näherten, kündigte er sich schon von weitem an: durch strahlendes Licht. Er warf, glatt wie ein Spiegel, die blendende Nachmittagssonne zurück und verdoppelte ihre Kraft. Die Imbißstube, vor der wir zum Stehen kamen, schien ohne Konturen zu sein, so sehr war alles in flammende Helle getaucht. Der See dahinter warf Blitze zum Himmel, selbst die Telegraphenmasten wirkten, als ob sie vor Hitze glühten, und unsere Schuhe, als wir nach der langen Fahrt erste unsichere Schritte machten, versanken in flimmerndem Staub.

Auf dem Tisch erschienen Granatäpfel, Schokolade und Sekt. Frau Tetjens, vom Mittagessen noch nicht ernüchtert, goß in Windeseile ein großes Glas hinunter und hielt es kichernd gleich darauf wieder dem Direktor hin. Tamara, unter ihrem Sommerhut, schlürfte Granatapfelsaft. Durch alle Fenster flutete Licht.

»Wo kann ich mir die Hände waschen?« fragte Anastasia.

Der Direktor schnippte gebieterisch. Ein Junge von etwa fünfzehn Jahren brachte flink einen Kessel und winkte einladend mit der Hand. Im Nebenraum, an einem steinernen Bekken, goß er uns warmes Wasser über die Hände. Er tat es behutsam, fast zärtlich, und lächelte wie im Traum.

Dann stand ich draußen am See, trunken von Stille, Licht und Sekt, und die Zeit fiel zusammen wie ein Kartenhaus. Es gab kein Gestern und keinen Tod, und Mandelstam lebte noch, als sei nichts geschehen. Er stand neben mir, konturlos wie das Haus, und hielt wie ich die Hand schirmend über die Augen. Hinter dem opalisierenden Spiegel des Sees lag ein unbekanntes Land.

Aber Mandelstam wandte sich ab und ging zurück. Denn dieser Weg, durch den Staub, über die Steine des Schwarzen Strandes, mitten hinein in das brennende Licht, war vertraut. Mochte er selbst tödlich sein:

> Mir zum Verderb, mir selber widersprechend,
> wie eine Motte in die Flamme taumelnd...

Die Teile des Flugzeugwracks lagen über den Abhang verstreut, und wir passierten sie, die Serpentine aufwärts fahrend, einzeln: hier eine Tragfläche, dort ein Stück Rumpf, hinter der nächsten Kurve den verbeulten Schwanz.

»Amberd!« rief der Direktor von vorn.

Wir blickten durch die Scheiben des ehemaligen Sanitätsautos, in dem uns der Direktor heute in die Berge fuhr, und sahen auf der anderen Seite der Schlucht die Schneegrenze, darunter sanfte Hügel mit letztem Grün. Reste verwitterten Gemäuers ragten hervor. Hart am Abgrund stand eine Kirche, gedrungen, aus grauem Basalt und mit stumpfem Turm.

»Die Kirche wurde im 10. Jahrhundert erbaut und gehörte zu Festungsanlagen«, übersetzte Tamara, »in die man sich in Kriegszeiten zurückzog.«

Innen brannten Kerzen in mit Sand gefüllten Schalen. Auf dem Altar aus Basalt lagen uralte bestickte Decken, deren Gold aufleuchtete, wo sie das Licht aus den schmalen Fensterschlitzen traf.

Ich stieg mit Anastasia hinunter in die Schlucht, um die Kirche vom gegenüberliegenden Hang zu zeichnen. Wir waren schwer bepackt; ich schleppte die Feldstaffelei, die ich in Moskau gekauft hatte, und wir bewegten uns zaghaft auf rutschendem Geröll. Kleine Lawinen aus Felsbrocken, durch unsere Schritte ausgelöst, rumpelten neben uns zu Tal, hüllten die niedrigen Sträucher in Staub und platschten in den Bach, der sich unten schlängelte.

Hinauf ging es leichter. Wir fanden einen kleinen Felsvorsprung, auf dem wir uns niederließen. Ich befestigte ein Stück Leinwand an der Staffelei und begann Farben auszuwählen. Anastasia zeichnete in ihr Skizzenbuch. Kurz aufblickend, stellte sie fest: »Da drüben ist Hendrich.«

Ich suchte mit den Augen den gegenüberliegenden Hang ab.

»Wo?«

»Dort im Schatten. Er hat sich aufs Ohr gelegt.«

»Ich denke, er wollte zeichnen? Seit Tagen redet er davon.«

»Gestern«, erzählte Anastasia, »hat er das Geheimnis seines Skizzenblocks gelüftet. Die Tetjens hat ihn beschwatzt... Sie haben auf der Terrasse irgend etwas getrunken, und plötzlich sehe ich, daß er ihr seine Werke zeigt.«

»Und?«

Anastasia schwieg. Nach einigen Minuten sagte sie: »Er malt neu und wild. Es ist schlicht und einfach dilettantisch. Früher konnten die Laienmaler mehr.«

»In der Akademie ist man anderer Meinung.«

»Auf der ganzen Welt ist man anderer Meinung. Ich war in Paris, auch dort herrschen diese Moden.«

Ich lachte.

»Deine Heiterkeit ist mir unverständlich.«

»Denk an Tschubarjan. Er hat uns Geduld empfohlen.«

»Schön und gut. Trotzdem komme ich nicht darüber hinweg, daß überall diese Schmierpeter das Rennen machen... Es ist immer dasselbe, seit Jahrzehnten: neo-abstrakt, neo-dadaistisch, neo-expressionistisch. Das Publikum, das diese Kreationen schätzt, müßte bald ausgestorben sein.«

»Da irrst du dich. Es gibt immer noch Tausende Galeristen und Kunstwissenschaftler, die von dem Glauben durchdrungen sind, diese Kunst verkörpere den Charakter unserer Zeit...«

Anastasia stand auf und sagte im Vorübergehen:

»Das Gelb ist zu grün. Nimm Chromgelb.«

Sie trat an den Rand des Felsplateaus und ließ den Blick über die Berge schweifen.

»Das ist nicht der Grund, weshalb sie daran festhalten. Sie können nichts anderes mehr. In diesem Jahrhundert ist eine Katastrophe passiert... Eine allgemeine Geschmacksverirrung... Es ist schwer, dagegen anzugehen, weil man wieder ganz von vorn anfangen müßte. Und wer macht das schon gern?«

»Niemand. Und dein ›Von-vorn-Anfangen‹ wird man einfach abtun – als ›reaktionär‹.«

Anastasia ging wieder an mir vorbei, und setzte sich seitlich auf einen großen, wie blankpolierten Stein, dessen Oberfläche von der Sonne erwärmt war.

»Sie haben alle Begriffe vertauscht. Lüge nennen sie Wahrheit, Pfuscherei nennen sie Kunst, die Finsternis nennen sie ›Fortschritt‹ und jede Bewegung ›Reaktion‹. Das ist bequem. Man braucht nichts mehr zu können. Es genügt, frech zu sein, die Leute zu schockieren – egal, womit. Nur einen klaren Gedanken darf man nicht fassen. Die Aufklärung ist überwunden, Thomas Manns wahnsinniger Tonsetzer hat triumphiert. Sie haben tatsächlich Beethovens Neunte Symphonie ›zurückgenommen‹. Nur glaube ich nicht, daß der Teufel daran schuld ist. Er ist weniger lichtscheu als sie.«

Dann sagte sie unvermittelt: »Ich hatte gestern abend ein Gespräch mit Tamara.«

Ich antwortete nicht.

»Es war schrecklich. Sie hat mir von diesen Kliniken erzählt.«

»Aha.«

»Interessiert dich das nicht?«

»Ich hatte auch ein Gespräch mit Tamara. Ebenfalls über die Kliniken.«

»Wann?«

»Vor einer Woche. In Aserbaidshan.«

»Glaubst du ihr nicht?«

»Glaubst du ihr?«

»Ja. Sie war sehr erregt. Es scheint sie zu belasten.«

»Das ist mir zu wenig, um meinerseits offen zu reden.«

»Ich glaube, du tust ihr Unrecht. Sie will sich aussprechen.«

»Kann sein. Es ist aber auch etwas anderes möglich.«

»Ich frage mich«, sagte Anastasia, »wie du mit diesen Ansichten in Zukunft zurechtkommen willst.«

Ich legte den Pinsel auf die Staffelei. »Das frage ich mich auch.«

Professor Asnavurjan setzte sich abends an unseren Tisch im Buffet. Er war braungebrannt und trug ein kurzärmliges Lacoste-Hemd.

Asnavurjan war als Kind mit seiner Familie vor türkischen Massakern nach Paris geflohen, dann hatte es ihn nach Belgrad verschlagen und in den sechziger Jahren nach Jerewan, wo man ihm den neugegründeten Lehrstuhl für Astrophysik antrug. Auch seine drei Söhne waren Astrophysiker, seine Frau Ärztin an der Jerewaner Universitätsklinik. Asnavurjan sprach Deutsch, Französisch und Englisch, Russisch, Armenisch, Kroatisch und Serbisch und konnte »zur Not«, wie er sagte, »einen lateinischen oder griechischen Text lesen«.

»Ich hatte Hauslehrer, müssen Sie wissen. Damals war es für einen gebildeten Armenier ganz selbstverständlich, daß er Fremdsprachen beherrschte. Mein Vater verlor alles, als wir 1916 fliehen mußten, aber in Paris kam er wie die meisten Armenier bald wieder zu Geld und konnte den Standard halten, der in unserer Familie üblich war.«

»Sind Sie jetzt glücklich?« fragte Tamara.

»Niemand hat etwas dagegen, wenn er in der Heimat leben kann. Viele Armenier kehren zurück. Unser Land ist attraktiv geworden, finden Sie nicht?«

Tamara beeilte sich, ihm zuzustimmen.

»Bitte. Selbst Sie als Moskauerin müssen das zugeben. Wir kommen langsam wieder auf die Beine.«

Tamara begann nervös zu zwinkern, und Matthias sagte vermittelnd: »Es wird viel gebaut. Das ist immer ein gutes Zeichen.«

»Denke ich auch«, erwiderte Asnavurjan. »Wir haben jede Menge Spezialisten. Architekten, Wissenschaftler, Künstler. Eine richtige Intelligenz haben wir allerdings noch nicht. So etwas dauert. Unsere geistige Blüte ist damals beseitigt worden. Einem Volk kann eigentlich nichts Schlimmeres passieren.«

»Bei uns war es genauso«, sagte ich.

»Allerdings. Die deutsche Intelligenz hat sich auch noch nicht wieder erholt. Es gibt Spezialisten, aber das ist noch kein geistiges Leben. Und wo es fehlt, schießt Unkraut empor.«

»Sei froh«, sagte Anastasia zu mir, »daß dieses Gespräch niemand hört. Eure Leute würden dir dafür den Hals umdrehen.«

»Aber er hat doch vollkommen recht!« rief Asnavurjan. »Auch bei Ihnen in Deutschland ist die Bombe eingeschlagen. Ich habe Ihre Emigranten in Paris kennengelernt. Das waren hochkultivierte Leute. Sagen Sie bloß, die gibt es schon wieder?«

Die Genossin Tetjens lächelte vage. Tamara fand die Bemerkung angezeigt: »Nach dem Sieg über den Faschismus wurde vieles wiederaufgebaut.«

»Aber gewiß. Nur, das geistige Leben eines Volkes, liebes Fräulein Tamara, das kann man nicht per Dekret einführen. Dazu braucht es für den Geist, wie Tacitus nach dem Tode des Kaisers Domitian schrieb, ›freie Bahn‹. Wissen Sie, was er noch gesagt hat? ›Die Geister leitet nicht Parteilichkeit und Großmannssucht, sondern allein der Lohn eines guten Gewissens.‹«

Anastasia ließ klirrend ihren Teelöffel auf die Untertasse fallen.

»Wie dem auch sei«, fuhr Asnavurjan fort, »bei uns wird es allmählich etwas wärmer. Das müssen Sie doch auch zugeben?« fragte er, an Tamara gewandt.

Sie starrte wortlos in ihr Teeglas.

»Unser Klima ist so milde geworden, daß ich nur noch mit halbem Ärmel herumlaufe. Unsere jungen Leute werden auch wieder munterer. Ich merke das an meinen Assistenten.«

»Es gibt aber noch«, erklärte Tamara, »genug Jugendliche, die auf der Straße herumsitzen.«

Anastasia unterbrach sie: »Bei Ihnen in Moskau sitzen sie nicht nur, sondern liegen herum.«

Tamara wandte ruckartig den Kopf.

»Meine Damen«, sagte Asnavurjan, »ich bitte Sie. Fräulein Tamara hat das nicht so gemeint.«

»Doch«, beharrte Tamara, »überall sitzen Leute herum, die nichts tun. Das haben wir hier beobachtet.«

»Und?«

Tamara schwieg.

»Sehen Sie, dieser Katholikos – ganz nach meinem Geschmack ist er auch nicht. Doch letzten Endes sind wir Christen, und weiter südlich rühren sich diese wildgewordenen Mullahs und Ajatollahs. Das wird auch für Sie ein ernstes Problem. Wir sollten an das denken, was uns verbindet.«

Tamara rang sich dazu durch, ihn anzulächeln. Asnavurjan strahlte.

»Ich sehe«, sagte er, »wir verstehen uns. Gestatten Sie mir, Sie alle zu einem Glas Sekt einzuladen.«

Tags darauf trieben Wolkenfetzen über das Rollfeld von Moskau-Domodedowo, und als wir fröstelnd auf unser Gepäck warteten, erschien Raissa.

Nachdem sie uns begrüßt und Tamara umarmt hatte, bat sie: »Ruhen Sie sich morgen vormittag aus. Um fünfzehn Uhr werden Sie vom Präsidium empfangen. Abends gibt es ein Essen. Mit Koplakow.«

Die Sitzung des Präsidiums dauerte länger als geplant, Rapoport hatte, wie stets, opponiert, obwohl alles geregelt schien, der Minister bereits informiert war, das ZK zugestimmt hatte. Und Koplakow, als er über das regennasse Trottoir zu seinem schwarzen Auto schritt, stellte fest, daß er zu spät kommen würde, selbst wenn sein Chauffeur sich noch so beeilte.

Er versank in seinem gepolsterten Sitz und legte, im Schutz der weißen Gardinen, seinen Kopf zurück. Er war zweiundsiebzig Jahre alt und mußte jede Minute zur Erholung nutzen. Die Sitzungen und öffentlichen Auftritte begannen über seine Kräfte zu gehen. Doch Koplakow wußte, daß er nicht eine seiner vielen Funktionen freiwillig hergeben, nicht eine seiner Positionen räumen durfte – das wäre der Anfang seiner Entmachtung und endete in einem ZK-Altersheim oder auf der Datscha in Peredelkino, bei Blumenzucht oder mit dem Schreiben von Memoiren, die niemand herausgeben würde.

In Peredelkino saßen auch ohne ihn schon verjährte Größen genug, Greise mit silbernen Haaren, die auf Waldwegen spazierengingen und zueinander komplizierte Beziehungen unterhielten: Einige waren befreundet, andere grüßten sich nicht; man trug einander Ereignisse nach, die sich 1934, '37, '52, '57 oder '64, in der Stalin-, Chruschtschow- oder Breshnjew-Ära zugetragen hatten; man erinnerte an Prozesse, »Prawda«-Artikel, geheime Wahlen und öffentliche Erklärungen, und wenn Koplakow diesen Greisen am Wochenende begegnete, erkannte er, daß er jung und noch lange nicht am Ende war.

Koplakow war seit fünfunddreißig Jahren Professor, seit fast dreißig Jahren Ordentliches Mitglied, seit eineinhalb Jahren Vizepräsident der Akademie. Im Grunde genommen war er der Präsident. Obolenskij wurde nur noch aus dekorativen Gründen auf diesem Posten belassen, war fast ständig krank und nicht mehr im Bilde, was um ihn geschah – doch höheren Orts hatte man sich nun einmal an seinen Anblick gewöhnt, und sein Name, das war klar, war durch den Koplakows nicht zu ersetzen.

Koplakow wußte, wie die jüngeren Kollegen und die Greise von Peredelkino ihn hinter seinem Rücken nannten: *»der Mann mit den toten Händen«*. Er wußte, daß man ihm vorwarf, in seinem Leben Dutzende von Projekten unterdrückt und Hunderte von Ideen abgewürgt zu haben, und daß manche behaupteten, er sei eigens dazu vom ZK in die Akademie beordert worden.

Die ihm das vorwarfen, übersahen nur eins: Viele der Ideen und Projekte waren so geartet, daß ihre Vorlage an höherer oder höchster Stelle ihre Schöpfer nicht selten um Kopf und Kragen gebracht hätte. Er, Koplakow, wußte, was ging und was nicht, was man überhaupt vorlegen konnte und was erst, nachdem es, wie man so sagt, ein wenig abgelagert war, und was sofort, noch ehe es oben bekannt werden konnte, zu verschwinden hatte – auf Nimmerwiedersehen.

Rapoport ahnte bis heute nicht, daß Koplakow ihn zweimal gerettet hatte: einmal, als er seine Entwürfe für das Stalin-Gorkij-Mosaik an Shdanow vorbei Malenkow zur Einsicht vorlegte, was natürlich die Sache etwas verzögert, aber schließlich dafür gesorgt hatte, daß Stalin die Kartons erst zu Gesicht bekam, nachdem Malenkow ihn darauf vorbereiten konnte. Gott allein mochte wissen, wo Rapoport sonst heute wäre.

Und das andere Mal: Er hatte vertuscht, daß Rapoport kurz davor gewesen war, eine im Untergrund zirkulierende Sympathie-Adresse zu unterzeichnen, für einen in Ungnade gefallenen Schriftsteller, der später des Landes verwiesen wurde und dessen Name noch heute ein häufiger Grund für allerhöchste Verärgerung war.

Man warf ihm vor, sich niemals für andere eingesetzt zu haben, wenn es ihnen an den Kragen ging. Aber Koplakow wußte, daß es dann ohnehin viel zu spät war, daß man vorsorgen, daß man verhindern mußte, daß es überhaupt soweit kam. Was hat Twardowskij damals mit seinem Eintreten für Solshenyzin erreicht? Nur, daß er selbst verbittert in Peredelkino saß, ohnmächtig und abgehalftert, im Wodka Trost suchend, und daß Solshenyzin dann doch ins Flugzeug gesetzt und nach Westdeutschland ausgewiesen wurde.

Koplakow gab sich keinen Illusionen hin, nicht, was sein Land, und nicht, was sein eigenes Leben betraf. Die Dinge hatten sich vollkommen anders entwickelt, als er es sich in seiner Jugend hatte vorstellen können, als er zum Kreis des Dramatikers Golowin, des späteren Volksfeindes, gehörte und Dichter werden wollte. Er hatte mit dieser Vergangenheit abgeschlossen, spätestens vor zehn Jahren, als sein letzter noch lebender Jugendfreund in den Westen ging: Anatolij Adadurow, das ewige Kind.

Wenn er Zeit dazu fand, las er neuerdings gern die Memoiren großer Politiker, der Fürsten Bismarck und Metternich oder des Herrn de Talleyrand. Auch Katharina die Große bot interessante Lektüre, und Koplakows Sekretär mußte in letzter Zeit öfter die Moskauer Antiquariate durchstöbern. In Peredelkino häuften sich Bücher mit Einbänden aus Leder und Marmorpapier und vergilbte Broschüren. Für alle Fälle. Falls er doch vor der Zeit erzwungene Muße hätte.

Das Auto fuhr in den Hof der Akademie, in dessen Pfützen sich die blauschwarzen Schattenrisse der Bäume spiegelten. Aus den Büroräumen im Erdgeschoß fiel Licht durch die cremefarbenen Gardinen auf die verwitterten Stufen der Treppe. Das alte Adelspalais in der Kropotkinskaja sah warm und gemütlich aus. Seine Gäste waren schon da, vermutlich in der Gesellschaft von Grizko und Schlestakow. Erst würde man ihm ein Glas Tee bringen, dann würden er und die anderen Herren mit den ausländischen Gästen essen gehen. Koplakow hatte viele solcher Abende erlebt, doch jetzt war er in einem Alter, wo jeder der letzte sein konnte. Er nahm sich vor, den heutigen Abend zu genießen: die Platten mit Lachs und Stör ebenso wie das erste Glas Wodka, das wie ein Feuerball durch den Gaumen rollt. Er würde sich die Ansichten der Ausländer anhören und die seinen äußern: gemessen, abgewogen und kühl – wie alles, was er in seinem langen Leben getan hatte.

»Warten Sie hier«, sagte er nach vorn zum Chauffeur, »und

sagen Sie Sulejmanow Bescheid: Wir brauchen noch zwei oder drei Wagen.«

Die Gardisten glichen einander auf verblüffende Weise: Sie hatten Gesichter wie aus Porzellan, mit mädchenhaft roten Wangen, hellen Augen und dunklen, scharfgezeichneten Brauen. Sie waren hochgewachsen und schlank, und die taillierten blaugrauen Mäntel saßen wie angegossen. Das Glockenspiel des Kreml setzte ein, und im Licht der Scheinwerfer schritten sie mit tausendmal einstudierten Bewegungen an den dunklen Tannen entlang zum Mausoleum.

Die gelben Paläste hinter der roten Ziegelmauer zeigten hier und da ein erleuchtetes Fenster. Über allem erhob sich, von unten bestrahlt, eine im Nachtwind flatternde rote Fahne. Das Glockenspiel war zart und zirpend, und die Gardisten ähnelten Spielzeugsoldaten. Sie traten an die Wache vor dem Mausoleum heran, es folgten wirbelnde, zugleich abgehackte und äußerst komplizierte Bewegungen, die so schnell vonstatten gingen, daß mein überraschtes Auge ihnen nicht folgen konnte: Drehungen, Armwinkelungen und aneinander knallende Absätze, dann herrschte eine Sekunde lang völlige Bewegungslosigkeit, und im gleichen Augenblick verstummte das Glockenspiel.

Als *er* am 7. November 1941 auf der Tribüne des Mausoleums erschien, ahnten alle, daß Moskau widerstanden hatte. Sein Telephongespräch mit Marschall Shukow lag einige Tage zurück, er hatte sich entschieden, in Moskau zu bleiben, und nun trat er in seinem schmucklosen Mantel auf die Empore hinaus und nahm die Parade ab.

Die Basilius-Kathedrale war im Schneegestöber nur als heller Schatten zu erkennen, und die Umrisse des Mausoleums verschwammen. Aber die hunderttausend Infanteristen, auf deren Pelzmützen, Tornistern und Bajonetten Schneeflocken wie Puderzucker lagen, sahen irgendwo im weißlichen Nebel einen schwarzen Punkt. Er wurde, als sie sich ihm im Gleichschritt näherten, größer und nahm seine Gestalt an. Dann waren sie vorbei, und neue Regimenter folgten ihnen, sahen den schwarzen Punkt und verschwanden im Schnee. Sie fuhren sofort darauf an die Front.

Die Söhne der vor Moskau Gefallenen wuchsen in Tausenden Städten und Dörfern heran, wurden Jünglinge, ritten Pferde in die Schwemme und lernten, Traktoren zu fahren. Sie spielten auf Ziehharmonikas, rauchten ihre erste Zigarette und verliebten sich. Dann wurden sie gemustert, eingekleidet und durchs Land transportiert, um eines Tages am Mausoleum vorbeizumarschieren. Und sie kehrten in ihre Städte und Dörfer zurück, zogen Söhne groß und alterten schnell.

Nur das Lenin-Mausoleum alterte nicht, die Basilius-Kathedrale und die gelben, grüngedeckten Häuser hinter der ziegelroten Mauer. Auch die Männer, die dort saßen, alterten nicht, Männer in todlangweiligen dunklen Anzügen mit faden Krawatten und tauben, unbelehrbaren Mienen. Sie verschwanden eines Tages überraschend und wurden an der ziegelroten Mauer begraben, unter dunklen Tannen, auf die sie aus den Fenstern ihrer öden, holzverkleideten Kanzleien geblickt hatten, mit Augen, die nichts mehr sahen.

Verschwanden sie, tauchten gleichzeitig neue auf, ebenso alt, in ebensolchen Anzügen und Krawatten und mit den irreführend silbrig glänzenden Haaren, die Weisheit und Größe vortäuschten. Bald war auch ihre Zeit herum, sie kamen in die Gräber unter den Tannen, und neue Gestalten erschienen, ihnen gleich bis auf geringfügige Unterschiede im Schnitt der Nase, in der Wölbung der Brauen und Dicke der Lippen, doch schon das Lächeln dieser Lippen war gleich: angewidert.

So gingen die Jahrzehnte dahin, Menschen wurden geboren, Knaben wuchsen zu Soldaten heran, Flüsse änderten ihren Wasserlauf, Seen starben, und Erdölleitungen wurden gelegt, Städte wuchsen empor und zerfielen, Familien wurden gegründet und lösten sich auf, und ewig standen die Tannen an der ziegelroten Mauer.

Der Schriftsteller Grigorij Baklanow meldete sich mit achtzehn Jahren freiwillig an die Front. Hitlers Armeen hatten die Sowjetunion überfallen, und wer seine Heimat liebte, konnte nicht tatenlos bleiben. Heute ist Baklanow zweiundsechzig, und noch immer läßt ihn der Krieg nicht los. Ein Photo zeigt ihn auf den Stufen seines Hauses sitzend, neben sich seinen kleinen Enkel, der zu Ehren von Baklanows im Krieg gefallenen Bruder Jurij heißt. Wie die Bildunterschrift in der Zeitschrift »Buch und Kunst in der UdSSR« wissen läßt, arbeitet Baklanow wieder an einem Buch über den Krieg.

Auch Wassil Bykau und Jurij Bondarew schreiben immer wieder darüber, auch sie kämpften mit der Waffe in der Hand, damals noch halbe Kinder. Ihre Bücher klären uns auf, wie dieser Krieg auf sowjetischer Seite geführt wurde. Aus Bondarews Roman »Die Wahl«:

»Auf dem Gipfel der Anhöhe standen drei Willys und ein grünes Stabsauto mit geöffneter Tür, aus dem Funkgeräusche nach außen drangen... Ein paar Meter weiter hatte sich der hagere, schmalgesichtige Major Worotjuk auf einer Zeltplane niedergelassen. Er sah aus wie ein Habicht, dessen Blick man besser ausweicht. Neben ihm saß mit strammen Knien, die der enge Tuchrock nicht bedeckte, eine junge Frau, eine wie aus Elfenbein geschnitzte Arzthelferin aus dem Sanitätsbataillon, die ›Frontgeliebte‹ des Majors... Er heftete seine durchdringenden Habichtsaugen erst auf Ilja, dann auf die Gruppe der in schuldbewußter Erwartung erstarrten Artilleristen, und in seinem Raubtierblick flammte erbarmungslose Schärfe auf, der Ilja selbstmörderisch einen Schritt entgegentrat, als er sagte:

›Genosse Major...‹

›Schweig... Du antwortest, wenn ich dich frage... Du hast die Haltung eines Husaren und das Herz eines Hasen. Weshalb seid ihr getürmt, daß euch die Absätze am Arsch klebten? So eine Schande! Und du hast dir nicht eine Kugel durch den Kopf gejagt?! Und ich dachte, ihr seid gefallen wie Helden. Wie Helden! Habt alle Munition verschossen und seid unter Panzerketten umgekommen... Ach, ihr Feiglinge! Ihr hättet euch Granaten umbinden und unter die Panzer kriechen können...«

Die Kamikaze-Mentalität des »Komsomolzen Alexander Matrossow«, der die Mündung eines deutschen Maschinengewehrs mit seinem Leib verdeckte und dafür zum Idol der jungen Frontkämpfer erklärt wurde, war für Stalins Sieg unerläßlich. Matrossow opferte sich, um Kameraden zu decken, eine Tat, die noch menschlich verständlich ist. Doch eigentlich kam es auf etwas anderes an: auf die Schonung des Kriegs*geräts*, das infolge der katastrophalen stalinistischen Vorkriegswirtschaft ungleich wertvoller war als Menschenleben. Von einem jungen Artillerie-Leutnant wurde mit Selbstverständlichkeit erwartet, daß er, um die Kanone zu retten, sich und seine Geschützbedienung opferte.

Um den Krieg zu gewinnen, reichte das zwar nicht, aber um den Vormarsch der Deutschen aufzuhalten, so lange, bis in den eilig improvisierten sibirischen Fabriken die Panzerproduktion anrollte und Stalin wieder Mut und große Worte fand. Schriftsteller wie Baklanow und Bondarew betrauern in ihren Büchern ihre Jugendfreunde, die auf dem Schlachtfeld blieben, und ihre eigene Jugend, die damals zerstört wurde. Und mit ihr die Fähigkeit, erwachsen zu werden und ein normales Leben zu führen.

Sie kommen nicht darüber hinweg. Ihr Ich bleibt gespalten: Ein Teil ihrer Seele ist dort geblieben, wo ihre Freunde fielen, und wurde mit ihnen in den Soldatengräbern der Wälder vor Moskau begraben. »Sie bleiben ewig neunzehn«, heißt eines von Baklanows Büchern, ein anderes »Die Toten trifft die Schande nicht«. Welche Schande? Überlebt zu haben? Sich nicht in dem grandiosen Feuerwerk geopfert zu haben, sondern weiterzuleben, profan und alltäglich, mit Frauen, Kindern, Schlangestehen, »Organisieren«, Gewerkschaftsversammlungen und mit dem Gefühl einer Jahrhundertlüge?

Denn Baklanow und Bondarew wissen, wie dieser Krieg geführt und gewonnen wurde. Und daß nicht die ihn gewannen, die in den Gräbern liegen, noch die, die ihn an Leib und Seele versehrt überlebten. Sondern *er*, der verdient hätte, ihn zu verlieren, der Diktator und Abgott und sein mittelalterlicher Hof, seine Marschälle und Lakaien, die nach dem anfänglichen Debakel wieder auferstanden zu neuer, bis heute ungebrochener Macht.

Damit läßt sich schwer leben, und deshalb steht in den Gesichtern Baklanows und Bondarews geheimer Widerwille geschrieben, in den nach unten gekrümmten Mundwinkeln, halbverhängten Augen und ihrem Blick, der am Gegenüber vorbei in die Vergangenheit irrlichtert.

Alles, was heute um sie herum geschieht, messen sie am Krieg, der zugleich ihre Jugend ist, die Zeit, in der ihr Ich noch nicht gespalten war.

Aus Baklanows Buch »Der geringste unter den Brüdern«: »Ein Freund von mir hat vor zehn oder zwölf Jahren in diesem Arbeitszimmer zu mir gesagt: ›Wenn doch wenigstens ein Krieg ausbräche!‹ Er ist kein Ungeheuer, kein grausamer Mensch, aber damals ließ er sich von seiner Frau scheiden, ging zu einer anderen... alles wuchs ihm über den Kopf. Er war verstrickt, der Sache müde und nicht Manns genug, sich herauszuwinden, da sagte er: ›Wenn doch wenigstens ein Krieg ausbräche!‹...«

Baklanow gesteht, daß die Sehnsucht nach dem Krieg nur der Ausdruck menschlicher Schwäche ist: »Er war nicht Manns genug...« Die russische Soldatenmentalität schließt Zivilcourage aus, ist ihr genaues Gegenteil. Deshalb wird der

Heldenkult des Zweiten Weltkriegs mit aller Macht konserviert.

Die Zeitschrift »Buch und Kunst in der UdSSR« veröffentlicht immer wieder ganzseitige Annoncen: »Aus unserem Angebot... Verlag Sowjetskij Pissatel: Die Handlung des Romans spielt in den Jahren des Großen Vaterländischen Krieges... reproduziert die Atmosphäre jener Zeit mit ungewöhnlicher Genauigkeit... ein breites Panorama des Lebens des Sowjetvolks in den Kriegsjahren... Verlag Chudoshestwennaja Literatura: der Roman ›Das Minenfeld‹, die Novelle ›Der Schutzstreifen‹... Bombenhagel, Torpedosalven, brennende Schiffe – dies alles sieht der Leser mit den Augen...« Einige Seiten zuvor: »Aktuelle Umschau: Kriegsprosa heute und morgen... Die Novelle ›Ich habe keine Angst, einmal nicht mehr zu sein‹... ist einem Menschen mit einem heldenhaften Schicksal gewidmet... einer der ersten sowjetischen Panzersoldaten mit dem Titel eines ›Helden der Sowjetunion‹ ausgezeichnet... Er fiel an der Wolchowfront...«

Zweierlei wird erreicht. Zunächst ein Lebensgefühl ständiger Angst und Bedrohung, das der Schriftsteller Jurij Bondarew in derselben Zeitschrift so formuliert: »Die Zukunft der Menschheit hängt am seidenen Faden... Die Schlüssel der Hoffnung können morgen schon verloren sein.« Und das sich, nach Bedarf, für aktuelle Kriege wie den in Afghanistan ausnutzen läßt. Aus dem Roman »Ein Baum im Zentrum von Kabul« von Alexander Prochanow:

»Kampf, ständiger Kampf, hämmerte es in ihm. Die Kampflinie hat wie ein Blitz die ganze Welt durchschlagen, das Ende weit in der Vergangenheit, die Spitze in der Zukunft. Dieser Blitz hat seine Spur in jedem Menschenschicksal hinterlassen... In dem der Smolensker Witwe, die in ihrem Garten dahinwelkend den Namen des gefallenen Infanteristen über das öde Feld schreit... In dem des Aufständischen von Namibia, der seinen MPi-Lauf durch das grüne Laubdach schiebt... Alle, der Hippie, der Philister und der Zen-Buddhist, sind an dieser Frontlinie angetreten. Niemand kann sich mehr drücken, kann sich dem entziehen. Alle Schätze des Bodens und der Natur, des Geistes und der Seele dienen dem Kampf. Das erschütterte, gespaltene Jahrhundert erleidet ungeheure Verluste. Was kann sie rechtfertigen? Nur der Glaube... Dafür starb der Angolaner in dem schwülen Lazarett von Luanda, dafür setzte der zarte vietnamesische Pilot zum Rammstoß an: Wie eine sprühende Wunderkerze kreiselte seine Maschine zu Boden... Nur der Glaube an das große, absolute Endglück beseelt uns in den Stunden der Prüfung und des Todes!«

Der Autor dieses Romans ist viel unterwegs. In einem Interview mit der Zeitschrift »Sowjetliteratur«, Oktoberheft 1984, gab er Einblick in seine Pläne: »Ich war vor kurzem in Nicaragua. Es war meine zweite Reise in dieses Land. Von dort habe ich die Rohfassung eines neuen Romans mitgebracht...«

Zum anderen erzeugt diese Literatur im Leser das Gefühl der eigenen Unzulänglichkeit. Neben den Heldentaten sowjetischer Soldaten, vietnamesischer Piloten und afghanischer Parteisekretäre muß der sowjetische Leser, mit dem Einkaufsnetz in der Hand nach Gemüse anstehend oder im Parteilehrjahr fade Formeln herunterbetend, sein eigenes Dasein als schal und erbärmlich empfinden. In »Ein Baum im Zentrum von Kabul« werden für das sowjetische Alltagsleben die Wörter »öde« und »dahinwelkend« gebraucht, wogegen der »zarte vietnamesische Pilot« – zart, weil ein Mensch wie du und ich – den Zauber des Harakiri erlebt: »wie eine Wunderkerze...«

So leiden die Helden der um Humanismus bemühten Schriftsteller Trifonow, Baklanow, Bitow unter einem Trauma. Sie sind nach allem, was sie erlebt und gesehen haben, einfach nicht imstande, der Moral von »Ein Baum im Zentrum von Kabul« zu genügen. Aber welche Moral gibt es dann? Welchen inneren Halt, welchen Traum gibt es außer der »Wunderkerze« im »öden«, »dahinwelkenden« sowjetischen Alltag noch?

Bei Trifonow: keinen. Seine Helden empfinden sich selbst als schwach. Sie können weder ihren Frauen widerstehen, die im Kampf um die Dinge des Lebens den Ellenbogen einsetzen, noch der lähmenden Süße ihrer Jugenderinnerungen und der zwar unpraktischen, aber hochherzigen Ideale, die sie damit verbinden. Ihr Leben zerfällt in zwei Teile: in die elementaren und ziellosen Träume der Jugend – und eine darauffolgende lebenslange Ernüchterung und Erkaltung. Und während sie sich von ihren Frauen und Kindern in die Affären des Alltags drängen lassen, sind sie im Kopf mit etwas ganz anderem beschäftigt: mit der Umkehr, der Rückkehr, der romantischen Hoffnung, noch einmal von vorn anfangen zu können.

Jeder Mensch bewahrt eine Sehnsucht an seine Jugend – weil man damals am frischesten und gesündesten war, die Haut am glattesten, die Augen am strahlendsten. Trifonow in »Das umgestürzte Haus«: »Als ich zum ersten Mal herkam, war ich fünfunddreißig, lief, sprang, spielte Tennis, rauchte leidenschaftlich und konnte nächtelang arbeiten; jetzt bin ich dreiundfünfzig, laufe nicht, springe nicht, spiele nicht Tennis, rauche nicht und kann nicht nächtelang arbeiten.«

Aber wird denn, mit zunehmendem Alter, gar nichts gewonnen? Die Ausschließlichkeit, mit der sowjetische Schriftsteller ihrer und ihrer Helden Jugend nachtrauern, ist erschreckend. Was geschieht später, wenn man zu alt ist, um immer nur hoffen und träumen zu können? Andrej Bitow, Autor des Romans »Die Rolle«, nennt dieses Leben so: »Es war etwas Umgekehrtes, Gegenteiliges: der Sadismus der Enttäuschung, die Kehrseite, das *Negativ einstiger Gefühle.*«

Davon kann man nicht leben. Trifonow läßt den Helden seines Romans »Das andere Leben« kurzerhand sterben wie Jurij Nagibin die Hauptfigur seiner Novelle »Irgendwo am Konservatorium« – beide, nachdem sie versucht haben, ins Antlitz der Wahrheit zu schauen. Trifonows Sergej sucht Halt in Moskauer Spiritisten-Zirkeln, wo Wissenschaftler und Funktionärsgattinnen sich mit Seancen und Tischerücken beschäftigen – auf der Suche nach dem »Zweiten Gesicht«. Nagibins autobiographische Figur irrt durch Gassen der Moskauer Altstadt, um das Haus zu finden, in dem »alles begann«:

»Später trauert man der verlorenen Zeit nach... Die Umwertung der Werte beginnt... und man möchte sich auf die Vergangenheit stützen können... die Notwendigkeit des Ertrinkenden, nach der schmalen, starken Hand zu greifen... er ließ sie nicht los und hielt sie bis zum letzten Augenblick seines Lebens fest, das so einfach von ihm schied. Die Obduktion ergab, daß sein Herz so verkalkt war, daß es fast gläsern anmutete...

›Ein gläsernes Herz?‹ fragte sein Sohn, ›hat es vielleicht geklungen?‹

›Ja‹, erwiderte die Mutter, ›wir haben es bloß nicht gehört.‹«

Wie sollten sie auch? Alles spielt sich im Inneren, im Verborgenen ab. Schon das Eingeständnis der Wahrheit ist verhängnisvoll, jede Auflehnung sinnlos, denn sie schlägt auf den Urheber zurück.

So versuchen die Helden des sibirischen Schriftstellers Wassilij Schukschin vergebens, ihre Umwelt für sich zu interessieren. Dem Zwiespalt, der sie langsam aber sicher zerreißt, verleihen sie Ausdruck, indem sie bei Sturm in den Baikal-See springen, Milizionäre verprügeln und auf den Schwiegervater mit der Axt losgehen. Das Ende ist stets »ein paar Jährchen« Lager, manchmal der Tod und niemals endender Durst. »Die Seele brennt«, sagt ein junger Sibirier bei Schukschin – und was brennt, muß man löschen.

Schukschin ist tot, und seither bemüht sich die sowjetische Literaturwissenschaft, ihn ins Bild ihrer Ideologie einzupassen, wie auch Trifonow, Lipatow, Tendrjakow und Kasakow, die gleichfalls früh gestorben sind. Im Falle Schukschins einigte man sich auf die Formel »Der Held in Soldatenstiefeln«, und damit schließt sich, scheinbar, der Kreis und ist »Ein Baum im Zentrum von Kabul« nicht mehr fern.

Der diese Formel prägte, Sergej Salygin, von Solshenyzin zu den wichtigsten Sowjet-Schriftstellern gezählt, meinte sie freilich ganz anders. Nicht als »Weg zurück« in die »Jugend« und Mystifizierung des ewigen »Kampfes« und »einfachen Lebens«, nicht zurück nach Sibirien aus dem Alltag der Städte, in denen sich die Misere sowjetischen Lebens zusammenballt. Er wollte nur sagen, daß Schukschins Helden unsere Teilnahme verdienen. Gerade weil es, wie er schreibt, »aus unserer Sicht unsinnig ist, so dem Tode entgegenzugehen...« Denn Schukschins Helden signalisieren uns etwas, erhoffen etwas von uns, und auch das nennt Salygin beim Namen: *»Liebe, Mitleid und Hilfe.«*

Auch Jurij Trifonow, Städter und »Westler«, sendet ein letztes Signal. Den »schwachen Helden« seines Romans »Das andere Leben« hat er sterben lassen, nun ringt er sich, obwohl selbst schon todkrank, zu einem neuen Grundton durch: *Diesen Winter überleben.*

Aus dem Schlußkapitel seines letzten Romans »Zeit und Ort«: »Der Winter ist zu Ende, ich habe ihn überlebt, auf den Straßen liegt haufenweise Schnee, er wird nicht abgefahren und nicht weggekarrt, er verschwindet von selbst in der warmen Luft, und etwas Ähnliches vollzieht sich mit meinem Schicksal: Was sich angehäuft hat, schmilzt dahin... Moskau umgibt uns wie ein Wald. Wir haben ihn durchquert. Alles andere hat keine Bedeutung.«

Die rettende Veränderung steht bevor; wir müssen versuchen, bis dahin zu überleben.

Hendrich hielt sich zurück. Das Gespräch bestritten vor allem Anastasia und der alte Schlestakow, der mit sanft nickendem weißen Haupt hinter seinem Teeglas saß.

»Sicherlich, liebe Frau Kostodorová-Singer, haben Sie recht«, sagte er konziliant, »die Farben im Süden sind anders als hier – gesünder, vitaler, aber auch gnadenloser. Unser Moskauer Grau hat eine tiefere Poesie – glauben Sie mir. Man begreift die Nuancen. Vor allem, wenn man älter wird.«

Wir saßen an einem ovalen Empire-Tisch in Empire-Sesselchen. Den Hintergrund nahm Koplakows Mahagoni-Schreibtisch ein, in dessen Mitte eine Mappe aus geprägtem Leder lag. An der Wand gegenüber dem Fenster stand eine Rokoko-Kommode, flankiert von vergoldeten Stühlen. Eine kleine Ampel verbreitete rosiges Licht.

Koplakow trat ein, mit geröteten Wangen und händereibend, wie ein Mensch, der aus der Kälte in ein warmes Zimmer kommt.

»Der Vizepräsident!« erklärte Raissa mit tonloser Stimme, »Herr Professor Koplakow.«

»Nennen Sie mich Jewgenij Stepanowitsch«, sagte Koplakow, »und bleiben Sie, bitte, sitzen.«

»Wir haben uns«, sagte Schlestakow mit undurchsichtigem Lächeln, »fürs erste in Ihrem Zimmer häuslich niedergelassen...«

»Lassen Sie mich nur meinen Tee trinken, Ippolit Ippolitowitsch, und in Ruhe mit unseren Gästen Bekanntschaft schließen.«

»Jewgenij Stepanowitsch«, brummte nun auch Grizko, der bisher kaum gesprochen und neben Raissa am hinteren Ende des Ovals gesessen hatte, »erlauben Sie mir, Ihnen einen guten Abend zu wünschen.«

»Dieser Wunsch, verehrter Gennadij Lwowitsch, gilt auch meinerseits, Ihnen und allen hier in der Runde.«

Eine mollige Frau erschien mit einem silbernen Tablett, darauf ein Glas Tee in silbernem Untersatz. Sie stellte es, von Raissa mit Blicken dirigiert, vor Koplakow und entfernte sich sofort.

»Raissa Abelowna, könnten Sie bitte ein Auge darauf haben, ob noch jemand Tee trinken möchte?«

»Und ob genug Konfekt da ist«, ergänzte Schlestakow.

Koplakow trank den bernsteinfarbenen Tee behutsam und konzentriert. Dann schob er das halbleere Glas ein wenig zur Seite, faltete seine Hände auf der polierten Tischplatte und fragte: »Wie hat es Ihnen im Süden gefallen?«

»Sehr gut«, sagte Matthias.

»Sie unterbrechen, lieber Jewgenij Stepanowitsch, gewissermaßen ein Gespräch«, erklärte Schlestakow lächelnd.

»Ein Gespräch? Dann erlauben Sie, dem zuzuhören.«

»Haben Sie Sulejmanow Bescheid gesagt?« fragte Koplakow den Chauffeur, als er wieder in seinen Wagen stieg.

»Jawohl, Jewgenij Stepanowitsch.«

»Wie viele Autos hat er rausgerückt?«

»Drei.«

Na, dann reicht es ja. Dann können Grizko und Schlestakow einen Wagen nehmen, und die Gäste fahren mit Raissa Abelowna in den beiden anderen...

Sein Gesicht behielt das verbindliche Lächeln, mit dem er uns während des Gesprächs bedacht hatte, doch sein Blick schweifte ab. Mit Schlestakow mußte er sich heute abend vorsehen. Es war zu erwarten, daß er wieder mit seiner Realismus-Modernismus-Diskussion anfing, wie immer, wenn Ausländer dabei waren. Ein Fuchs. Hat sich nie festgelegt. Seine Landschaften und russischen Birkenwälder waren immer kommod – egal, was sonst los war. Allerdings ist er ein Meister, das kann man nicht abstreiten. Koplakow hat damals selbst eines seiner Bilder gekauft und es in Peredelkino über den Kamin gehängt. Ein Flüßchen am Abend, Schilf, Heuschober, in einer Bucht werden Pferde getränkt, von barfüßigen Knaben. Das Besondere ist: Koplakows Enkel hat ihm Modell gestanden.

Koplakow konnte neuerdings nur mit zwiespältigen Gefühlen an seinen Enkel denken, den einzigen Sohn seiner einzigen Tochter. Vor drei Monaten hatte er einen Anruf bekommen, einen wohlgemeinten Anruf von einem alten Freund.

»Ich habe hier deinen Jungen in meiner Akte.«

»In welcher Sache?«

»Er war bei Messerer und der Achmadullina. Als Gast. Okudshawa hat gesungen, Ljubimow irgendwelche Reden geführt.«

»Und?«

»Vorerst nichts weiter.«

»Schön. Was soll ich tun?«

»Rede mit ihm.«

Rede mit ihm... Leicht gesagt. Mit wieviel Leuten hat Koplakow geredet, ihnen Tollheiten aus dem Kopf geschlagen. Aber mit dem eigenen Enkel?

Selbst mit der Tochter wird es immer schwieriger. Diese Bulgarin erinnert an sie. Schlagfertig, witzig, aber unvorsichtig. Die Zunge galoppiert ihr davon. Gromyko soll mit seiner Tochter dieselben Probleme haben. Solange es in der Familie bleibt, geht es.

Aber der Junge treibt es zu weit. Koplakow konnte sich vorstellen, wie sich die Achmadullina gefreut hat, als er bei ihr aufkreuzte. Sicher waren Korrespondenten da, haben geflüstert: Das ist der Enkel von Koplakow, dem »Mann mit den toten Händen«... Wenn er seine Tochter darauf ansprach, lächelte sie...

Schlestakow hat mehr Glück mit seinem Sohn. Er malt genauso wie sein Vater, melancholische Landschaften, Genre-Bilder, möglichst ohne Menschen, keine »großen Themen«. Er ist Meisterschüler bei Grizko.

Sie gaben Koplakow immer noch zu verstehen, daß sie ihn als Fremden betrachteten. Dabei hat er ein Buch über Korowin geschrieben und in der Akademie-Rede im Februar Benois und Pasternak gewürdigt. Wenn sie wüßten, wie heikel es war, das Manuskript abzustimmen. Benois war Emigrant, kein Freund der sowjetischen Verhältnisse. Suslow hat drin rumredigiert, den Absatz über die zwanziger Jahre gestrichen.

Damit hat Koplakow sein halbes Leben verbracht, mit Abstimmen, Sondieren, Schweigen. Suslow kennt ihn; er weiß, daß man in seinem Manuskript Absätze ausstreichen kann und daß er klug genug ist, das lächelnd zu gestatten. Aber Schlestakow und Grizko kennen ihn auch. Sie wissen, daß er seine Gedanken hat, daß ihm beim Schreiben dies und das klar wird, daß er es gern äußern würde, behutsam natürlich, mit Selbstdisziplin. Und daß es fatal ist, wenn es dann trotzdem zurückkommt, und Suslow hat es entdeckt.

Mehr oder weniger ist es allen so gegangen. Niemand hat das besser gewußt als die Achmatowa:

> Und weiter wandelt die Muse
> den herbstlichen Weg hinan.
> [...]
> Ich bat sie wieder und wieder:
> Bleib hier, bis der Winter verrann.
> Nein, sagte sie. Ich kann nicht atmen
> dort unten, wo du lebst, im Grab.

Gut gesagt. »Grab« ist etwas übertrieben, zumindest was Koplakow betrifft. Er ist durchgekommen. Schlestakow übrigens auch, und sein Freund Uwarow. Sie haben damals das große Bild gemalt: »Stalin im Gespräch mit Kulturschaffenden«. Es stand lange auf dem Speicher. Als Chruschtschow kam, wollten sie es am liebsten vernichten lassen. Aber Koplakow konnte sich durchsetzen, das Präsidium davon überzeugen, daß man es aufheben muß – als Zeitdokument. Und heute hängt es wieder. Koplakow wußte, daß es wieder hängen würde.

Denn manches kommt wieder, was es schon einmal gab. Man kann nur hoffen, daß es den Jungen nicht trifft. Er erlebt es zum ersten Mal, ist empört über die Stalin-Bilder. Dabei geht es gar nicht um Stalin. Es geht darum, daß die Jungs aus der Lubjanka* wieder da sind.

Koplakow hat sich mit ihnen immer gut gestanden. Jedenfalls besser als mit den alten Hitzköpfen, die mit dem Säbel rasseln. Gromyko soll getobt haben, als das mit dem Flugzeug passierte. Nach außen keine Schwäche. Haltung bewahren, was auch geschieht...

Der Wagen hielt vor der hellerleuchteten Tür des »Hauses der Künstler«. Koplakow war der erste, der vorfuhr; die anderen Wolgas kamen erst, als er schon das Restaurant betrat.

»Haben Sie alles vorbereitet?«

»Wie stets, Jewgenij Stepanowitsch.«

»Wo?«

»Dort in der Ecke.«

»Was ist das für eine Gesellschaft am Nebentisch?«

»Die Offiziere?«

»Ja.«

»Generalleutnant Jaschin mit seinem Stab.«

»Sind sie schon lange da?«

»Nein, Jewgenij Stepanowitsch. Eben gekommen.«

Koplakows Blick verriet Entschlossenheit: Aufpassen, höchstens zwei Gläser Wodka. Auf Grizko aufpassen, er trinkt zuviel. Schlestakow dort hinten placieren, da hören sie ihn nicht.

Überleben. Also nicht mehr als »Wunderkerze« verglühen, und kein »Held in Soldatenstiefeln« mehr. Und auch nicht mehr als »schwacher Held« an diesem Leben zerbrechen.

Doch was dann? Liegt der Schlüssel in der Äußerung eines amerikanischen Lesers, die Trifonow am Ende seines Lebens zitiert? »Er sagte, ich schriebe gut. Er hätte mein Buch ›The long Goodbye‹ von Anfang bis Ende gelesen. Doch Amerika-

* Sitz des KGB.

nern könnten solche Helden nicht gefallen, sie seien träge und unentschlossen... ›Verstehen Sie, Jurij, wir Amerikaner lieben solche Helden nicht. Wir mögen Menschen mit Erfolg. Ihr Russen schreibt immer über Erfolglose.‹«

Unter der Hand ist auch in Trifonows Büchern neben dem »schwachen Helden« eine neue Figur aufgetaucht. In dem Roman »Der Alte« wird dem erfolglosen Ruslan, der ewig verhindert, verkatert, betrunken, bedrückt ist, ein Oleg Wassiljewitsch gegenübergestellt, ein Mann von amerikanischem Zuschnitt. Auch in Baklanows letztem Roman erscheint eine solche Figur: zielstrebig, zivil, den Blick nach Westen gerichtet, den Freuden des Lebens zugewandt.

1860 stellte Turgenjew in dem Roman »Väter und Söhne« dem »schwachen Helden« Barsarow, einem Nihilisten und revolutionären Phantasten, den »Anglomanen« Kirsanow entgegen, am Ende sogar in der zugespitzten Situation eines Duells. Diese Männer vertragen sich nicht: Der eine biedert sich bei den Bauern an, die sich übrigens darüber lustig machen, der andere wünscht sich Reformen bürgerlicher Art.

In der frühen Sowjet-Ära glaubten Majakowskij und die »Futuristen«, beides miteinander vereinbaren zu können. Sie waren Anhänger der Oktoberrevolution, und doch schwärmten sie für Amerikas Wolkenkratzer. Eine Geisteshaltung entstand, »Suprematismus« genannt, die Rußland amerikanisieren wollte – unter kommunistisch-zentralistischem Vorzeichen.

Die »Suprematisten« hatten auf Reisen die Großzügigkeit amerikanischer Unternehmungen kennengelernt. Tatlin träumte von Städten mit »funktionaler Architektur«: Alles, vom Hochhaus »Wolkenbügel« bis zur Einheitskleidung der darin lebenden »Werktätigen«, sollte aufeinander abgestimmt sein. Lissitzky konzipierte Gemeinschaftsunterkünfte mit Klappstühlen und mathematisch berechnetem Wohnraum. Malewitsch führte die sichtbare Welt auf Quadrate und Kreise zurück. Majakowskij prophezeite:

Wir sind Architekten der Erdbälle.
Der Planeten Dekorateure.
Wundertäter sind wir.

Doch Stalin liquidierte auch dieses Experiment. Malewitsch ging in den Westen, wo seine Theorien auf fruchtbaren Boden fielen; Majakowskij, Lissitzky und Tatlin verschwanden – auf diese oder jene Art.

Rußlands Geschichte bot andere prägende Muster, zum Beispiel den »Helden in Soldatenstiefeln«. Ein Weltbild, das von Amerikas modernem Kapitalismus inspiriert war, wich der Rückkehr in die Geisteswelt der Heroen: Iwan der Schreckliche, Bogdan Chmelnizkij und Alexander Newskij waren angesagt, in Waffen und Bojarenpelzen. Hatte Malewitsch geglaubt, in bäuerlichen Hahnenmuster-Stickereien den »Geist der Malerei« zu finden, und suchte gleichzeitig Picasso in Paris das Antlitz des Menschen in ungeschlachten afrikanischen Masken, belehrte der »Vater der Werktätigen« sie jetzt eines Besseren, indem er sich auf den Schmuck feudalistischer Herrscher besann. Die bürgerliche Aufklärung zu verdrängen, Benois und Bunin zu verprellen, dazu kamen Malewitsch, Majakowskij und die »Moderne« wie gerufen. Aber ihre Begeisterung für das »Einfache«, »Unmittelbare« und »Volkstümliche« wurde deplaciert, als die Helden wieder auferstanden: Fürsten und prächtige Herren in Waffen und Zier.

Sie verdrängten alle anderen Ideale, vor allem die des Kapitalismus. Bürgerliche Geschäfte, dynamisch und auf Entwicklung drängend, waren undenkbar in Stalins starrem Reich. Gut, daß Karl Marx ihre Überwindung vorausgesagt hatte und daß Europas wie Rußlands Intellektuelle felsenfest daran glaubten. So konnte der neue Herrscher im Russischen Reich in aller Ruhe das Mittelalter zurückkehren lassen.

Nur wenige bemerkten es und wagten, es offen zu sagen. Kurt Tucholsky schrieb kurz vor seinem Selbstmord desillusioniert: »Es soll heute auf einmal richtig sein, beinahe alles, aber auch alles wieder aufzugeben und die alte Offiziersgesinnung im Russischen Heer wieder aufleben zu lassen... Was ich daran so teuflisch und so niedrig finde, ist, daß die Kerle russische Politik machen und den Arbeitern aller Länder einreden, es geschehe zu ihrem Nutzen...«

Mochte das »teuflisch« sein, noch unmoralischer war und blieb der Kapitalismus. Auch Trifonow und Baklanow, denen nach langem, qualvollem Suchen die Jahrhundertlüge aufgegangen ist, können ihre Figuren westlichen Zuschnitts nicht billigen. Die »schwachen Helden« bringen nichts mehr zuwege, um so hartnäckiger bleiben sie antikapitalistisch eingestellt. Fahren die neuen Figuren auch die größeren Autos, ja, wissen sie das moderne sowjetische Leben in jeder Hinsicht besser zu meistern, den »schwachen Helden« bleibt die Genugtuung ihres »wohlanständigen Unvermögens«. Wenn sie, vom inneren Zwiespalt gelähmt, an psychosomatischen Syndromen kranken, bleibt ihnen ein letzter Trost: ihre »fortschrittliche« Moral.

Sowjetische Schriftsteller, die sich von diesem Standpunkt befreien, sind immer noch Ausnahmen. Wassilij Axjonow vergeht sich gegen das Apodikt des »Fortschritts«, wenn er einen Schieber zum literarischen Helden erhebt. »Genosse Prachtmütze« heißt dieser Held, der auf den Küstenstraßen am Schwarzen Meer zu schmuggeln und Geschäfte zu machen versteht. Während er in seinem alten SIL dahinbraust, ständig von Milizionären verfolgt und von Kontrollen bedroht, fühlt er sich ungebrochen und vital. Und er träumt: »Jetzt müßte man Mandarinen nach Suchumi fahren und Bauholz, Fässer, Pfefferschoten, Trikotagen... Galanteriewaren, Manschettenknöpfe, Melonen, Blumen... nach Balaklawa, nach Rom, Paris, Moskau...«

Koplakow bedauerte, uns seinen Wagen nicht zur Verfügung stellen zu können, aber er brauche ihn selbst. Ehe er einstieg, sagte er zu Schlestakow, der mit uns an der geöffneten Tür des Wolgas stand: »Könnten Sie, Ippolit Ippolitowitsch, unseren Gästen Ihren Wagen geben? Sie müssen ins ›Rossija‹.«

»Selbstverständlich, Jewgenij Stepanowitsch.«

Und kaum, daß Koplakow abgefahren war, zu Raissa: »Sprechen Sie bitte mit Aljoscha, liebe Raissa Abelowna.«

Aljoscha, ein feister junger Mann in schwarzer Lederjacke, kam widerwillig aus der Garage und stellte sich breitbeinig vor uns hin.

»Sind Sie das?« fragte er.

»Ja«, sagte Raissa, »unsere Gäste.«

»Ich habe keinen Passierschein.«

»Wenn man Sie kontrolliert, sagen Sie, daß die Fahrt von der Akademie genehmigt wurde.«

»Ohne Passierschein wird das kaum Eindruck auf die machen.«

»Es ist bloß zum ›Rossija‹ und gleich wieder zurück...«

In der Tür des Akademie-Gebäudes erschien Schlestakow, lächelnd, mit hochgezogenen Augenbrauen.

»Nun, ist alles in Ordnung?«

»Zum ›Rossija‹, Ippolit Ippolitowitsch«, sagte Aljoscha, drehte sich um und ging zur Garage zurück.

Schlestakow stieg die Stufen der Treppe hinunter, und Raissa raunte uns zu: »Er möchte sich von Ihnen verabschieden.«

Wir verabschiedeten uns. Der Wolga fuhr vor, schwarz, mit weißen Gardinen.

»Gestatten Sie?« fragte Schlestakow. Er öffnete die Tür und half Anastasia beim Einsteigen.

Wir saßen hinten, Raissa vorn neben dem Fahrer. Sie war nervös und zündete sich eine Zigarette an.

»Raissa Abelowna, in diesem Auto wird nicht geraucht. Ippolit Ippolitowitsch liebt das nicht.«

»Oh!« Raissa kurbelte die Scheibe ein wenig herunter und warf die brennende Zigarette aus dem Fenster.

Wir schwiegen. Vorn entstand ein kurzer Disput.

»Haben Sie wenigstens Ihren Dienstausweis bei sich?« fragte Aljoscha.

»Was geht Sie das an?«

»Und was, wenn sie mich anhalten? Wie soll ich beweisen, daß es keine Schwarzfahrt ist?«

»Ich regle das schon!«

»›Ich regle das schon!‹« äffte Aljoscha Raissa nach. »Was wollen Sie regeln, ohne Ihren Akademie-Ausweis?«

»Lassen Sie das meine Sorge sein.«

»Sie sind gut!« sagte Aljoscha wütend, »es ist aber *meine* Sorge, verstehen Sie?!«

Raissa schwieg.

»Noch dazu mit Ausländern! Die glauben mir doch kein Wort! Sie wissen doch, was jetzt los ist: ›Kampagne gegen den Mißbrauch von Dienstwagen‹! Haben Sie in Ihrem Büro noch nichts davon gehört?«

»Sulejmanow weiß Bescheid.«

»Sulejmanow wird mich fallenlassen wie eine heiße Kartoffel.«

Raissa wandte sich um und sprach mich auf russisch an: »Haben Sie Ihr Bücherpaket?«

»Habe ich, Raissa«, antwortete ich russisch. »Bitte, übermitteln Sie Professor Koplakow meinen herzlichsten Dank.«

Im Rückspiegel musterten mich Aljoschas hellblaue Augen. Niemand sprach mehr ein Wort. Ein Milizionär, der an der Großen Steinbrücke postiert war, winkte.

»Da haben Sie's!« knurrte Aljoscha. »Heute ist Sonnabend! Das mußte ja auffallen!«

Er fuhr an den Bordstein. Raissa kurbelte ihre Scheibe herunter und sprach kurz mit dem Milizionär. Er warf einen Blick auf uns, im Gesicht eine Mischung aus Mißtrauen und Respekt.

»Danke«, sagte er. »Fahren Sie weiter.«

»Na sehen Sie!« sagte Raissa zu Aljoscha.

»Gar nichts sehe ich. Ich weiß nur, daß Sie gleich aussteigen und daß ich dann zurückfahren muß – allein. Ohne Ihre geheimnisvollen Worte.«

Anastasia räusperte sich.

»Ihnen ist das egal. Sie gehen ins Hotel, mit den Ausländern Cocktails trinken... Sie können mir gestohlen bleiben!«

»Nehmen Sie sich zusammen.«

»Kopp zu!«

Ich sah, daß Raissa mit den Tränen kämpfte. Wir fuhren die Auffahrt zum ›Rossija‹ hinauf, wo rotbetreßte Männer auf den Wagen zueilten.

»Danke«, sagte ich zu Aljoscha, »Sie waren sehr charmant.«

Er sah mich an. In seinem Gesicht stand geschrieben: Was weißt du schon!

»Da hören Sie es«, sagte Raissa.

Er spuckte aus, knallte die Tür zu und fuhr davon.

Anatolij Adadurow stand vor dem Spiegel und richtete die blau-grau gestreifte Krawatte. Seine Bewegungen waren gemessen wie die eines Menschen, der mit seinen Kräften sparen muß. »Valentina hat recht, die Krawatte macht mich jünger. Sie hat sich schnell im Westen zurechtgefunden, obwohl sie damals auch schon über sechzig war...

Wie sehr ich sie brauche, weiß ich immer erst, wenn ich von ihr getrennt bin. Am ersten Tag bin ich froh, daß niemand sagt: ›Trink nicht soviel Bier. Es schadet deiner Gesundheit.‹ Aber heute morgen, als ich mit dem Zug durch Köln gefahren bin, dachte ich: ›Schade, daß sie das nicht sieht.‹ Ohne Valentina hätte ich das alles nicht überstanden. Ich hätte mich schon '37 aufgehängt. Ohne sie hätte ich auch das Lager niemals überlebt. Es genügte zu wissen, daß sie in Moskau saß und wartete. Auch auf uns traf Simonows Gedicht zu:

Wart auf mich, ich kehr zurück.
Aber warte sehr.
Warte, wenn der Regen fällt,
grau und trüb und schwer.
Warte, wenn der Schneesturm tobt,
wenn der Sommer glüht.
Warte, wenn die andern längst,
längst des Wartens müd.
Warte, wenn vom fernen Ort
dich kein Brief erreicht.
Warte – bis auf Erden nichts
deinem Warten gleicht.

Ich muß mich beeilen. Das Publikum wartet. Habe ich mein Manuskript? Die Brille?«

Wir gingen zum Fahrstuhl. Adadurow sagte: »Der Fahrstuhl funktioniert. Merkwürdig, wir sind schon zehn Jahre hier, und trotzdem wundere ich mich immer wieder, wie gut hier alles funktioniert...

Ich muß dem Portier noch meinen Schlüssel geben. Danke sehr. Ja, ich möchte geweckt werden... Sagen wir, um acht... Nein, zum Frühstück komme ich nach unten... Danke. Guten Abend...

Nein, Valentina kommt nie mit zu meinen Lesungen. Wir haben ein sehr hübsches Häuschen in der Nähe von München. Da gibt es jetzt viel im Garten zu tun.«

Später, im Auto: »Irgendwie ist es verrückt, daß ich das alles noch erlebe. Irgendwie ist es unwirklich. Ich staune immer wieder, wie gelassen Valentina es hinnimmt...

Sie hat eiserne Nerven... Das ganze Archiv hat sie gepackt und über Mittelsmänner ins Ausland geschmuggelt. Das sind Geschichten, über die man nicht sprechen kann. Die jungen

Leute erwarten, daß man ihnen etwas Spannendes erzählt. Sie stellen sich das romantisch vor. Aber darüber, wie Valja die Manuskripte geschmuggelt hat – kein Wort!

Die Leute leben alle noch... Obwohl, viele sind im Westen. Jessenin-Wolpin ist in Amerika. Sein Vater hat damals geschrieben: ›Nach dem Ausland sah ich die Heimat anders. Unser grad erst ausgekühltes Nomadenlager gefällt mir nicht. Mir gefällt die Zivilisation.‹ Dann hat er sich umgebracht...

Ich wollte es damals selbst tun. Dachte, es ist immer noch besser, als wenn sie es machen. Aber Valentina ist dazwischengekommen. Sie hat mich geliebt, obwohl sie wußte, daß es mich treffen würde. Im Dezember haben sie mich geholt. Im Lefortowo-Gefängnis erfuhr ich, daß Golowin schon tot war.

Da fällt mir Shenja ein, Shenja Koplakow... Sagten Sie nicht, vergangenes Jahr hätte man ihn zum Vizepräsidenten der Akademie gemacht? Ob er zufrieden ist? Mehr kann man dort wirklich nicht erreichen. Datscha in Peredelkino, Wohnung im Zentrum, Wagen mit Chauffeur... Als ich aus dem Lager kam, hat er geweint. Damals hatten wir alle diese verrückte Hoffnung, daß es sich ändern würde. ... Wir haben uns betrunken, im Hotel ›Moskwa‹. Spät nachts sind wir auf den Balkon hochgefahren und haben auf die nächtliche Stadt geschaut. Der Manegenplatz, links der dunkle Alexandergarten. Valja war wütend, als ich nach Hause kam: ›Was feierst du mit Koplakow? Er wird sich nie ändern. Er gehört zu ihnen, begreifst du das nicht? Warst du nicht lange genug *dort*, um das zu begreifen?‹«

Der Wagen hielt. Jemand öffnete die Tür und war Adadurow beim Aussteigen behilflich.

»Ich freue mich... Adadurow... Freue mich sehr... Danke, die Fahrt hierher war sehr angenehm... Nein, ich bin das erste Mal in Ihrer Stadt... Ja, sehr gut. Leider hatte ich keine Zeit, mir alles anzusehen... Danke. Nein, keinen Kaffee mehr zu dieser Stunde... Ein Mineralwasser. Ja. Ich bin

Ihnen sehr verbunden... Nein, die Blitzlichter stören mich nicht. Sollen sie photographieren...

Wissen Sie«, sagte Adadurow, »Valja warnt mich zu recht vor diesen Abenden: Sie gehen über meine Kraft. Wir waren zwanzig Jahre im Lager. Wo sind wir nicht überall gewesen! Das können sich die jungen Leute hier gar nicht vorstellen. Man müßte eine Landkarte aufhängen, damit sie begreifen, wo das war...

Alles ist anders gekommen, als wir dachten. Nur Valja ist dieselbe. Deshalb habe ich es verwunden, daß ich von zu Hause weggehen mußte. Schafarewitsch soll gesagt haben, man könne nur in Rußland leben. Nein, man kann auch hier leben. Wir sind hier auch nicht weiter von Moskau entfernt als damals in Magadan...

Ich verstehe die Bilder der Kubisten und Modernen. Von Paul Citroën habe ich neulich eine Stadtlandschaft gesehen. Alles schiebt sich ineinander... Die Perspektiven kippen, Splitter bilden ein Ganzes. So war mein Leben. Ich brauche Ruhe, um das zusammenzubekommen. Eigentlich war es zu viel für *ein* Menschenleben. Wie soll ich Magadan und Köln am Rhein in *ein* Bild einordnen? Unsinn, es ist *ein* Bild. Das Bild dieser Zeit. Ich muß es den jungen Leuten erklären.«

IV

Memorial

Achmatowa, Anna Andrejewna, geboren 1889: Tochter eines Offiziers. Jugend in Zarskoje Selo. Reisen nach Paris und Italien. Freundschaft mit Modigliani, der sie malte. Hatte früh Erfolg als Lyrikerin. Ihr Ehemann, der Dichter Nikolaj Gumiljow, wurde 1921 von den Bolschewiki erschossen, ihr Sohn später auf den GULag deportiert. Sie selbst stand unter Publikationsverbot und wurde 1946 aus dem sowjetischen Schriftstellerverband ausgeschlossen; ihr Werk galt als »der Erziehung unserer Jugend schädlich«. Dennoch erreichten ihre Dichtungen eine einzigartige Popularität. 1965 Ehrendoktorwürde der Universität Oxford. Gestorben 1966 in Moskau-Domodedowo.

Altman, Nathan Issajewitsch, geboren 1889: Kunststudium in Odessa, 1910 Reise über Wien und München nach Paris. Dort Bekanntschaft mit Archipenko, Soutine und Sterenberg. 1918 Professur an der Petersburger Kunstakademie, Funktionär unter Lunatscharskij, Lenin-Porträts. Als »Formalist« und wegen »tiefgehender ideologischer Verirrungen« aus allen Funktionen entlassen, wurde er von der sowjetischen Kunstwissenschaft jahrzehntelang so gut wie nicht erwähnt. Interventionen ausländischer Verehrer und Freunde entrissen den 81jährigen kurz vor seinem Tod der anbefohlenen Vergessenheit und ermöglichten kleinere Ausstellungen.

Axjonow, Wassilij Pawlowitsch, geboren 1932: Sohn von Jewgenija Ginsburg, deren Verbannung in Magadan er jahrelang teilte. Arzt in Moskau und Leningrad. Seine Prosa fand großen Widerhall, vor allem bei Intellektuellen und unter der Jugend, veranlaßte aber gleichzeitig die offizielle Kritik zu bösartigen Angriffen. Nach dem Tod seiner Mutter Ausreise in den Westen.

Babel, Isaak Emmanuilowitsch, geboren 1894: Vater Kaufmann. Talmud-, später Handelsschule, Student am Kiewer Finanzinstitut. Soldat im Ersten Weltkrieg, Mitarbeiter im Volkskommissariat für Bildungswesen, Soldat in Budjonnyjs Roter Reiterarmee. Erlangte in den zwanziger Jahren Weltruhm mit seinen »Geschichten aus Odessa«, die in zwanzig Sprachen übersetzt wurden. Bis 1938 sowjetischer Funktionär, 1939 verhaftet, zum »Volksfeind« erklärt und für fast zwanzig Jahre aus den Annalen der Sowjetliteratur gestrichen. Vermutlich 1941 im Lager erschossen.

Bakst (eigentlich Rosenberg), Lew Samuilowitsch, geboren 1866: Studium in St. Petersburg und Paris. Gründungsmitglied der Künstlervereinigung »Welt der Kunst« (»Mir Iskusstwa«), die von den Bolschewiki wegen angeblichen »extremen Individualismus« und »dekadenten Subjektivismus«, in Wahrheit wegen ihres künstlerischen Qualitätsbewußtseins früh als Gefahr erkannt und abgelehnt wurde. 1917 Emigration. Durch seine Bühnenbilder für das Russische Ballett in Paris weltbekannt. Malte Porträts von Benois, Djagilew, Somow, Maljawin und Lewitan. Arbeitete für Theater in Rom, London, New York und Paris, wo er 1924 starb.

Benois, Alexander Nikolajewitsch, geboren 1870: Studium der Malerei, zugleich der Jurisprudenz in St. Petersburg. Einer der Organisatoren der Vereinigung »Welt der Kunst«. Emigrierte 1926 nach Paris. Der Revolution und der künstlerischen »Moderne« stand er gleichermaßen ungläubig gegenüber; vor allem lehnte er es ab, sich bei den »Massen« anzubiedern: »... Bei uns schreien irgendwelche Narren nach Aushängeschildern, nach der Rückkehr zum Ursprünglichen und weiß der Teufel wonach...« In der sowjetischen Kunstwissenschaft ungern erwähnt, starb er 1960 in Paris. Sein beeindrukkendes Lebenswerk umfaßt Malerei, Graphik, Bühnenbilder und Illustrationen. Außerdem schrieb er mehrere Bücher.

Bilibin, Iwan Jakowlewitsch, geboren 1876: Studium an der Petersburger Universität und an der Kunstschule der Fürstin Tenischewa. Mitglied der Gruppe »Welt der Kunst«. Verließ Rußland 1920 und kehrte 1936 zurück. Illustrierte Märchenbücher und war Professor an der Kunsthochschule in Leningrad. Gestorben 1942 während der Blockade.

Blok, Alexander Alexandrowitsch, geboren 1880: Sohn eines Professors. Jugend im Hause seines Großvaters, des Rektors der Petersburger Universität. Bereits vor der Revolution ein berühmter Mann, verklärte sich ihm Lenins »Umsturz« zum mystischen Ereignis. Schrieb 1918 das Vers-Epos »Die Zwölf« und bemühte sich hernach, den Bolschewiki zu Diensten zu sein. Er starb, seelisch und körperlich den sowjetischen Verhältnissen nicht gewachsen, im Alter von vierzig Jahren.

Bulgakow, Michail Afanassjewitsch, geboren 1891: Sohn eines Professors. Studium der Medizin. Arzt in Kiew. Schrieb seit 1920, wurde aber selten, nach Angriffen durch die RAPP (Russische Assoziation Proletarischer Schriftsteller) überhaupt nicht mehr gedruckt. Ersuchte daher 1930 um Ausreise, erhielt aber plötzlich, vier Tage nach Majakowskijs Selbstmord, Beschäftigung am Moskauer Künstlertheater. Sein Stück »Verschwörung der Heuchler« wurde abgesetzt; er fristete sein Leben fortan als Librettist und Übersetzer. Schrieb 1928 bis 1940 im verborgenen den Roman »Der Meister und Margarita«, der erst 1966 erschien. Starb in schrecklicher Armut, krank und erblindet, 1940 in Moskau.

Bunin, Iwan Alexejewitsch, geboren 1870: Sohn eines Gutsbesitzers. Trat zunächst als Lyriker hervor (Puschkin-Preis 1901), dann als Erzähler und Romancier. 1909 Ehrenmitglied der Russischen Akademie der Wissenschaften. Die Bolschewiki lehnte er ab, da er hinter ihren Parolen Kultur-Barbarei und großrussischen Nationalismus spürte. Floh auf die Krim und von dort nach Frankreich. 1933 Nobelpreis für Literatur. Wurde in der UdSSR jahrzehntelang nicht gedruckt. Starb 1953 in Paris.

Dobushinskij, Mstislaw Walerianowitsch, geboren 1875: Jura-Studium in St. Petersburg und Kunstunterricht in München. Seit 1902 Mitglied der Vereinigung »Welt der Kunst«. 1918 Professor in Petrograd (vormals St. Petersburg). Emigrierte 1925. Jahrzehntelang in sowjetischen Publikationen kaum, von der »Großen Sowjet-Enzyklopädie« lediglich als Dostojewskij-Illustrator erwähnt. Ausstellungen seines umfangreichen Werkes in aller Welt, nach dem Tod (1957 in New York) auch in der UdSSR.

Jessenin, Sergej Alexandrowitsch, geboren 1895: Wuchs im Altgläubigen-Milieu seiner Großeltern auf. Studium an der Moskauer Universität. Bekanntschaft mit Blok. Wie dieser von verstiegenen Erwartungen an die Oktoberrevolution erfüllt, von der er sich geistige Erneuerung erhoffte. Wurde als Dichter sehr populär, verfiel aber mehr und mehr dem Alkohol. Kurze, von Skandalen zerrüttete Ehe mit der amerikanischen Tänzerin Isadora Duncan. Anschließend Versuche, in Sowjet-Rußland Fuß zu fassen, die 1925 mit seinem Selbstmord endeten. Daraufhin für Jahrzehnte zur Negativfigur erklärt. Das Wort »Jessenintum« wurde zum vernichtenden Etikett.

Katajew, Valentin Petrowitsch, geboren 1897: Im Ersten Weltkrieg Offizier der zaristischen Armee. Verehrer von Iwan Bunin, später Anhänger der Bolschewiki, Parteimitglied und hoher Funktionär. Sein umfangreiches Lebenswerk zeigt ihn fast allen Stilen und Genres gewachsen. Er überstand unbeschadet alle »Säuberungen« und Kampagnen, erlebte aber immer wieder Verhaftungen, Selbstmorde und »Maßregelungen« im engsten Bekannten- und Freundeskreis. Unter der Last dieser Erinnerungen unternimmt er in seinen späten Romanen eine verstohlene Würdigung von Emigranten und »Volksfeinden«. Lebt hochbetagt in Peredelkino bei Moskau.

Lanceray, Jewgenij Jewgenjewitsch, geboren 1875: Vater Architekt, Mutter aus der Künstlerfamilie Benois. Studium in Paris, Mitglied von »Welt der Kunst«. Nach der Oktober-Revolution Reisen in den Kaukasus. Er gehörte zwar in den Augen der Bolschewiki zum »Gestrüpp der noch vegetierenden Rückstände ästhetisierender und dekorativer Kunst vor 1917«, wurde aber als Ausgestalter von Metro-Bahnhöfen goutiert. Starb 1946 in Moskau.

Majakowskij, Wladimir Wladimirowitsch, geboren 1893: Aus verarmtem Adel, 1911 Studium an der Moskauer Kunsthochschule. 1912 erste Gedichte im futuristischen Almanach »Eine Ohrfeige dem öffentlichen Geschmack«.

Stellte sich 1917 den Bolschewiki zur Verfügung, die er in Poemen verherrlichte. Wurde zwar nicht von Lenin, dafür aber von Stalin geschätzt, der ihn den »begabtesten und besten Dichter unserer Sowjet-Epoche« nannte. Litt zunehmend unter Zwangsneurosen und periodisch sich wiederholenden Anfällen von Trunksucht und Depression. Das Gefühl, sein großes Talent vergeudet zu haben, und belästigende Angriffe durch kommunistische Kritiker, die seine Schwäche ausnutzten, manövrierten ihn in eine verzweifelte Situation. Erschoß sich im Alter von 36 Jahren.

Mandelstam, Ossip Emaljewitsch, geboren 1891: Vater Kaufmann, Jugend in St. Petersburg, 1907 Paris, 1911 Student in Heidelberg. Mitbegründer der Gruppe der »Akmeisten«, die sich von der »Moderne« durch traditionelle Stilmittel abzugrenzen suchten. Seit den zwanziger Jahren Schikanen ausgesetzt, 1930 letzte Reise in den Süden. 1934 Verhaftung, drei Jahre Verbannung. 1938 als »Volksfeind« erneut inhaftiert, kam er vermutlich im selben Jahr in einem sibirischen Lager ums Leben. Bereits seit 1933 für Jahrzehnte aus allen Publikationen gestrichen.

Mitrochin, Dmitrij Isidorowitsch, geboren 1883: Enkel eines Druckereibesitzers. Studium an der Moskauer Schule für Malerei, Plastik und Baukunst und an der Stroganowschen Kunstschule. 1905/06 Aufenthalt in Paris, dort Studium der Werke Toulouse-Lautrecs und Aubrey Beardsleys. Die »Große Sowjet-Enzyklopädie« nennt seine Arbeiten »belanglos«, »äußerlich-dekorativ« und »oberflächlich-naturalistische Illustrationen«. Trotz widrigster Lebensumstände blieb er sich und seinem künstlerischen Anliegen treu. Die gleichgeschaltete sowjetische »Öffentlichkeit« ignorierte ihn. Der Neunzigjährige starb fast unbekannt und in Armut. Bedeutender Buchkünstler und Zeichner, von dessen zugleich kühnem und diszipliniertem Strich viele westeuropäische Künstler angeregt wurden.

Olescha, Jurij Karlowitsch, geboren 1899: Sohn eines polnischen Adligen. Jugend in Odessa. Jura-Studium. Freiwilliger in der Roten Armee. Seit 1921 kommunistische Agitationsgedichte, später Dramen, Kinderbücher und der Roman »Neid«. Seit 1936 als Unperson behandelt, wurde sein Name sogar aus der Sekundärliteratur gestrichen. Lebte in Moskau ohne Zuzugsgenehmigung und in unvorstellbarer Armut. Kurz vor seinem Tod während der »Tauwetter«-Periode rehabilitiert. Starb 1960.

Ostroumowa-Lebedewa, Anna Petrowna, geboren 1871: Ausbildung in St. Petersburg, zunächst an der Stieglitzschen Kunstschule, dann bei Mathé und Repin. Mitglied der Vereinigung »Welt der Kunst«. Reisen nach West- und Südeuropa. Ihre Bemühungen galten vor allem dem Farbholzschnitt, den sie zu einer neuen Blüte führte. Die Bolschewiki ließen sie, die politische Äußerungen vermied, noch 1926 nach Berlin und Paris reisen. Bis 1936 Professorin in Leningrad, starb sie 84jährig in ihrer Heimatstadt.

Pasternak, Boris Leonidowitsch, geboren 1890: Sohn des Malers und Kunstprofessors Leonid Pasternak (geboren 1862, Emigration 1921, gestorben 1945 in Oxford). Studium der Philosophie in Moskau und Marburg. Wurde als Lyriker bekannt und frühzeitig von sowjetischen Kritikern angefeindet. Überlebte als Shakespeare- und Goethe-Übersetzer. Das Erscheinen seines Romans »Doktor Schiwago« (1957) und der im Jahr darauf verliehene Nobelpreis lösten eine kommunistische Hetzkampagne aus, die seine letzten Lebensjahre überschattete. Er starb 1960 in Peredelkino.

Pilnjak (eigentlich Wogau), Boris Andrejewitsch, geboren 1894: Sohn eines wolgadeutschen Tierarztes. 1920 Examen an der Handelshochschule Moskau. 1921 erschien sein Roman »Das nackte Jahr«, dessen experimenteller Stil zum Vorbild vieler junger Sowjetschriftsteller wurde. Bereits 1926 im Kreuzfeuer der Kritik, nachdem er in einer Erzählung die Ansicht kolportiert hatte, der rote Bürgerkriegsgeneral Frunse sei auf höchste Weisung beseitigt worden. Tat Abbitte und durfte weiterhin veröffentlichen. 1929 Ausschluß aus der RAPP und Verlust seiner Funktionen. Übte wieder »Selbstkritik«, worauf er 1936 nochmals mit einer Funktion betraut wurde. Dennoch im selben Jahr verhaftet und wahrscheinlich sofort liquidiert. Auch nach seiner Rehabilitierung 1957 kaum noch gedruckt und in der sowjetischen Literaturgeschichte möglichst nicht erwähnt.

Schukschin, Wassilij Makarowitsch, geboren 1929: Bauernsohn aus dem Altai. Militärdienst. Lehrer an einer Abendschule. 1954–60 Studium an der Moskauer Filmhochschule. Die unbestechliche Wahrheitsliebe seiner Filme und Prosastücke machte ihn zu einem der populärsten sowjetischen Gegenwartsautoren; Wosnessenskij nannte ihn »ein aktives Gewissen«. Von der offiziellen sowjetischen Kunstkritik in absurde Diskussionen verwickelt und vom sowjetischen Alltagsleben zermürbt, starb der sensible, gegen Verlogenheit überempfindliche Schriftsteller im Alter von 45 Jahren.

Somow, Konstantin Andrejewitsch, geboren 1869: Repin-Schüler, bedeutender Maler, Graphiker und Buchillustrator. Gehörte mit Whistler, Carrieré, van de Velde, Klinger und Hodler zu den Korrespondierenden Mitgliedern der österreichischen Ver-Sacrum-Bewegung, in Rußland zum historisierenden Flügel von »Welt der Kunst«. Sein Name wird von der sowjetischen Kunstwissenschaft neuerdings wieder genannt (Kowtun, Sternin, Sarabjanow), aber ohne biographische Angaben. Starb 1939.

Sosulja, Jefim Dawidowitsch, geboren 1891: Stammt aus dem Moskauer Kleinbürgertum. Kindheit in Odessa, wo er später als Journalist zu arbeiten begann. Gründete 1922 mit Michail Kolzow (eigentlich Fridljand, geboren 1898 in Moskau, 1942 auf dem GULag umgekommen) die Zeitschrift »Ogonjok«. Sosuljas Name wurde 1937 für zwei Jahrzehnte aus der sowjetischen Literaturgeschichte getilgt. Der Schriftsteller starb im November 1941 in einem Frontlazarett.

Soschtschenko, Michail Michailowitsch, geboren 1895: Sohn eines Petersburger Malers. Jura-Studium. Kriegsfreiwilliger im Ersten Weltkrieg, dann in der Roten Armee. Wurde 1922 durch seine Satiren auf die sowjetischen Verhältnisse bekannt und rasch zu einem der meistgelesenen Schriftsteller des Landes. Bereits in den dreißiger Jahren Angriffen ausgesetzt und mit dem lebensgefährlichen Attribut »volksfeindlich« versehen, wurde er 1946 endgültig ausgeschaltet. Er hielt sich mit Übersetzungen am Leben. Zwei Jahre vor seinem Tod wurde die Veröffentlichung eines Auswahlbandes genehmigt. 1958 in Leningrad gestorben.

Trifonow, Jurij Valentinowitsch, geboren 1925: Vater hoher Funktionär, den Stalin 1937 liquidieren ließ. Wurde durch den Roman »Das Haus an der Uferstraße«, in dem er das Trauma seiner Kindheit zu bewältigen sucht, und die »Moskauer Novellen« international bekannt. Die sowjetische Literaturkritik quälte ihn mit unsinnigen Vorwürfen. Sein letzter Roman »Zeit und Ort« artikuliert den Überlebenswillen russischer Intellektueller unter der Sowjetherrschaft. Er selbst starb im Alter von 55 Jahren in Moskau.

Twardowskij, Alexander Trifonowitsch, geboren 1910: Bauernsohn. Schrieb seit seiner Kindheit Gedichte, trat 1940 der KPdSU bei und erhielt 1941, 43 und 46 den Stalin-Preis. Wurde durch sein Vers-Epos »Wassilij Tjorkin«, das den Kriegsalltag eines russischen Soldaten erstmals ohne das heuchlerische Pathos der Partei-Ideologie schilderte, zu einem Hoffnungsträger der literarischen Szene. Vom Posten des Chefredakteurs der Zeitschrift »Nowyj Mir« 1954 abgelöst, stand er vier Jahre später, als man ihm diese Funktion wieder antrug, unbeirrt zu seiner Haltung. Er förderte Talente wie Trifonow und die sog. »Prosa der Leutnants« und engagierte sich für Alexander Solshenyzin, dessen »Iwan Denissowitsch« auf sein Drängen hin im »Nowyj Mir« erschien. 1970 wurde er zum Rücktritt gezwungen und kaltgestellt und Solshenyzin das Opfer eines zentral dirigierten Rufmords. Twardowskij starb im Jahr darauf.

Wessjolyj (eigentlich Kutschkurow), Artjom, geboren 1899: Gelegenheitsarbeiter, trat 1917 in die kommunistische Partei ein, kämpfte in der Roten Armee und war Matrose der Schwarzmeerflotte. Autor der Revolutions-Epopöe »Rußland, in Blut gewaschen«. Kritisierte vom Standpunkt der Bürgerkriegskämpfer die beginnende Konsolidierung der »Neuen Klasse« und Partei-Bürokratie. Wurde 1937 verhaftet und 1939 in der Haft beseitigt. Blieb bis 1956 aus der Literatur gestrichen.